LES TEMPS DE LA VIE

Le développement psychosocial de l'adulte

selon la perspective du cycle de vie

Deuxième édition

D0911458

Renée Houde

Préface de Jacques Languirand

LES TEMPS DE LA VIE

Le développement psychosocial de l'adulte

selon la perspective du cycle de vie

Deuxième édition

gaëtan morin éditeur

gaëtan morin éditeur
C.P. 180, BOUCHERVILLE, QUÉBEC, CANADA
J4B 5E6   TÉL. : (514) 449-2369   TÉLÉC. : (514) 449-1096

ISBN 2-89105-424-5

Dépôt légal 4ᵉ trimestre 1991
Bibliothèque nationale du Québec
Bibliothèque nationale du Canada

**Les temps de la vie : Le développement psychosocial
de l'adulte selon la perspective du cycle de vie –
Deuxième édition**
© gaëtan morin éditeur ltée, 1991
Tous droits réservés

1 2 3 4 5 6 7 8 9 0   G M E 9 1   0 9 8 7 6 5 4 3 2 1

Révision linguistique : Suzanne Blackburn

À Mathieu et Nicolas

Mes remerciements...

À l'Université du Québec à Montréal, qui m'a accordé un congé sabbatique en 1990-1991, au cours duquel j'ai pu, entre autres, mettre à jour cette recherche et faire le travail nécessaire à cette deuxième édition, et à la Fondation UQAM pour l'aide financière qu'elle m'a accordée.

À Robert Nemiroff et Roger Gould, pour m'avoir si bien reçue.

À Bernice Neugarten, Erik Erikson, Daniel Levinson, Roger Gould, George Vaillant, Calvin Colarusso et Robert Nemiroff, pour m'avoir autorisée à les citer et à les traduire.

Au Laboratoire de recherche en écologie humaine et sociale de l'UQAM, pour avoir accueilli mon projet de recherche, et particulièrement à Ginette-Jacinthe Savoie, pour son travail méticuleux d'assistante de recherche.

Aux collègues qui ont lu et commenté le manuscrit : Solange Cormier, Normand Wener, du Département de communications de l'UQAM, et Anne Bélanger, de la Faculté d'éducation permanente de l'Université de Montréal.

Aux étudiantes et aux étudiants de l'Université du Québec à Montréal et de l'Université de Montréal, qui m'ont permis de citer des extraits de leurs travaux dans un contexte où l'anonymat était assuré.

À Hélène Houde, documentaliste à l'Institut national de la recherche scientifique, pour son patient travail d'édition et pour avoir révisé la bibliographie.

À Jacques Languirand, qui a accepté avec enthousiasme de préfacer cette deuxième édition.

À mes deux fils, Mathieu et Nicolas, qui vont bientôt entrer dans les temps de la vie... de l'âge adulte, pour avoir mis la main aux mots croisés et pour leur présence et leur affection.

À toutes les lectrices et à tous les lecteurs du Québec, de la Suisse et de la France, qui m'ont fait part de leurs appréciations et de leurs suggestions en vue de préparer ce texte revu, augmenté et corrigé.

Préface

Les temps de la vie de Renée Houde est un ouvrage important. Je l'ai dit lors de sa parution. Je n'hésite pas à l'écrire ici au moment où une nouvelle édition revue et augmentée nous est proposée. Dans la mesure où l'on s'intéresse à la question du développement de la personne à travers les étapes du cycle de vie, cet ouvrage est, comme on dit aujourd'hui, *incontournable.*

Cette réflexion sur les temps de la vie, je l'ai personnellement entreprise au mitan de ma vie, à la faveur de la crise à laquelle ce passage a donné lieu chez moi. J'éprouvai alors le besoin d'intégrer l'expérience passée et d'éclairer les étapes à venir afin de les vivre, si possible, plus consciemment. Cette réflexion, pour laquelle l'ouvrage de Renée Houde m'a d'ailleurs été très utile, me paraît capitale pour atteindre à une certaine sagesse. C'est du moins la vision qui s'impose de plus en plus, au moment où je m'engage dans les derniers dédales du labyrinthe de ma vie.

À un moment, j'ai fait de cet ouvrage mon livre de chevet car il m'invitait à réfléchir sur la tragédie du temps. « Le temps est la préoccupation la plus profonde et la plus tragique des êtres humains ; on peut même dire : la seule tragique. Toutes les tragédies que l'on peut imaginer reviennent à une seule et unique tragédie : l'écoulement du temps », comme le dit Simone Weil. Il ne peut y avoir de démarche authentique sur le plan psychospirituel qui ne passe, selon moi, par une réflexion sur les temps de la vie. De ce point de vue, l'ouvrage de Renée Houde dépasse sa facture académique et m'apparaît comme un excellent outil de développement personnel. C'est en effet la lecture que j'en ai faite.

Au-delà de sa forme académique, exigeant de l'auteure qu'elle s'efface par souci d'objectivité, *Les temps de la vie* témoigne d'une motivation à un autre niveau, d'une démarche de l'auteure à la recherche du sens de sa propre vie et d'une philosophie. Or, cette dimension de l'ouvrage devient plus évidente dans la présente édition.

Pour cette nouvelle édition, Renée Houde a ajouté à ses exposés portant sur plusieurs des théories sur le cycle de vie, des renseignements et des commentaires à partir de travaux récents qui apportent des précisions utiles, en particulier sur l'expérience du mitan de la vie — ce qui m'apparaît d'autant plus important que la génération du *baby-boom* parvient ces années-ci à cette étape de sa vie — de même que des renseignements et commentaires sur les différences entre le développement des femmes et celui des hommes à travers le cycle de vie. Je me réjouis d'autant plus de cette mise à jour que c'est sur ce dernier point, à mon sens, que pèchent la plupart des théories. J'ai moi-même observé, dans ma propre recherche, qu'il existe une regrettable omission sur cette question complexe des différences entre le développement des femmes et celui des hommes. Soit que l'on estime qu'il n'y en a guère, ce qui me paraît simpliste, soit que ces différences n'aient pas fait ou trop peu l'objet de recherches sérieuses, et ce, y compris dans les travaux menés par des femmes, soit enfin que, dans le cas de recherches qui font état de différences, les chercheurs ne précisent pas si elles sont imputables à la culture ou si elles prennent racine dans la nature même des deux sexes, ou encore dans quelle proportion ces différences découleraient de l'une ou de l'autre cause. Certains travaux apportent depuis peu des précisions sur cette question importante, ce dont Renée Houde fait état dans cette deuxième édition.

Cette nouvelle édition comporte certains développements importants, en particulier à propos des travaux d'Erikson qui voit le cycle de vie comme un cycle de croissance où non seulement chaque étape commande un enjeu spécifique, mais surtout où le cheminement à travers le cycle de vie apparaît comme un phénomène organique de croissance.

Dans la même perspective, cette nouvelle édition comporte surtout, quant à moi, une refonte complète du chapitre consacré à Carl Gustav Jung et nous propose une remarquable synthèse de la réflexion de ce maître à penser de notre époque sur le cycle de vie considéré comme cheminement vers l'individuation. Ce faisant, l'auteure accorde à Jung la place qui lui revient dans la réflexion sur le développement de la personne au cours du cycle de vie. Parce que, d'une part, comme elle le rappelle, c'est à Jung que l'on attribue généralement la paternité de la perspective du cycle de vie dans le développement de la personne ; mais surtout, d'autre part, parce que la réflexion de Jung sur les temps de la vie représente une invitation à considérer l'évolution de la personne comme une véritable croissance à travers les épreuves de la vie qui ont un sens initiatique en fonction d'une actualisation que Jung appelle individuation.

Cette entreprise de Renée Houde représente une ouverture sur le sens psychospirituel du cheminement, ouverture présente dans ce chapitre en particulier, et invite à considérer la totalité de l'ouvrage à ce niveau de lecture, la dimension philosophique de ce chapitre se répercutant sur l'ensemble. D'ailleurs, dans l'avant-propos de cette réédition, l'auteure reconnaît que son ouvrage « lorgne du côté de la sagesse ».

Tout en demeurant ce qu'il doit être, c'est-à-dire un ouvrage académique, *Les temps de la vie* s'adresse à un plus large public : la refonte dont il fait l'objet à l'occasion de cette réédition devrait permettre de répondre davantage aux attentes des lectrices et des lecteurs qui souhaitent réfléchir sur leur développement à travers les étapes du cycle de vie.

Les temps de la vie est, selon moi, l'ouvrage le plus complet sur l'ensemble des théories traitant du cycle de vie ; c'est aussi un ouvrage qui invite à une réflexion philosophique.

Je souhaite donc à cet ouvrage l'audience qu'il mérite.

Jacques Languirand,
28 juin 1991.

Table des matières

I   Les précurseurs

II Les contemporains

CHAPITRE 6   ROGER L. GOULD La transformation 153

CHAPITRE 7   GEORGE E. VAILLANT L'évolution des styles adaptatifs . 195

III   Considérations diverses

*L*iste des tableaux et figures

Avant-propos
de la deuxième édition

Les temps de la vie continue de faire son chemin : depuis 1986 une première impression de deux mille exemplaires suivie d'une seconde de deux mille exemplaires en 1988. Des lectrices et des lecteurs m'ont fait part de leurs commentaires de lecture. Le livre a été recensé par des revues. Il est apprécié. Il est aimé.

Cette fois, il s'agit d'une deuxième édition entièrement revue et augmentée. Le chapitre sur Jung a été repensé et récrit. Ceux sur Erikson et Levinson largement complétés. Les lectures que j'ai faites ont été intégrées aux endroits appropriés, à travers l'ensemble du livre, de manière que la lectrice et le lecteur puissent être à la fine pointe des développements récents. Ces développements sont des raffinements des modèles et des concepts, des vérifications de la théorie auprès de sous-groupes de personnes, des approfondissements.

Les temps de la vie, même s'il s'agit en premier lieu d'un volume d'obédience pédagogique et académique, écrit d'abord pour les étudiantes et les étudiants, aspire à être plus qu'un volume académique et lorgne du côté de la sagesse, en ces temps où la recherche de la sagesse — oui, il faut oser le dire — occupe si peu de place dans nos universités. Non seulement à l'université, mais *aussi* à l'université. La sagesse est mal en point.

Rétrospectivement, j'aime repenser aux modèles théoriques présentés dans *Les temps de la vie* et laisser courir mon regard sur le travail de sagesse (comme on dit travail d'accouchement) qui préside à de si beaux ouvrages, me plaisant à en souligner les brins et à en tirer les fils.

L'*ombre* et la *persona*, le rêve de vie et le mentor, la conscience d'enfant et la conscience d'adulte, la résonance développementale, l'intériorité croissante, le changement dans le sens du temps, les crises développementales, les transitions et leurs enjeux, les renoncements nécessaires, la liminalité, sont autant d'idées-clefs qui deviennent des mots pour le dire.

Je savais que ces idées en rejoindraient plus d'une ou plus d'un. Par ailleurs, je n'avais pas soupçonné la diversité des problématiques qu'elles alimenteraient : la formation de l'étudiante et de l'étudiant en médecine et les conditions particulières d'entrée dans le monde adulte, le recyclage personnel et professionnel des personnes dont la carrière est hâtive car elle prend fin vers 35 ans (joueur de hockey, danseur de ballet), le problème du suicide chez les jeunes analysé à la lumière des tâches développementales du jeune adulte, le phénomène de la mort resitué dans les étapes de développement du cycle familial, la formation expérientielle de l'adulte et le retour aux études, pour n'en nommer que quelques-unes.

L'écologie des transitions de la vie adulte a quelque chose à dire sur les passages et sur les rites que chaque société se donne pour les apprivoiser, sur la signification du fait de vieillir, sur le développement de la maturité. En avril 1987 avait lieu à Amsterdam *The First International Congress on the Future of Adult Life* ; le second avait lieu en 1990. Entretemps, en 1988, se tenait à Vancouver un colloque sur le Mentoring.

Nous avons besoin d'une sagesse plus volubile, moins taciturne, plus citadine, plus accessible. Une sagesse correspondant à chaque temps de la vie. Ne faut-il pas s'étonner que les chercheurs et les chercheuses de sagesse se tournent en si grand nombre du côté de l'Orient ? Où se trouvent nos brins de sagesse bien québécoise, nord-américaine et occidentale ? Où niche la sagesse quotidienne et contemporaine ?

J'ai demandé à Jacques Languirand de préfacer la deuxième édition des *Temps de la vie*. Cela m'est venu comme un coup de cœur. Jacques Languirand est un être que la sagesse tenaille. Pour lui, les véritables communications appellent une démarche qui ne soit pas seulement informative, mais transformative, dût-il passer par quatre chemins. Lui demander une préface à lui, c'est installer *Les temps de la vie* à l'enseigne de cette sagesse quotidienne et contemporaine évoquée plus haut.

Les êtres que nous sommes, comme autant de bateaux de papier, comme autant de vaisseaux d'or, naviguent sur les flots du temps, ce temps humain dont Cocteau disait, si ma mémoire est bonne, qu'il n'est rien d'autre que de l'éternité pliée. Les temps de la vie... des plis d'éternité. Pas étonnant que nous ayons la sagesse froissée.

Renée Houde,
Montréal, le 25 juin 1991.

Introduction

Les temps de la vie ont toujours exercé une grande fascination et souvent soulevé craintes et atermoiements. Ce n'est pas d'aujourd'hui, semble-t-il, que la tâche de se réconcilier avec eux incombe à chacune et à chacun.

Déjà **L'Ecclésiaste** disait :

« Il y a un temps pour chaque chose.
Tout ce qui se produit sur la terre arrive en son temps.
Il y a un temps pour naître et un temps pour mourir ;
Un temps pour planter et un temps pour arracher les plantes,
Un temps pour tuer et un temps pour soigner les blessures,
Un temps pour démolir et un temps pour construire.
Il y a un temps pour pleurer et un temps pour rire ;
Un temps pour gémir et un temps pour danser.
Il y a un temps pour jeter des pierres et un temps pour les ramasser.
Il y a un temps pour donner des baisers et un temps pour refuser d'en donner.
Il y a un temps pour chercher et un temps pour perdre ;
Un temps pour conserver et un temps pour jeter ;
Un temps pour déchirer et un temps pour coudre.
Il y a un temps pour se taire et un temps pour parler.
Il y a un temps pour aimer et un temps pour haïr ;
Un temps pour la guerre et un temps pour la paix. »

L'Ecclésiaste, III, 1-9,
Société biblique canadienne, 1982, p. 1078.

Un peu plus tard, on retrouve **Solon** (639-559 av. J.-C.), un Athénien des VIIe et VIe siècles avant J.-C. connu à travers quelques fragments, qui discourt sur les âges de la vie :

« Sept. L'enfant perd ses dents et d'autres les remplacent
Et son esprit s'accroît. Sept ans encor se passent
Et son corps florissant se prépare aux amours.
Trois fois sept : sa vigueur va grandissant toujours
Et sur sa fraîche joue un blond duvet se lève.
Sept encor : il est mûr pour les travaux du glaive ;
Son esprit et son corps sont tous deux accomplis.
Cinq fois sept : il est temps que vers de justes lits
Il tourne sa pensée et choisisse une femme.
Six fois sept : il a su, enrichissant son âme,
Vivre, penser, combattre, obtenir, s'efforcer ;
S'il le fallait, sans deuil il pourrait renoncer
Aux biens trop éloignés, au but peu accessible,
Content dorénavant de jouir du possible.
Sept fois sept, huit fois sept : son aisance est suprême ;
Il s'impose à autrui, il se connaît soi-même ;
Neuf fois sept : tout en lui a gardé sa fierté,
Mais sa voix au conseil est désormais moins sûre,
Il sent diminuer sa vieille autorité.
Dix fois sept : de la vie il a pris la mesure :
Il va pouvoir dormir avec sérénité. »

Cité dans Philon, *Sur la Genèse*, 24.
Traduction de M. Yourcenar, *La couronne et la lyre*,
Paris, Gallimard, 1979, p. 88

Quelques siècles plus tard, Cicéron écrit :

« À chaque âge de la vie on attribue des devoirs différents ; autres sont ceux des jeunes gens, autres ceux des vieillards. Il appartient à un jeune homme de respecter ses aînés et de choisir parmi eux les meilleurs et les plus honnêtes pour s'appuyer sur leurs conseils et leur autorité ; l'ignorance d'une vie qui commence doit se régler sur la sagesse des gens âgés. Cette époque de la vie doit surtout être préservée de la débauche ; il doit s'exercer au travail pour endurcir l'âme et le corps, pour se montrer vigoureux dans les fonctions de la guerre comme celles de la paix ; quand les jeunes gens voudront se donner quelque relâche et se livrer à la joie, qu'ils se gardent de l'intempérance et qu'ils n'oublient pas le respect d'eux-mêmes, ce qui leur sera plus facile s'ils veulent que leurs aînés assistent même à ces amusements modérés. Pour les vieillards, il faut un effort corporel moindre, mais ils doivent davantage exercer leur esprit ; ils doivent donner tous leurs soins à prêter la plus grande assistance possible, par leurs avis et leur sagesse, à leurs amis, à la jeunesse et surtout à la république. Rien n'est plus à craindre pour un vieillard que de céder à l'abattement et à l'oisiveté. La vie luxueuse, honteuse à tout âge, est repoussante chez un vieillard ; s'il y ajoute une sensualité immodérée, le mal est double : il se déshonore lui-même, et les jeunes gens en sont plus effrontés dans leur intempérance. »

Traité des devoirs, XXXIV (122-123),
Bibliothèque de la Pléiade, 1962, p. 537.

Beaucoup plus tard, plus près de nous, nous trouvons la vision de Shakespeare :

« Le monde entier est une scène,
Hommes et femmes, tous, n'y sont que des acteurs,
Chacun fait ses entrées, chacun fait ses sorties,
Et, notre vie durant, nous jouons plusieurs rôles.
C'est un drame en sept âges. D'abord, le tout petit
Piaulant et bavant aux bras de sa nourrice,
Puis, l'écolier qui pleurniche avec son cartable,
Et son teint bien lavé qu'il n'a que le matin.
Il s'en va lambinant comme un colimaçon
Du côté de l'école. Et puis c'est l'amoureux
Aux longs soupirs de forge et sa ballade triste
En l'honneur des sourcils parfaits de sa maîtresse.
Et puis vient le soldat tout couvert de jurons
Et de poils, comme une panthère, querelleur.
Poursuivant cette bulle d'air qu'on nomme la gloire,
Il veille, l'arme au pied, sur sa réputation
Et jusque sous la gueule en flammes du canon.
Puis le juge, entouré de sa panse fourrée
D'un bon chapon ; œil dur et barbe formaliste,
Plein de sages dictons, d'exemples familiers.
Ainsi joue-t-il son rôle...
Le sixième âge porte un maigre pantalon,
D'où sortent les pantoufles,
Les lunettes au nez, le bissac au côté,
Les hauts-de-chausses qu'il avait dans sa jeunesse
Avec soin conservés, sont trop larges d'un monde
Pour ses mollets ratatinés.
Et sa voix qui jadis était forte et virile
Revenant au fausset de l'enfance, module

Un son siffleur. Et voici la scène finale
Qui met un terme au cours de cette étrange histoire,
Il redevient enfant, l'enfant qui vient de naître,
Sans mémoire, sans dents, sans yeux, sans goût, sans rien. »
Comme il vous plaira (*As you like it*), II, 7,
Bibliothèque de la Pléiade, Paris, 1938, tome 2, p. 142-166.

L'Ecclésiaste, Solon, Cicéron, Shakespeare, tous nous rappellent, au cas où nous l'aurions oublié, que tout ne commence pas avec le XXe siècle. Pourtant...

Jusqu'à tout récemment, le savoir sur la vie adulte était aussi taciturne que les contes de fées qui se terminent par « ils se marièrent et eurent beaucoup d'enfants ». On s'était penché sur le développement de l'enfant, également sur celui de l'adolescent. Mais silence non concerté, continent noir sur le développement de l'adulte.

Faut-il voir un lien entre l'apparition des théories sur le développement psychosocial de l'adulte et le fait de vivre plus longtemps ? Avec le début du XXe siècle, l'espérance de vie a augmenté : un nombre croissant de personnes peut espérer atteindre la vieillesse. Ce changement démographique constitue un phénomène social relativement récent et il a entraîné la transformation de la composition de la population mondiale. En 1970, il y avait près de 300 millions de personnes de plus de 60 ans sur la terre, soit un accroissement de cent pour cent (100 %) en 30 ans (Bradbury, 1977, p. 155). Or, depuis 50 ans, apparaît une nouvelle préoccupation, celle de savoir quels sont les principaux phénomènes qui composent une vie adulte, comment se déroule et évolue cette tranche de la vie.

Pendant longtemps, une *vision statique* du développement de l'adulte a prévalu ; on croyait que, vers 20 ans, la personne avait complété sa croissance physiologique et atteint son apogée sur le plan psychologique et qu'il y avait peu de changements ou de maturation ultérieurs. Aujourd'hui la vie adulte paraît plus variée, plus complexe, faite de remous et de métamorphoses. Une *vision dynamique* de la vie adulte se répand de plus en plus. On croit que le comportement et la personnalité demeurent flexibles pendant toute la vie et que des changements majeurs peuvent survenir à tout moment. On considère la vie adulte dans son ensemble et on tente de lever le voile qui la recouvrait.

Aux yeux du grand public, ce voile a sans doute été levé avec les « passages de la vie » décrits par Gail Sheehy (1976). Ce sont d'ailleurs ces passages que les gens évoquent spontanément quand il est question de cycle de vie et de développement adulte. Pourtant les idées sur le cycle de la vie ne se limitent pas à cela, et c'est le but de ce livre que de les présenter. En effet, la littérature sur le développement psychosocial de l'adulte dans la perspective du cycle de vie est à la fois récente et prolifique. Si l'on accepte la date de parution de *Enfance et société* d'Erikson dans sa version originale (*Childhood and Society*, 1950) comme point de démarcation, nous avons une littérature qui s'échelonne sur 35 ans ; si l'on englobe les textes de Jung et de Bühler, 50 ans tout au plus. Cette littérature provient majoritairement des États-Unis, ce qui nous oblige à nous questionner sur le degré de perméabilité ou d'étanchéité des modèles émergeant avec l'*American way of life*. En pleine effervescence, elle reste malgré tout relativement restreinte, surtout si on la compare avec la littérature portant sur l'enfance et l'adolescence.

Parler de cycle de vie, c'est faire place au temps. C'est tenter de décrire le développement de l'adulte en introduisant des considérations temporelles pour analyser les vies. C'est chercher à comprendre quels sont les changements qui surviennent avec le temps, s'il existe des changements reliés à l'âge, s'il y a une séquence développementale, si elle est la même pour tous. Selon la perspective du cycle de vie, le développement humain est perçu comme un processus réparti sur toute la durée de la vie. On essaie alors de décrire la totalité du cycle de vie en repérant la séquence des événements de vie, cherchant le schème qui décrira le processus développemental de la naissance à la mort. En français, il semble préférable de parler de la perspective du cycle de vie, cette expression communiquant l'idée de déroulement, de durée. En anglais, on rencontre quasi indifféremment les expressions *life-course perspective*, qui reprend l'idée de cours de la vie, de *life-span perspective*, qui évoque l'idée d'un empan (c'est l'espace entre le pouce et le petit doigt, quand la main est ouverte... l'espace d'une vie, quoi !), et de *life-cycle perspective*. Le lecteur aura compris que les termes *life-course* et *life-span* sont plus difficiles à rendre en français, sinon par une périphrase.

Parler de cycle de vie, c'est en appeler au temps, à un temps à trois dimensions, car il y a un temps individuel, un temps historique et un temps social. Avoir 20 ans en 1918 plutôt qu'en 1984 entraîne une texture de vie différente. La personne née en 1898 traverse les deux guerres mondiales, la récession économique de 1929, et elle est exposée à un système d'attentes et de normes différent de celui auquel est soumise la personne née en 1964. Pour nos grands-mères par exemple, la question d'être femme n'avait pas les mêmes résonances — ni les mêmes dissonances — que pour les femmes de ma génération, ni pour celles qui avaient 20 ans en 1984. Le développement d'une personne ne se saisit qu'en référence à ce triple temps : celui de sa naissance, celui de l'histoire où le premier s'inscrit, et celui de sa société. Le cycle de vie ne se comprend pas hors de ces trois dimensions temporelles : le temps d'une vie qui commence avec la naissance de la personne et coïncide avec l'âge chronologique, le temps historique qui correspond au moment de l'histoire humaine où surgit cette histoire individuelle et le temps social qui représente le système de normes et d'attentes reliées à l'âge dans une société donnée.

En ce sens, une des grandes forces de l'idée de cycle de vie est d'être une notion fortement individuelle et hautement générale. Je me souviens d'avoir pensé, quand j'avais 15 ans, qu'il y avait une façon d'être adulte dont les adultes connaissaient le secret et qu'il s'agissait, pour que la chenille devienne papillon, de le découvrir, puis de s'y conformer. Aujourd'hui, je sais qu'il n'en est rien, que chaque vie est une réponse singulière à des questions que tous se posent, à des défis que tous rencontrent, à des désirs que tous partagent, à des limites auxquelles tous se heurtent. Nulle part chacun n'est plus semblable aux autres que dans son désir d'être unique. Le *cycle de vie* est l'événement le plus personnel et le plus universel. En effet, les théories sur le cycle de vie permettent de comprendre à la fois ce qu'il y a de commun à toutes les vies et comment toute vie est la coïncidence unique d'un morceau d'histoire et d'un coin de société encastrés entre une naissance et une mort.

De la naissance à la mort, le cycle de vie se subdivise en quatre périodes : l'enfance, l'adolescence, la vie adulte et la vieillesse. *La période dont il est question dans ce livre est celle de la vie adulte.* Toutes les études qui portent sur le vieillissement, sur la retraite, sur le mourir n'ont pas été retenues et ont été laissées à la gérontologie, sauf dans la première partie, *Les précurseurs*, puisque alors la gérontologie ne se démarque pas encore comme champ d'étude spécifique. C'est le développement de la personne, depuis son entrée dans le monde adulte jusqu'à la vieillesse, considéré du point de vue de son évolution « normale », si l'on peut dire, qui constitue le sujet de ce livre.

Seuls les auteurs qui décrivent le développement adulte selon une séquence, en faisant appel à des phases ou à des stades, qui considèrent la vie adulte dans sa totalité et son déroulement et qui adoptent un point de vue psychosociologique sur le sujet ont été retenus. Les théoriciens dont il est question ici ne sont pas les seuls à parler du développement de l'adulte. À ce chapitre, les apports de la psychologie humaniste, de la psychanalyse et de la psychologie de l'*ego*, de la psychologie behavioriste et de certaines théories provenant de la psychologie sociale (par exemple, l'interaction symbolique de George Herbert Mead et la théorie des rôles) sont importants. Ne pas en parler n'est pas les écarter. Cependant, le but de ce livre est autre : il s'agit de présenter les modèles qui décrivent les changements au cours de la vie adulte en proposant une séquence de développement ou à tout le moins en les reliant à l'âge. Il s'agit aussi de rendre accessible au lecteur francophone une littérature écrite majoritairement en anglais. Ce livre s'adresse aux étudiants de premier cycle, et plus spécialement à l'éducateur, au formateur d'adulte et à toute personne qui travaille *auprès et avec des adultes*. Toutefois, tout adulte curieux de se comprendre et de comprendre les autres y trouvera son intérêt.

Comme les vies, ce livre est arbitraire, parce qu'il est cadastré par différents choix. On n'y retrouve pas le découpage classique en développement physiologique, intellectuel et affectif, ni le découpage habituel par thèmes tels la maturité, le mariage et la famille, la sexualité, le travail et les loisirs, etc. Les modèles sont présentés par auteur, parce que cela permet de faire le lien entre la théorie qu'ils échafaudent et leur méthodologie de recherche, ce qui est capital pour en saisir la portée, et aussi parce que chacun mérite qu'on s'y arrête. On y retrouve surtout des modèles qui concernent la totalité de la vie adulte ; cela élimine ceux qui portent sur une aire de vie spécifique, par exemple la famille, le travail.

En outre, ce livre ne repose pas directement sur une recherche faite auprès d'un ensemble de personnes, mais expose les différentes idées qui forment le corpus théorique de l'approche développementale. En ce sens, il est une occasion de penser, au sens où penser, c'est aussi renvoyer les idées les unes aux autres et les confronter avec l'expérience. Pour chaque auteur, on trouvera un exposé fidèle de ses idées, l'accent étant mis sur une présentation des modèles plutôt que sur leur critique ; je compte sur le lecteur pour poursuivre sa propre réflexion, laissant poindre la mienne occasionnellement. Ainsi, j'ai choisi délibérément de m'appuyer sur le texte même de l'auteur et de traduire en français toutes les citations[1].

---

1. Chaque fois, ce fait a été souligné par les mots « traduction libre » après la référence.

Sur le plan rhétorique, plutôt que d'uniformiser le texte en choisissant d'employer partout un « nous » qui prend des allures tantôt solennelles, tantôt formelles, ou un « je » qui risque parfois d'être déplacé, je-nous avons préféré parler en faisant appel à l'un et à l'autre, selon que les propos tenus relevaient de l'opinion ou du jugement personnel ou qu'ils devenaient plus généraux, ou plus pédagogiques. Par ailleurs, j'ai voulu éviter un niveau de langage trop hermétique sans pour autant céder à la vulgarisation facile. À l'occasion, un terme technique est traduit en des mots plus simples, mais chaque fois que sa pertinence s'impose, il est maintenu. Par ailleurs, mon parti pris pédagogique a été poussé au point de concevoir des mots croisés, afin que le lecteur assimile activement le nouveau vocabulaire et, souhaitons-le, de façon plus amusante et durable. C'est ma contribution à l'école alternative pour les adultes ! Dans le même sens, des exercices et des sujets de réflexion sont proposés à la fin des chapitres des deux premières parties et les réactions des étudiants adultes sont présentées dans les sections intitulées « Les étudiants adultes s'expriment ».

Ce livre est divisé en trois parties. La première traite des auteurs que l'on peut considérer comme des précurseurs : Jung, Bühler et Kühlen, Erikson et Peck, Neugarten et Havighurst. La deuxième présente des auteurs plus contemporains : Levinson, Gould, Vaillant, Colarusso et Nemiroff, et un aperçu de quelques modèles complémentaires. La troisième partie porte sur des considérations de nature pratique (chapitre 10), puis de nature critique et réflexive (chapitre 11).

Chaque chapitre peut être lu séparément. Pour faire les mots croisés portant sur un auteur précis, il sera des plus utile d'avoir lu les pages le concernant. Enfin, la bibliographie pourra paraître longue, mais seuls les titres qui ont un rapport avec le sujet déterminé ont été retenus ; les nombreux articles sur des thèmes spécifiques ont été écartés.

Un commencement arbitraire

Il est toujours délicat d'attribuer des paternités ou de décider, en plein arbitraire, de faire commencer l'histoire avec tel auteur ou à telle époque. Le nombrilisme et la courte vue menacent de telles entreprises. D'une part, les paternités, qu'elles soient historiques ou biologiques, réclament toujours un acte de foi. D'autre part, les découpages historiques relèvent d'un travail d'arpentage, de zonage et de bornage qui concerne directement le terrain adjacent et où la frontière apparaît, plus souvent qu'autrement, comme pure convention.

On a parlé du développement adulte bien avant le XXe siècle. Et bellement ! Peut-être y aurait-il lieu de voir dans l'énigme du Sphinx qui pose la question : « Dis-moi qui marche le matin à quatre pattes, le midi à deux pattes et le soir à trois ? » une première tentative de déceler un schème sous-jacent et commun à toutes les vies humaines. Mais cela se passait avant qu'on parle d'inconscient. Cela se passait avant qu'on insiste sur l'interaction entre l'homme et son environnement. Cela se passait avant. Et ailleurs aussi. Ailleurs que dans la société nord-américaine d'où provient l'ensemble des théories étudiées dans ce livre.

C'est ainsi qu'avec la plupart des auteurs dont il sera question, on fera commencer les idées sur le développement adulte avec Jung.

A posteriori, les auteurs étudiés dans ce livre peuvent se regrouper selon qu'ils décrivent les changements en s'appuyant sur les rôles reliés à l'âge, ou selon qu'ils s'appuient sur le développement de l'*ego* ou du *self* (et ils sont alors plutôt d'inspiration psychanalytique ou plutôt d'inspiration humaniste). De plus, ils traitent des phases de vie de façon explicite ou implicite ou alors proposent un modèle qui les critique de près. Voici un tableau des auteurs étudiés dans ce livre. Seuls Stein et Etzkowitz n'apparaissent pas sur ce tableau, car le modèle de la spirale de vie reprend l'idée de phases d'une autre façon. Nous verrons pourquoi.

TABLEAU 0.1
Classification des auteurs étudiés dans ce livre*

| | RÔLES LIÉS À L'ÂGE | DÉVELOPPEMENT DE L'*EGO* (OU DU *SELF*) | |
		d'inspiration psychanalytique	d'inspiration humaniste
Avec phases	Havighurst (4) Levinson (5)	Jung (1) Erikson (3) Gould (6) Vaillant (7)	Bühler (2) Kühlen (2)
		La synthèse de Wortley et Amatea (9)	
Sans phases explicites	Neugarten (4)	Colarusso et Nemiroff (8)	
Sans phases	Giele (9)		Weick (9)

* Les chiffres entre parenthèses renvoient au chapitre dans lequel on traite de cet auteur ou de cette auteure.

PARTIE

I

Les précurseurs

CARL GUSTAV JUNG

C'est à Carl Gustav Jung (1875-1961) qu'on attribue la paternité de la perspective du cycle de vie en développement adulte. En effet, Jung est le premier psychologue à élaborer une vision du développement de la vie humaine qui repère des changements développementaux liés à des temps de la vie échelonnés sur toute la durée du cycle de vie, changements qui sont pour ainsi dire prévisibles, valables pour toutes les personnes et qui résultent d'une dynamique intérieure à la psyché. Sans doute est-ce attribuable en partie à l'analogie qu'il établit entre le déroulement d'une vie et la course du soleil pendant une journée. Aussi au fait qu'il décrit le développement de l'adulte par le processus d'individuation. Surtout au fait qu'il découpe la totalité d'une vie individuelle en phases : enfance, jeunesse, maturité, vieillesse.

De la pensée de Jung — qui exigerait un traitement plus vaste et plus approfondi — nous étudierons ici une thématique bien précise, celle du développement adulte, en nous basant principalement sur le texte intitulé « The Stages of Life » dans *The Portable Jung* (1971c1933), et sur d'autres textes, identifiés en temps et lieu, où est décrit le processus d'individuation. Pour ce faire, nous nous attarderons aux points suivants : l'analogie entre le cycle de vie et le déroulement d'une journée, le processus d'individuation et les quatre temps de la vie.

1.1   L'ANALOGIE ENTRE LE CYCLE DE VIE ET LE DÉROULEMENT D'UNE JOURNÉE

1.1.1   L'analogie proprement dite

Pour décrire le cours de la vie humaine, Jung s'inspire de la course du soleil à l'intérieur d'une journée. Selon lui, la vie humaine emprunte une courbe semblable à celle que suit le soleil au cours d'une journée. Surgissant des profondeurs de la nuit, le soleil se lève à l'aube, puis il se hisse lentement pour atteindre son point le plus haut, le zénith, avant de redescendre ; il se couche enfin, s'illuminant lui-même tout en illuminant ce qui l'entoure et finit par retourner dans les profondeurs de la nuit. De même en est-il du cycle de vie individuel : chaque vie prend forme en se pré-levant sur l'océan de l'inconscient, croît parallèlement à la montée de la conscience qui se développe graduellement au cours de l'enfance et de l'adolescence, atteint son apogée qui coïncide souvent avec la maturité, avant d'être à nouveau submergée par l'inconscient collectif pendant la vieillesse.

L'enfance est comparable au matin en ce sens où, tout comme le soleil surgit de l'opacité, elle jaillit de la nuit de l'inconscient. Quant à la jeunesse et à la maturité, elles correspondent à cette période du jour où le soleil domine : la conscience agit d'une manière analogue au soleil en éclairant les choses et les êtres, permettant ainsi à l'être humain de saisir les problèmes. La maturité coïncide avec le zénith : comme le soleil de midi, la carrière de l'être humain est unique et individuelle et atteint son point culminant au zénith. Enfin, au crépuscule, le soleil s'éclaire lui-même ; le vieillissement est mis en parallèle avec la descente du soleil, le déclin du jour et l'arrivée de la nuit ; une telle descente suggère un mouvement où la clarté se noie de nouveau dans la noirceur de la nuit. La figure 1.1 illustre cette analogie de Jung.

1.1.2   La montée progressive de la conscience et la présence continuelle de l'inconscient

L'analogie suggère une montée progressive de la conscience et une présence continuelle de l'inconscient. Si l'on regarde la figure 1.1, il semble que l'enfance et la vieillesse sont davantage submergées par des événements psychiques inconscients, tandis que les deux phases du milieu, soit la jeunesse et la maturité, sont davantage dominées par la conscience et par un travail psychique d'éveil et de prise de conscience.

FIGURE 1.1
Analogie de Jung

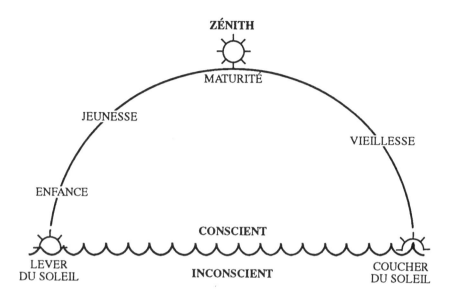

Jung reconnaît que l'enfance et la vieillesse baignent davantage dans l'inconscient. Quand j'ai lu cela, la croyance populaire voulant qu'on retombe en enfance en vieillissant a pris, à mes yeux, une nouvelle dimension. Toutefois, si ces deux phases de la vie sont semblables par leur lien avec l'inconscient, elles diffèrent cependant par leur tâche :

> « Les deux termes de la vie — l'enfance et la vieillesse — eux, sont semblables : ils détiennent, pour ainsi dire, le secret de notre existence. Seulement la symétrie est trompeuse : l'inconscience de l'enfance fait pendant à la sagesse de la vieillesse. » (Nataf, 1985, p. 172.)

Le coucher du soleil correspond à la période où le soleil s'éclaire lui-même tout en éclairant le monde : « après avoir répandu sa lumière sur le monde, [le soleil] voit la réverbération de ses rayons l'illuminer lui-même. » (Jung, 1933, p. 17, traduction libre.) Jung compare ces réverbérations à la culture qui n'existerait pas si l'homme n'était pas un être capable de devenir conscient et de problématiser les choses. Il conçoit en effet la culture et la civilisation comme étant le sens et le but de la deuxième moitié de la vie.

Là où il y a absence de conscience, il y a absence de problèmes. Jung établit une relation directe entre le fait d'être conscient et le fait d'avoir des problèmes : « Toutefois, la vie psychique de l'homme civilisé est pleine de problèmes [...] ; c'est à la croissance de la conscience qu'est imputable l'existence de ces problèmes ; c'est là le cadeau de Grecs de la civilisation ! » (1933, p. 4, traduction libre.)

De fait, Jung (1933, traduction libre) discerne différents états de conscience, états qui correspondent à des divisions à l'intérieur du *self* :

☐ au premier stade de conscience, la connaissance est dans un état anarchique ou chaotique ;

☐ avec le deuxième stade apparaît la formation du complexe de l'*ego* (*I-ness*), ce qui permet une connaissance monastique ou monarchique ;

☐ avec le troisième stade, la conscience est divisée, ce qui explique la pensée dualiste.

Il semble exister un quatrième état de conscience, celui que l'on trouve au terme d'une individuation réussie. Ce dernier point sera plus clair lorsque nous aurons exposé ce qu'est l'individuation.

1.1.3   L'inconscient jungien

Dans son ensemble, le cycle de vie personnel de l'être humain émerge, comme le suggère l'analogie, de la nuit de l'inconscient. La noirceur de la métaphore symbolise l'inconscient jungien. En quoi consiste cet inconscient dont parle Jung ? Il faut se rappeler que l'inconscient décrit par Jung n'équivaut pas à l'inconscient tel qu'il est représenté par Freud. Ce dernier insiste beaucoup sur les éléments refoulés qui font partie de l'inconscient (même si ce ne sont pas les seuls, ce que l'on a tendance à oublier) alors que, pour Jung, ce n'est pas là ce qui caractérise l'inconscient, qui est beaucoup plus vaste, comme le souligne Nataf :

« Pour Freud, l'inconscient relève du refoulement et son organisation résulte d'une histoire personnelle : la *libido* passe par différents stades (oral, anal, génital). Pourtant, Freud, — et on ne l'a peut-être pas suffisamment remarqué — reconnaît l'existence de données inconscientes qui ne semblent pas exclusivement dues au refoulement. Il les nomme "résidus archaïques" et les dit "rebelles à l'analyse". »

« Jung, lui, [poursuit Nataf,] paraît s'intéresser essentiellement à ce résiduel qui, loin d'être marginal, lui paraît central. Ce résiduel du freudisme incite Jung à dire qu'il existe des éléments inconscients « par nature ». Son expérience thérapeutique l'entraîne en même temps à élargir la notion d'inconscient et à admettre que la conscience émerge d'un inconscient primordial. Chez Freud, l'inconscient procède du vécu infantile, il est donc individuel ; chez Jung, il appartient à l'espèce enracinée dans son histoire, il est donc collectif. Il veut se situer à un niveau plus profond, à la fois plus intime et plus mystérieux. Les freudiens orthodoxes disent que l'inconscient collectif, c'est de l'inconscient fantasmé. Les jungiens affirment que l'inconscient personnel découvert par Freud n'est que l'une des multiples figures qui peuplent l'inconscient collectif découvert par Jung. » (Nataf, 1985, p. 100.)

Comment comprendre cet inconscient plus vaste, plus primordial, plus global, entrevu par Jung ? Parmi les composantes inconscientes,

« les éléments refoulés ne représentent, selon Jung, qu'une partie assez limitée et relativement peu importante. Ils dérivent de la partie consciente de la psyché et par conséquent, ne sont pas essentiellement différents de celle-ci. D'autres éléments de l'inconscient, en revanche — et ce sont de beaucoup les plus importants — sont essentiellement différents du conscient et ne sont pas dus à des refoulements. Ils n'ont pas leur origine dans la conscience ; au contraire, ils ont existé avant la conscience. "Le conscient est basé sur une psyché inconsciente dont il dérive ; celle-ci est antérieure à la conscience et continue à fonctionner de pair avec la conscience ou même malgré elle" (Jung). Jung a donné le nom d'inconscient collectif à "cette psyché inconsciente antérieure à la conscience", et celui d'archétypes à ses manifestations. Cet inconscient collectif n'est pas le moi, et ne dérive pas du moi non plus : il est le non-moi. Non seulement il existait avant la conscience, mais il est "la mère de la conscience" (Jung). » (Adler, 1957, p. 241.)

Il en résulte un tout autre rapport à l'insconscient : avec Freud, l'important consiste à maîtriser l'inconscient (attitude de domination) ; avec Jung, l'important est d'accueillir l'inconscient (attitude de réceptivité) puisqu'il est source de vitalité, de créativité et de motivation.

1.1.4 Le milieu de la vie : zénith et rupture

L'analogie avec la course du soleil nous laisse croire que le mouvement de la vie est un mouvement d'expansion puis de contraction. Ce qui implique une fracture dans le sens du mouvement. Le soleil à son plus haut point, au zénith, départage le mouvement ascendant du mouvement descendant. À lire Jung, on a l'impression qu'il divise le cycle de vie en deux moitiés : la première moitié de la vie où le jeune adulte cherche d'abord à s'adapter au monde extérieur et la seconde où, pour atteindre sa maturité, l'adulte cherche à s'ajuster à lui-même, à faire de la place à son être intérieur. « Réussir dans la vie », tel est l'objectif de la jeunesse ; « réussir sa vie », tel est l'objectif de la maturité, selon la formule lapidaire de Jacques Languirand dans son article « La vie dont vous êtes le héros » (1989, p. 17 *sqq.*). Entre les deux, un retournement, une réorganisation des forces psychiques. Jung nous prévient : le déplacement de la lumière provoque un renversement des valeurs et entraîne que les vérités du début de l'existence humaine apparaissent souvent comme un mensonge au milieu de la vie, ou encore à la fin de la vie :

> « car nous ne pouvons vivre l'après-midi de la vie en conformité avec le programme du matin ; en effet ce qui était important le matin le sera fort peu en soirée, et ce qui était vrai [le matin] deviendra mensonge en fin de journée » (Jung, 1933, p. 17, traduction libre).

Ce renversement porte sur les valeurs, les croyances, les idéaux et les attitudes ; il porte également sur les forces psychiques. Le terme d'Héraclite, εναντιοδρομα (« enantiodroma » où εναντιο signifie contraire et δρομα signifie lutte), a été repris par Jung pour décrire l'émergence des opposés inconscients, au cours du cycle de vie, mais plus spécifiquement au cours de la deuxième moitié de la vie.

Comme le dit Jung (1966, *Two Essays in Analytical Psychology*, p. 61, cité par Staude, 1981, p. 78, traduction libre) : « Pour l'homme, dans la deuxième moitié de sa vie, le développement de la fonction des opposés inactifs et en attente dormant dans l'inconscient signifie un renouveau. » C'est ce renversement qui donne lieu à la transition du mitan.

1.1.5 La transition du mitan de Jung

Jung connaît, entre 1912 et 1922, une longue période de bouleversement ; c'est de l'intérieur qu'il fait l'expérience de la crise
du mitan, expérience qu'il relate dans *Ma vie* (1966), principalement
dans les chapitres V et VI intitulés respectivement « Sigmund Freud »
et « Confrontation avec l'inconscient ». La théorie de Jung est étroitement soudée à son expérience, ainsi qu'il nous le dit : « Ma vie
et mon œuvre sont identiques ; l'une est l'autre. [...] Ma vie est
en quelque sorte la quintessence de ce que j'ai écrit et non l'inverse.
Ce que je suis et ce que j'écris ne forment qu'un. » (p. 16.)

Reprenons quelques éléments de la vie de Jung qui se situent
dans cette période de sa vie. Premièrement sa rupture avec Freud.
En 1912, alors âgé de 32 ans, Jung se brouille avec Freud qu'il
avait rencontré en 1906 et dont il était le disciple. Cette séparation
a pour effet de le couper de ses amis et associés en psychanalyse.
Il s'ensuit une longue période de doutes et d'incertitudes intérieures :

> « Après la séparation d'avec Freud avait commencé pour
> moi une période d'incertitude intérieure, plus que cela en-
> core, de désorientation. Je me sentais flottant, comme to-
> talement en suspens, car je n'avais pas encore trouvé ma
> propre position. » (1966, p. 198.)

Deuxièmement, son amour pour Antonia (cette information provient de Staude (1981) car *Ma vie* ne dit pas un mot sur ce sujet).
En 1903, Jung épouse Emma et connaît, jusqu'aux années 1910,
une vie familiale et un mariage relativement stables. Cependant,
en 1911-1912, Jung tombe amoureux de l'une de ses patientes,
Antonia Wolff, âgée de 23 ans. Cette réalité lui causera des problèmes.

Troisièmement, sa démission de l'université et sa mobilisation.
En effet, en 1913, il démissionne de l'Université de Zurich :

> « L'expérience et le vécu de l'inconscient m'avaient intel-
> lectuellement gêné à l'extrême. Après avoir terminé les *Mé-
> tamorphoses et symboles de la libido* en 1911, il m'avait
> été impossible, trois ans durant, de lire le moindre ouvrage
> scientifique. Ainsi naquit en moi le sentiment que je ne
> pouvais plus participer activement au monde de l'intellect.
> D'ailleurs je n'aurais pas été en état de parler de ce qui
> me préoccupait réellement. Les matériaux de l'inconscient
> amenés au jour m'avaient pour ainsi dire laissé bouche bée.
> Je ne pouvais alors ni les comprendre ni leur donner une

forme quelconque. Or à l'université j'occupais une situation exposée et je sentais qu'il me fallait tout d'abord trouver une orientation nouvelle, complètement différente, avant de reprendre la parole. Je trouvais qu'il serait peu loyal d'enseigner à de jeunes étudiants alors que j'étais moi-même dans un état d'esprit profondément marqué par le doute. » (1966, p. 225.)

Et en 1914 — c'est le début de la Première Guerre mondiale — il est mobilisé dans le service de santé ; en 1918 et en 1919, il est commandant au camp d'internement des soldats anglais à Château d'Œx, dans le comté de Vaud. Il publie, en 1916, *Les sept sermons aux morts* et *La fonction transcendante*, et, en 1921, *Les types psychologiques*. Finalement, en 1922, il entreprend la construction d'une tour qui deviendra le début de sa maison, sur les bords du lac de Zurich. Une nouvelle période commence...

Ces dix années sont marquées par des périodes de dépression où Jung se retrouve isolé et se questionne sur la valeur de ce qu'il a fait et où il tente de suivre son propre démon intérieur à travers ses rêves et diverses activités. Sa famille et sa profession, ainsi qu'il le dit lui-même, sont pour lui « une réalité dispensatrice de bonheur et la garantie que j'existais réellement et normalement » (1966, p. 221). Ce n'est donc pas de l'extérieur qu'il décrit le milieu de la vie comme une période de rupture et de réorganisation des forces psychiques.

En quoi consiste la transformation éprouvée par Jung ? On a l'impression que Jung n'est plus à l'aise à l'intérieur du Moi qu'il s'est construit :

« Jeune homme, mon aspiration était d'apporter une contribution valable dans le domaine de la science auquel je me consacrais. Mais je rencontrai ce courant de lave, dont il vient d'être question, et la passion issue de son feu a remanié et ordonné ma vie. Ce courant de lave fut la matière première qui s'est imposée et mon œuvre est un effort plus ou moins réussi pour inclure cette matière brûlante dans la conception du monde de mon temps. Les premières imaginations et les premiers rêves étaient comme un flot de basalte liquide et rougeoyant ; sa cristallisation engendra la pierre que je pus travailler. » (1966, p. 232.)

Staude (1981, p. 66, traduction libre) en fait l'analyse suivante : « Ce qui était en jeu pour Jung, c'était son identité basée sur le Moi. Avant la transition du mitan, Jung identifiait son Moi avec son esprit rationnel et s'identifiait lui-même à son Moi. » À la suite de cette crise, poursuit Staude (1981, p. 66, traduction libre), l'attitude de base de Jung à l'égard de la vie se transforme :

❑ il commence à se considérer comme le serviteur de la psyché ;

❑ son groupe de référence n'est plus la psychologie médicale ou psychanalyse, ni la psychologie scientifique, mais bien une quête psycho-spirituelle qu'il appelle processus d'individuation ;

❑ il commence à valoriser l'expérience mystique et religieuse par delà la compréhension rationnelle.

Staude conclut que, au terme de la crise du mitan, Jung a relativisé l'identité de son Moi et développé une relation positive avec des aspects du Soi qui ne relèvent pas du Moi. Bref le Soi émerge comme étant le nouveau centre de la personnalité.

« Durant les années 1918 à 1920, je compris que le but du développement psychique est le Soi. Vers celui-ci il n'existe point de développement linéaire mais seulement une approche circulaire, "circumambulatoire". » (1966, p. 229.) Sur le plan théorique, tel sera le sens de l'individuation : permettre une plus grande expression du Soi, c'est-à-dire de la totalité de la personnalité, individuation qui est à l'œuvre pendant tout le cycle de la vie et plus fortement au milieu de la vie.

Il est clair que Jung a connu une période de désorganisation et de réorganisation de ses forces psychiques, qu'il a fait l'expérience du malaise et de l'inconfort associés à la transition du mitan, bref qu'il a connu de l'intérieur l'expérience de la transformation. Cette expérience de Jung est importante pour bien comprendre sa théorie du développement de l'adulte, particulièrement le processus d'individuation. Voyons maintenant en quoi il consiste.

1.2   LE PROCESSUS D'INDIVIDUATION

1.2.1   L'individuation en général

L'individuation est un processus qui dure toute la vie et qui permet à un être de devenir une unité autonome et intégrée ; ce processus agit à travers les quatre phases du cycle de vie, mais plus particulièrement pendant la deuxième moitié de la vie. Dans un sens général, le processus d'individuation s'applique à toute la durée de la vie adulte. Jung précise : « J'emploie l'expression d'individuation pour désigner le processus par lequel un être devient un in-dividu psychologique, c'est-à-dire une unité autonome et indivisible, une totalité. » (Jung, 1953, p. 255.)

Ce processus est largement inconscient ; comme le dira Jung : « Dans la mesure où [ce processus] se déroule de façon inconsciente, ainsi qu'il l'a toujours fait, il ne signifie ni plus ni moins que la transformation d'un gland en chêne, d'un veau en vache et d'un enfant en adulte. » (Jung, 1964b, p. 234.)

L' individuation conduit à l'individualité ; elle est aux antipodes de l'individualisme, comme le rappelle Nataf : « ... L'individualité est le contraire de l'individualisme, elle est la "singularité universelle" comme dirait Sartre. Elle est un processus d'intégration intime qui permet l'ouverture à l'autre. Elle est le recentrage qui nous donne notre juste relation au monde (*Psychologie du transfert*). » (Nataf, 1985, p. 10.)

Ce processus est incessant, car l'individuation n'est jamais achevée. Devenir un individu exige de s'incarner, de passer à l'acte, de se réaliser, bref de s'actualiser. Il faut comprendre que, chez chaque personne, les possibilités et les potentialités sont toujours plus grandes que ce qu'une seule vie ne permettra jamais d'actualiser. Exprimé en termes jungiens, cela signifie que la totalité du Soi dépasse le Moi. Comme le dit Marie-Louise Von Frantz (1984, p. 148) : « La vie a une telle richesse et se transforme de façon si continuelle qu'il faudrait à la conscience une très grande souplesse pour être capable d'exprimer tout ce qui se passe en elle. [...] L'individu, comme la conscience collective, a constamment besoin de s'adapter. » S'il tente de s'adapter au Soi, le Moi ne coïncide jamais totalement avec le Soi ; en effet : « La personnalité consciente est en disharmonie avec la vitalité débordante de l'inconscient, car la surabondance de ce dernier se déverse dans un vase trop étroit. » (Von Frantz, 1984, p. 51.)

Quel est le but de ce processus ? « L'individuation n'a d'autre but que de libérer le Soi d'une part des fausses enveloppes de la *persona*, et d'autre part de la force suggestive des images inconscientes. » (Jung, 1964a, p. 113.) La *persona*, l'*ombre* et le Soi sont autant de clefs qui permettent de comprendre ce qu'est l'individuation.

1.2.2   La confrontation avec la persona

On peut définir la *persona* comme étant la modulation de la personnalité en fonction de l'environnement. Imaginons les trois situations suivantes : une partie de golf, un souper de famille et une réunion de travail. Ces trois situations ne sollicitent pas les mêmes aspects de votre être et effectivement ce sont différentes facettes de votre personne que vous exprimez et livrez soit au golf, soit lors d'un souper de famille, soit dans une réunion de travail. Ainsi, il devient possible de comprendre que le répertoire des attitudes et des comportements d'un individu varie en fonction de la situation.

Comme le dit Jung, « la *persona* n'est qu'une formation de compromis entre l'individu et la société, en réponse à la question de savoir sous quel jour le premier doit apparaître au sein de la seconde » (Jung, 1964a, p. 82). Si on se rappelle que le mot *persona* désignait le masque de l'acteur dans le théâtre antique, masque à travers lequel portait sa voix (*per-sonare*, où *per* signifie à travers et *sonare* signifie sonner, retentir, faire entendre un son), on saisit la fonction éminemment communicatrice de la *persona*.

La *persona* possède à la fois une dimension positive et une dimension négative. Sa fonction positive réside en ce qu'elle permet à chacun d'être présent à son environnement tout en demeurant pour ainsi dire caché, à distance ; ainsi les rôles sociaux (père ou mère, travailleur ou travailleuse, etc.) sont autant de rôles favorisant des modulations de la personnalité.

La fonction négative de la *persona* se situe dans l'aspect « masque » : en effet, la *persona* est l'image ou la perception que les autres ont d'une personne (l'image qu'une personne a d'elle-même appartient également à la *persona*). De là son caractère aliénant : « Comme son nom l'indique, elle est un masque qui nous donne l'illusion d'être une individualité, alors même que ce masque fait de nous un être sans épaisseur. » (Nataf, 1985, p. 127.) Toujours sous son aspect négatif, la *persona* se compare au faux *self* de Winnicott, dans la mesure où, comme le dit Jung : « On peut dire sans trop d'exagération que la *persona* est ce que quelqu'un n'est pas en réalité, mais ce que lui-même et les autres pensent qu'il est. » (G.W. 9/1 221, cité par Humbert, 1983, p. 54.)

Il importe cependant d'avoir présente à l'esprit la double valeur, positive et négative, de la *persona*. En effet, la *persona* autorise l'individu à s'exprimer d'une certaine manière tout en lui permettant simultanément de ne pas s'exprimer, ce qui est bien fonctionnel, car s'il fallait qu'autrui ait accès à la totalité de ce que nous sommes, par le biais d'un comportement limité, à un moment donné et dans une situation précise, cela risquerait d'être épuisant. Toutefois, étant donné la condition humaine et étant donné nos structures de communication interpersonnelle, tel n'est pas le cas. La *persona*, on l'aura compris, possède une fonction hautement adaptative.

« La *persona* est un ensemble compliqué de relations entre la conscience individuelle et la société ; elle est, adaptée aux fins qui lui sont assignées, une espèce de masque que revêt l'individu ou dans lequel il se glisse ou qui, même à son insu, le saisit et s'empare de lui, et qui est calculé, agencé, fabriqué de telle sorte parce qu'il vise d'une part à créer une certaine impression sur les autres, et d'autre part à cacher, dissimuler, camoufler la nature vraie de l'individu. » (Jung, 1964a, p. 147.)

Comme on peut le constater, la *persona* a un caractère éminemment social, car l'individuation n'est pas un processus solitaire mais relationnel. Bref, grâce à cette formation de compromis entre l'individu et la société qu'est la notion de *persona*, il devient possible d'entrevoir comment l'individuation commande en quelque sorte de délaisser le confort et la sécurité qui proviennent de l'identification avec la *persona* pour avoir accès à d'autres aspects du Soi. Ainsi, l'individuation exige une confrontation avec la *persona* et une rencontre avec l'*ombre*.

1.2.3   La rencontre avec l'ombre

La processus d'individuation exige également une confrontation avec l'*ombre*, entendue au sens jungien, soit « l'ensemble des personnages qui sont la contrepartie de la personnalité consciente, l'ensemble de ce que le sujet ne reconnaît pas et qui le poursuit inlassablement. » (Humbert, 1983, p. 57.) L'*ombre* peut se définir comme étant l'ensemble des possibilités à partir desquelles la personne s'actualise. En effet, chaque personne recèle plus de possibilités qu'elle ne peut en actualiser à l'intérieur d'une seule vie, compte tenu des contraintes de la réalité.

Pour devenir la personne que je choisis d'être, de multiples possibilités de mon être sont écartées, volontairement et involontairement : c'est cela mon *ombre*. Cette notion met en relief, sous le mode forme/fond, ce qui est actualisé à partir des choix (les grands comme les petits) versus ce qui ne l'est pas.

Les identifications imaginaires, rêvées, idéales, dans la mesure où elles sont le fond sur lequel se dessine la forme du Moi, sont l'envers, l'autre de ce que je deviens. Ainsi, quand Rimbaud disait « Je est un Autre », il faisait référence à son *ombre*. Autrement dit, l'*ombre* est ce qui, pour chaque personne, aurait pu exister mais qui n'existe pas présentement. « Il ne faut pas en conclure », comme le dit Humbert (1983, p. 56), « que l'*ombre* n'est que l'opposé du conscient. Elle représente plutôt ce qui manque à la personnalité ; elle est pour chacun ce qui aurait pu vivre et qui n'a pas vécu. En cela elle met en scène la question de l'identité : Qui es-tu par rapport à celui que tu aurais pu être ? Qu'as-tu fait de ton frère ? »

En prenant conscience de son *ombre*, chacun est amené à faire le tri entre l'illusion, la velléité et le possible et à composer avec l'autre en lui-même :

> « Les illusions sur lui-même et sur le monde s'écroulent, les idéaux se révèlent être des désirs de puissance camouflés, les convictions "sacrées" apparaissent comme creuses... le moi se sent dépouillé de sa toute-puissance illusoire et confronté avec la puissance obscure et confuse, avec l'inconscient. » (Jung, cité par Jacobi, 1950, p. 131.)

La rencontre avec l'*ombre* peut être source de créativité et de vitalité :

> « Elle [*ombre*] contient en même temps "certaines qualités enfantines et primitives qui pourraient dans une certaine mesure raviver et embellir l'existence" car c'est en elle que se cachent les potentialités du moi. L'*ombre* témoigne à la fois du refoulement et de la créativité de l'inconscient [...]. » (Humbert, 1983, p. 125.)

Dès lors, on comprend plus facilement comment cette rencontre avec l'inconscient, qui déclenche une intégration de l'*ombre*, entraîne un élargissement de la personnalité.

1.2.4   La rencontre avec le Soi

La réalisation de son Soi, ultimement telle est l'individuation. La formule n'est pas sans évoquer l'actualisation de soi de Maslow. Staude (1981) avance que la théorie de Jung est une variation de la théorie de l'actualisation ; l'inverse serait plus juste, du moins en ce qui concerne l'histoire des idées ! En fait, la formule se retrouve telle quelle dans le texte de Jung :

> « La voie de l'individuation signifie : tendre à devenir un être réellement individuel et, dans la mesure où nous entendons par individualité la forme de notre unicité la plus intime, notre unicité dernière et irrévocable, il s'agit de la *réalisation de son Soi*, dans ce qu'il a de plus personnel et de plus rebelle à toute comparaison. On pourrait donc traduire le mot d'"individuation" par "réalisation de soi-même", "réalisation de son Soi". » (Jung, 1964a, p. 111.)

Qu'est-ce que le Soi ? C'est la totalité de la psyché. En effet, pour Jung, le conscient et l'inconscient ne sont pas nécessairement en opposition :

> « [...] car le conscient et l'inconscient ne s'opposent pas nécessairement, mais se complètent réciproquement, formant à eux deux un ensemble, le Soi. Comme le laisse entendre cette définition, le Soi est une entité "sur-ordonnée" au Moi. Le Soi embrasse non seulement la psyché consciente, mais aussi la psyché inconsciente, et constitue de ce fait pour ainsi dire une personnalité plus ample que nous sommes aussi. » (Jung, 1964a, p. 118.)

Le Soi comprend la psyché à la fois consciente et inconsciente, bref, il correspond à la totalité de la psyché. Quant au Moi, il n'est pas identique à la totalité de la psyché et correspond plutôt au centre du champ de la conscience. On comprend alors que Jung nous dise que le Soi est sur-ordonné au Moi : le Soi est à la fois le centre et la totalité de la psyché, tandis que le Moi est le sujet de la conscience. De la sorte, le Soi subjugue le Moi et le développement du moi est subordonné au développement du Soi.

La maturité implique la recherche d'un nouvel équilibre entre le Moi et le Soi en vue d'atteindre la totalité et l'intégrité. En effet, une individuation réussie procure un sentiment de plénitude et d'accomplissement et une expérience de totalité :

> « L'individuation suppose que l'on reconnaisse l'existence du centre inconscient de la personnalité et que l'on s'accorde avec lui. C'est cela "être entier". La coordination du moi et du soi réalise la totalité, quelles que soient les blessures et les manques. » (Humbert, 1983, p. 126.)

Le sentiment d'être plus total et l'équilibre entre le monde intérieur et le monde extérieur sont autant d'indicateurs du développement de la personnalité. Sentiment de plénitude, sentiment d'être plus entier, sentiment d'être harmonisé dans les différentes dimensions de son être et sentiment d'unification, voilà ce qui nous attend au terme d'une individuation réussie : « C'est comme si un fleuve, après s'être perdu dans des bras secondaires marécageux, découvrait à nouveau son lit ordinaire ou qu'une pierre posée sur une graine en train de germer était soulevée de telle sorte que la pousse puisse croître sans entrave. » (Jung, 1976, p. 267.) Au terme, la personne, loin d'être dispersée ou décentrée, se sent réunifiée, si l'on peut dire.

Dès lors, il faut se mettre à l'écoute du Soi, lui faire de la place, ce qui commande une attitude de respect, quasi de révérence par rapport à l'inconscient, afin que des aspects du Soi négligés jusqu'à maintenant puissent voir le jour. L'inconscient n'est plus l'ennemi à mater, à surprendre, à dénoncer et à dominer. C'est la source d'inspiration et de vitalité (comment ne pas faire l'association avec l'élan vital de Bergson, auquel, paraît-il, Jung lui-même se serait référé ?), la source motrice à laquelle il faut faire confiance. Jung lui-même se serait mis au service de l'inconscient. N'est-ce pas là une expérience spirituelle, en son sens le plus noble ?

1.2.5   La voie de l'individuation, une voie initiatique ?

Ici, le développement psychologique semble se fondre avec une quête spirituelle dans la mesure où le processus d'individuation ressemble à une recherche psycho-spirituelle.

S'individuer, c'est devenir attentif à la voix intérieure et développer une attitude positive à l'égard des aspects du Soi qui ont été négligés, aspects qui peuvent être vecteurs de création et porteurs de vitalité. S'individuer, c'est se mettre au service de son *daimôn* dans une attitude de service quasi religieuse. S'individuer, c'est travailler à sa propre sagesse à travers une recherche d'intégration, d'unification et d'harmonisation de son être. Enfin, s'individuer exige de ne pas faire obstruction à l'inconscient et de laisser l'être se manifester, apparaître à sa manière (comment ne pas penser à Heidegger pour qui l'Être se dévoile, se déplie, se manifeste à travers l'Être-là, c'est-à-dire le *Da-Sein* qu'est l'être humain ?).

Cette recherche psycho-spirituelle est-elle à la portée de tous et toutes ? Autrement dit, l'individuation existe-t-elle pour tout le monde ? Prenons quelques exemples : le mécanicien de 30 ans qui a toujours eu le goût d'apprendre la sculpture du bois et qui ne l'a jamais fait ; la femme de 35 ans qui a eu ses enfants et qui rêve de travail professionnel ; la femme qui s'est réalisée professionnellement et qui rêve d'avoir des enfants ; le médecin qui rêve de jouer du piano... Faire de la place à des parties du Soi qui se sont tues jusqu'ici ou qui n'ont jamais eu voix au chapitre et qui demandent à se faire entendre maintenant semble faire partie intégrante de l'expérience de vivre. Sous diverses formes, chez tout le monde, dans diverses cultures, à diverses époques.

Découvrir des recoins du Soi maintenus dans l'ombre (c'est le cas de le dire), entendre des voix intérieures jusqu'ici inaudibles ou carrément enterrées par la *persona*, cela est constitutif de l'expérience humaine universelle. Faire quelque chose à partir de cela, voilà où la voie se rétrécit... où elle devient initiatique. À la lecture de Jung et de ses commentateurs, cette voie apparaît comme un sentier réservé à ceux et à celles qui choisissent de se mettre à l'écoute de leur être intérieur. Tout le monde rêve, fait des lapsus, s'imagine ceci ou cela, mais personne ne fait la même chose de ses rêves : certains les effritent, d'autres les cajolent, d'autres encore les écartent. Combien de personnes en profitent pour tisser la trame de leur prochaine structure de vie ?

> « Tout le monde peut faire l'expérience des archétypes dans les rêves, même de celui du Soi, sans un développement correspondant de la personnalité ; tout se passe comme si quelque chose fleurissait la nuit et se fanait le jour sans produire de graine. » (Fordham, 1979, p. 90.)

Choisir délibérément d'être à l'écoute de sa voix intérieure comporte des éléments de quête spirituelle et d'attitude religieuse ; chez Jung, le développement psychologique est étroitement lié au développement spirituel.

Théoriquement, l'individuation est le lot de chacun. Dans les faits, chaque vie est singulière et atteint un degré variable (et fluctuant selon les temps de la vie) d'harmonie, d'unité, de totalité et de vitalité. Il semble que la voie initiatique soit aussi une voie royale, non sans une certaine affinité avec « le chemin le moins fréquenté ». Pourtant la possibilité est là... D'autant que chaque phase de la vie peut devenir une occasion d'individuation.

1.3   LE CYCLE DE VIE DÉCOUPÉ EN QUATRE PHASES

Il est intéressant de souligner que, pour Jung, vivre pleinement chaque phase est un gage de santé mentale. « Quiconque transpose en après-midi les lois du matin [...] devra payer par des dommages de l'âme. » Les problèmes névrotiques de la vie adulte surviennent lorsque la personne transporte ce qui appartient à une phase dans une autre. Par exemple, le jeune adulte qui ne peut échapper à son enfance au cours de sa jeunesse pourra être atteint de névrose ; de même en sera-t-il de l'adulte du mitan encore aux prises avec sa jeunesse.

Pour Jung, le sens du matin est le développement de l'individu, l'ancrage dans le monde extérieur, la propagation de l'espèce et l'éducation des enfants. Ce matin recouvre l'enfance et la jeunesse.

1.3.1 L'enfance

Jung parle peu de l'enfance. Dans un texte datant de 1933, il soutient que l'enfant n'a pas vraiment de problème de son cru, comme si la majorité des problèmes que connaissait l'enfant étaient attribuables à son environnement plus qu'à lui-même :

> « L'enfant [...] vit une sorte de participation mystique tout à fait particulière, il ne peut encore se différencier du milieu dans lequel il est plongé. Dans de nombreux cas, ce sont les parents eux-mêmes qu'il convient de soigner. On devrait considérer toute névrose infantile en premier lieu à la lumière de la psychologie des parents. (*Problèmes de l'âme moderne.*) » (Cité dans Nataf, 1985, p. 172.)

Toujours selon Jung, l'enfance est une période où l'être humain est un problème pour les autres puisqu'il n'est pas encore conscient de ses propres problèmes. En outre, Jung reconnaît que « Quelque chose en nous désire demeurer un enfant pour être inconscient ou, au mieux, pour être conscient uniquement de l'ego. »

1.3.2 La jeunesse

La personnalité n'atteint pas sa plénitude à 20 ans (encore moins à l'âge de 6 ans !). Souvent le jeune adulte est encore aux prises avec les investissements émotifs et les conflits de son enfance. Par ailleurs, il doit faire face aux demandes de la vie, de sa famille, du travail et de la communauté. Il doit se tailler une place dans la société en développant des attitudes personnelles et en se faisant une place au moyen du travail. Jung pense que si l'individu est bien préparé, le passage à la profession ou à la carrière peut prendre place en douceur, mais que si l'individu s'agrippe à des illusions contraires à la réalité, les problèmes vont sûrement surgir.

Au cours de ces tentatives pour faire face aux exigences de la vie, le jeune adulte peut rencontrer diverses difficultés. Jung discerne deux causes principales :

☐ les postulats sur lesquels la jeune personne se base peuvent être faux, ses attentes peuvent être exagérées, son optimisme injustifié ou encore les difficultés sous-estimées ;

☐ les problèmes peuvent relever de difficultés psychiques, par exemple de la difficulté de composer avec la sexualité ou encore d'un sentiment d'infériorité.

Cette période est une phase dualiste en ce sens que l'individu doit reconnaître ce qui est différent de lui et ce qui est lui, c'est-à-dire faire un travail de différenciation entre ce qui n'est pas moi et ce qui est aussi moi. Cette phase dualiste entraîne une ouverture des horizons.

1.3.3   La maturité ou le solstice de la vie

Entre 35 et 40 ans une profonde modification de l'âme humaine s'effectue. Il s'agit non pas d'une modification consciente que l'on puisse remarquer, mais plutôt d'une lente transformation, perceptible à travers des indices indirects émergeant de l'inconscient. Tantôt des intérêts maintenus sous silence jusqu'à présent se manifestent ; telle personne voudra renouer avec la musique, telle autre avec le bénévolat, telle autre encore avec les sports... le dénominateur commun étant que cet intérêt a occupé et occupe encore peu ou pas de place dans la vie réelle de la personne (il peut en occuper beaucoup dans sa vie imaginaire). Tantôt le caractère de la personne se modifie de façon majeure, faisant place à des expériences et à des émotions liées au bouleversement éprouvé : parfois des traits disparus depuis l'enfance pourront réapparaître.

Le mitan de la vie est une période majeure de transition. Le processus d'individuation y est plus que jamais à l'œuvre, obligeant les hommes à être plus présents à leur *anima* (principe féminin) et les femmes à être plus présentes à leur *animus* (principe masculin). À propos d'*animus* et d'*anima*, Humbert (1983) affirme que ces figures ne sont pas des modèles du féminin et du masculin et ne correspondent pas à un archétype de la femme ou de l'homme :

> « Jung estime qu'elles sont des dispositions à la relation avec l'autre sexe qui ont pris forme avec l'humanité elle-même [...] cette composante féminine du psychisme de l'homme ne vient pas d'une intériorisation de l'image de la mère comme l'*animus* ne vient pas davantage du père. [...] Ces complexes sont particulièrement actifs dans la relation de couple où ils installent aussi bien la passion que la querelle. » (Humbert, 1983, p. 65.)

Cette période peut être une occasion pour la personne d'avoir de plus en plus accès, à travers son inconscient individuel, à l'inconscient collectif, permettant au Moi de se dés-identifier de la *persona*, d'intégrer les éléments de son *ombre* qui avaient été écartés antérieurement et de se réconcilier avec différents aspects de son Soi. Cela procurera alors à l'individu le sentiment de se réaliser plus pleinement. Toutefois, les résolutions de la transition du mitan ne sont pas toutes positives : certaines personnes renforcent leur *persona* d'une manière régressive plutôt que progressive et continuent de vivre en s'appuyant sur les hypothèses qui régissaient leur vie jusqu'à maintenant, causant ainsi du « dommage à leur âme », pour reprendre l'idée de Jung. Dans les situations les plus heureuses, la transition du milieu de la vie fournit à l'individu l'occasion de passer d'une attitude orientée vers la *persona* à une attitude orientée vers le Soi.

1.3.4 La vieillesse

« Les personnes âgées », dit Jung (1933, p. 17, traduction libre), « devraient savoir que leur vie n'est pas dans un mouvement ascendant et dans un mouvement d'expansion mais que l'inexorable processus intérieur commande la contraction de la vie. »

Aux yeux de Jung, qui, disons-le, n'a pas beaucoup parlé du troisième âge, la vieillesse a des points communs avec l'enfance en ce sens qu'elle connaît des événements psychiques inconscients. Il s'agit d'une période où la conscience semble à nouveau être subjuguée par l'inconscient, une période de grande introversion. La mort, de plus en plus imminente, déclenche une réflexion sur le sens de la vie et sur la survie. Enfin, le questionnement religieux et les valeurs spirituelles au sens large n'en deviennent que plus importants et plus significatifs.

1.4 EN CONCLUSION

L'analogie de la course du soleil permet de partager l'intuition de Jung sur le cycle de vie et sur le développement de l'être humain, intuition qu'il explique grâce au processus d'individuation. Ce processus, synonyme de développement de la personne, est actif pendant toute la durée du cycle de vie, de façon plus particulière encore dans la deuxième moitié de la vie ; l'individuation suppose des confrontations du Moi avec la *persona*, l'*ombre*, l'*animus* et l'*anima* et une rencontre avec le Soi. Au terme de ce processus, la personne éprouve un sentiment de totalité, d'unification et d'accomplissement de soi. Les quatre temps de la vie distingués par Jung, soit l'enfance, la jeunesse, la maturité et la vieillesse, visent à permettre à chacun d'atteindre la sagesse.

Jung divise le cycle de vie en deux parties séparées par la transition du mitan. Cette transition, décrite comme une période de bouleversement et de rupture, est destinée à une reprise de contact avec les aspects négligés du Soi qui n'ont pu trouver place dans l'organisation de vie (on pourrait parler de structure de vie, si cette notion avait été en vogue du temps de Jung, mais il faudra attendre Levinson) du jeune adulte. La grande force de la théorie de Jung est de décrire comment le développement de la personne (l'individuation) passe nécessairement par un retournement et un réaménagement des forces psychiques. Si on y regarde de près, il semble que l'idée de crise du mitan, une idée bien populaire actuellement, existe déjà dans la pensée de Jung.

Les intuitions de Jung sur le développement adulte ont le mérite d'ouvrir la réflexion, d'enclencher la systématisation. Elles seront influentes, reprises ultérieurement par divers théoriciens ; d'ailleurs elles ont encore audience de nos jours. En outre, elles font une place à un questionnement psycho-spirituel, piste qui ne se retrouve pas toujours chez les différents théoriciens que nous allons aborder. Havighurst (1973, p. 19, traduction libre) croyait que cette pensée « représentait davantage une philosophie de la vie qu'une théorie du développement dans une perspective de cycle de vie ». Pourquoi opposer de la sorte théorie du développement adulte et philosophie de la vie ? Toute théorie ne recèle-t-elle pas une philosophie implicite ? Loin d'être péjorative, à mes yeux, cette critique montre la profondeur et la portée des idées de Jung.

JUNG
Exercices et sujets de réflexion

1. Freud et Jung proposent deux notions différentes de l'inconscient. Clarifiez-les et montrez en quoi cela entraîne un rapport différent de la personne avec son inconscient. Réfléchissez maintenant sur votre attitude à l'égard de votre inconscient. Votre attitude se rapproche-t-elle davantage de Freud ou de Jung ?

2. À votre avis, la voie de l'individuation est-elle une voie initiatique ou est-ce une voie à la portée de tous et chacun ?

3. Dans son sens étroit, l'individuation concerne la crise du mitan ; dans son sens large, l'individuation est le processus central du développement psychosocial de l'adulte. Discutez.

4. Que pensez-vous de l'idée jungienne qui dit que « l'enfance et la vieillesse baignent davantage dans l'inconscient » ?

5. Croyez-vous, comme Jung, que la culture donne un sens à la deuxième moitié de la vie ?

6. Jung affirme que la névrose est une façon de rester fixé à une phase antérieure. Discutez.

7. Croyez-vous que la contribution de Jung au corpus théorique du développement adulte est scientifique ? Explicitez vos critères.

2

*C*HARLOTTE *B*ÜHLER
et *R*AYMOND *K*ÜHLEN

2.1 BÜHLER : L'ÉVOLUTION DES OBJECTIFS DE VIE

On trouve une première tentative pour systématiser le cycle de vie dans les recherches de l'équipe dirigée par Charlotte Bühler à Vienne, au cours des années 1920 et 1930. Bühler et ses collaborateurs ont analysé la vie de quelque 400 personnes (hommes et femmes) de provenances sociales diverses en faisant des entrevues, en lisant leur correspondance, leur journal intime ou leur biographie. Ils ont colligé les données de ces vies et les ont classées sous les trois catégories suivantes : les événements extérieurs, les réactions intérieures et les réalisations.

Le modèle que nous propose Bühler (1968) s'inspire du modèle biologique qui postule que le développement se fait en trois temps : ascension, sommet et déclin. On sait depuis qu'il n'y a pas de parallèle entre la courbe psychosociale et la courbe biologique.

En étudiant les 400 biographies, il est ressorti que les objectifs de vie jouaient un rôle prépondérant. Le modèle de Bühler met l'accent sur l'importance de se fixer des buts dans la vie ; pour cette auteure, en effet :

« [Le développement est] un principe qui représente l'expansion et la créativité de l'être vivant, ce qui implique une force active à l'œuvre, une directivité et une intention, avec une anticipation positive et une préparation à faire face. Accomplir quelque chose, quelque part et d'une certaine manière, voilà le but inhérent à l'activité, dans cette conception. » (Bühler, 1967, p. 87-88, cité par Van Hoose et Worth, 1982, p. 15, traduction libre.)

En fonction du travail qu'il y a à faire dans l'élaboration, la réalisation et l'évaluation des buts que chacun se donne, Bühler divise le cycle de vie en cinq phases dont seule la première ne concerne pas la vie adulte. (Les âges accompagnant ces phases sont, bien sûr, approximatifs.)

Phase 1 — de 0 à 15 ans

C'est la période de l'enfance, qui précède la détermination des objectifs de vie.

Phase 2 — de 16 à 25 ans

C'est la période d'expansion, qui se caractérise par un élargissement des activités et des dimensions de la jeune personne. Celle-ci désire être en contact avec la réalité des adultes et elle acquiert de l'expérience au travail et auprès des gens. Elle développe des attitudes provisoires face aux demandes de la vie, attitudes qui seront plus définies à la fin de cette phase. La principale tâche de cette période consiste à déterminer les objectifs de vie qu'elle veut atteindre.

Phase 3 — de 26 à 40 ans

C'est la période de culmination, la phase sommet dans la détermination des objectifs de vie. Sur le plan physiologique, la croissance se stabilise et la vitalité est à son plus haut point. La direction que la personne donne à sa vie est très présente. En pleine possession de ses moyens, elle spécifie et détermine de façon plus définitive les buts qu'elle veut atteindre et passe à leur réalisation. C'est la période la plus active et la plus féconde pour la majorité des personnes.

Phase 4 — de 40 à 65 ans

C'est une période d'auto-évaluation souvent introduite par une crise : est-ce que je réalise mes objectifs de vie ? Certaines possibilités de la personne peuvent atteindre un sommet, et il arrive que surgissent de nouveaux intérêts qui affectent ses objectifs de vie. C'est une période de bilan et de réajustement de tir, car la vie active n'est pas finie.

Phase 5 — après 65 ans

La vie active n'est pas finie... à tel point que, au cours de cette dernière phase, certains élaborent encore des projets d'avenir. La personne peut éprouver un sentiment de satisfaction ou d'échec par rapport à l'ensemble de sa vie et, selon le cas, poursuivre des activités ou revenir à la satisfaction de besoins de l'enfance. Bühler répartit les hommes et les femmes dont elle a analysé la vie selon quatre catégories (tableau 2.1) :

❑ ceux qui ont le sentiment d'avoir atteint leurs objectifs de vie et qui se laissent vivre ;

❑ ceux qui continuent de se battre jusqu'au bout ;

❑ ceux qui sont insatisfaits par rapport à leurs objectifs de vie et qui se résignent ;

❑ ceux qui éprouvent des sentiments de culpabilité et de regret et qui ont l'impression que leur vie n'a pas eu beaucoup de sens.

Par ailleurs, c'est une période où la personne apprivoise sa mort éventuelle, où elle peut se plaindre de sa solitude, où rebondit un questionnement religieux et où elle fait des expériences de nature rétrospective.

TABLEAU 2.1
Le cycle de vie adulte selon Bühler*

GROUPES D'ÂGE	CARACTÉRISTIQUES PHYSIOLOGIQUES	TÂCHES DÉVELOPPEMENTALES
16 - 25	Habileté à se reproduire sexuellement	Expansion préparatoire et tentative pour déterminer les buts à atteindre
26 - 40	Stabilisation de la croissance	Culmination : détermination définitive et spécifique des buts à atteindre
40 - 65	Perte de l'habileté de reproduction	Auto-évaluation concernant l'atteinte des buts
65 et +	Décroissance et déclin biologique	Expérience de satisfaction ou d'échec, avec poursuite d'activités ou retour à la satisfaction des besoins de l'enfance

* Tableau établi d'après le texte de Bühler, 1968, p. 14 et suivantes.

2.2   KÜHLEN : LES CHANGEMENTS DANS LA MOTIVATION

On peut voir l'étude de Kühlen (1964) comme une prolongation de la recherche de Bühler puisque cet auteur détecte des changements dans la motivation au cours de la vie adulte. Il propose de distinguer deux types de motivation :

les motivations de croissance au cours de la première moitié de la vie ;

l'anxiété et la menace comme principales sources de motivation au cours de la deuxième moitié de la vie.

Ces deux moments recoupent les mouvements d'expansion et de contraction qui caractérisent le cycle de vie.

À l'intérieur de la phase d'expansion se retrouvent les buts de l'ordre de la réalisation de soi, du pouvoir, de la créativité et de l'actualisation de soi. Toutefois, on constate qu'il y a une diminution de ces motivations avec l'âge. En effet, lorsqu'un but est atteint, d'autres peuvent surgir ; de plus, il arrive qu'un but soit court-circuité par un autre, par exemple si la personne change de statut social ; enfin, quand un but n'est pas atteint, la personne peut avoir recours à des gratifications vicariantes. Voilà trois façons d'expliquer le changement dans les motivations par rapport aux objectifs de vie.

Avec la fin du processus d'expansion, il y a un point tournant, dont l'âge n'est pas défini, où s'amorce le phénomène de contraction qui coïncide avec le début de pertes irréversibles : la maladie peut surgir, des amis et parents peuvent disparaître, les possibilités de travail semblent se restreindre. L'anxiété et la crainte prennent la relève comme source de motivation. Kühlen constate que les personnes qui avancent en âge sont moins heureuses, se voient d'une façon plus négative et vivent une perte de confiance en elles. Il semble que ces effets sont plus lents chez les femmes que chez les hommes, et se retrouvent davantage dans les classes sociales défavorisées que dans les classes privilégiées.

Qu'est-ce qui nous frappe dans les idées de Bühler et de Kühlen ? On y trouve une organisation du cycle de vie qui gravite autour des objectifs de vie, ce qui assure une bonne place à la prise en charge de soi comme valeur fondamentale. De plus, le modèle biologique est endossé de façon globale. Enfin, on y trouve une constatation qui sera reprise de façon plus systématique par les modèles plus contemporains : une phase d'auto-évaluation concernant les buts qui n'est pas sans faire écho à la crise du milieu de vie.

JUNG – BÜHLER – KÜHLEN

	1	2	3	4	5	6	7	8	9	10	11	12	13	14	15	16
1																
2																
3																
4																
5																
6																
7																
8																
9																
10																
11																
12																
13																
14																
15																
16																

HORIZONTALEMENT

1. Nom de la phase sommet dans la détermination des buts ou des objectifs de vie, selon Bühler. — Dénomination.

2. Dieu des vents dans la mythologie grecque. — Petit ruisseau. — Transformé.

3. Extrait de suc de fruit, préparé par évaporation, ayant la consistance du miel. — Arrondi.

4. Processus de changement particulièrement actif pendant la deuxième moitié du cycle de vie, d'après Jung. — Route rurale.

5. Enfui. — Conjonction. — Route nationale. — Convenance, guise, volonté.

6. Note de la gamme. — Portion définie d'une courbe en géométrie. — Le premier à chanter à l'aube.

7. Douze mois. — Interjection populaire que l'on ajoute à la fin d'un couplet et qui imite le bruit d'instrument. — Fleuve de l'Italie du Nord. — Numéro.

8. Nom du modèle de développement qui postule que le changement se fait en trois temps : ascension, sommet et déclin. — Contraire de mauvais.

9. Poète italien, traducteur de l'*Énéide*. — Ligue nationale. — A remplacé la quenouille pour le filage à la main.

10. Mince et svelte. — Événements imprévisibles.

11. Pronom indéfini. — Coupa la partie supérieure d'un arbre ou d'une plante. — Prénom féminin.

12. Plante dont le bulbe est composé de caïeux à odeur forte et à saveur piquante utilisés comme condiments. — Note de la gamme. — Ville où a travaillé le groupe de psychologues rattachés à Charlotte Bühler.

13. Une des sources principales de motivation au cours de la deuxième moitié de la vie, selon Kühlen. — Versant exposé au soleil, en pays montagneux.

14. Pronom (anglais). — Ville du Brésil. — Conjonction.

15. Habitude bizarre. — Du squelette. — Giron.

16. Principe d'énergie masculine selon Jung. — L'un des deux mouvements qui caractérisent le cycle de la vie, selon Kühlen.

VERTICALEMENT

1. Sorte de motivations qui interviennent pendant la première moitié du cycle de vie, selon Kühlen. — Principe de l'énergie féminine, d'après Jung.

2. Personne d'une taille anormalement petite. — Proportion de métal précieux entrant dans un alliage. — Écorce de chêne moulue utilisée pour le tannage.

3. Article défini. — Article contracté. — Remua, balança. — Conjonction.

4. Objet des recherches de Kühlen. — Préfixe.

5. Pronom personnel. — Endos d'une page. — Pronom démonstratif (masc. plur.). — Du verbe avoir.

6. Nom de famille du fondateur de la congrégation de l'Oratoire, dont le prénom est Philippe et qui est né à Florence en 1515. — Selon Jung, l'adulte, à mesure qu'il se développe, y accède à travers son inconscient individuel (écrire l'adjectif seulement).

7. Poème lyrique destiné à être chanté. — Atome ou groupement d'atomes portant une charge électrique.

8. Synonyme d'objectif de vie. — Deux consonnes. — Avant-midi. — Pronom personnel.

9. Terminaison des verbes du deuxième groupe. — Nettoyer.

10. Conjonction. — Dont on a retranché quelque partie.

11. Nombre de phases déterminées par Bühler. — Équidé plus petit que le cheval, à longues oreilles. — Tenta, essaya.

12. Deux voyelles. — Concept jungien signifiant la formation de compromis entre l'individu et la société. — Préposition.

13. On le considère comme le « père » des théories du développement adulte. — Du verbe enduire.

14. D'un verbe gai. — Son prénom est Charlotte. — Conjonction.

15. Contraire de lumière ; c'est aussi un concept jungien. — Il a construit une arche célèbre. — Conjonction.

16. Changer. — Selon Kühlen, c'est l'un des deux mouvements qui caractérisent le cycle de vie.

CHAPITRE

3

E*RIK* H. E*RIKSON*

L'HISTOIRE DU VIEIL HOMME QUI SE MOURAIT...

Il était une fois un vieux monsieur. Il était étendu dans son lit, les yeux fermés. Le vieux monsieur était en train de mourir. Pendant qu'il était ainsi étendu, les yeux fermés, sa femme lui parlait à l'oreille : elle égrenait le nom de chaque membre de la famille qui était là, venu pour lui souhaiter shalom. « Mais qui », dit le vieillard en se redressant brusquement dans son lit, « qui s'occupe du magasin ? »

Cette histoire, nous dit Erikson, nous communique l'esprit caractéristique de la vie adulte, cet esprit que les Hindous appellent « l'intendance du monde » ou le maintien de l'univers. (1982, p. 66, traduction libre.)

En 1950, Erik Erikson (né en 1902) publie *Childhood and Society* (qui paraîtra en traduction française en 1963) où il présente sa version des huit stades du cycle de vie, reprise ailleurs, incidemment dans *Identity and the Life Cycle* (1959), dans *The Life Cycle Completed* (1982) et dans *Vital Involvement in Old Age* (1986), écrit conjointement avec Joan M. Erikson et Helen Q. Kivnick. Ce modèle recouvre tout le cycle de la vie humaine, de la naissance à la mort et, en ce sens, il est complet. Pour la première fois, on voit apparaître un schème organisé qui décrit le développement pendant la vie adulte.

Voyons d'abord les fondements théoriques de ce modèle. Nous nous attarderons ensuite aux stades qui portent spécifiquement sur la vie adulte.

3.1   *LES FONDEMENTS THÉORIQUES*

Le modèle d'Erikson mérite notre attention d'abord à cause de sa dimension psychosociale, ensuite à cause de son caractère épigénétique.

3.1.1   *La dimension psychosociale du modèle*

Le développement de la personne résulte de l'interaction d'événements d'ordre interne (psychiques, physiologiques, biologiques) et d'ordre externe (sociaux, culturels, phénomènes de civilisation). Il ne repose plus sur les seules pulsions sexuelles, mais sur les relations entre l'individu et son milieu. Comme le dit Erikson (1981, p. 15, traduction libre), « plutôt qu'une économie des pulsions et des défenses individuelles, c'est une écologie des relations mutuelles partagées par une unité de la communauté telle que la famille » qu'il se propose de faire. Si on peut faire des liens avec le développement psychosexuel de Freud et avec les stades du développement cognitif de Piaget, il faut insister sur le souci d'Erikson d'intégrer l'environnement social restreint (à travers les relations interpersonnelles et l'interaction sociale) et global (à travers la société et la culture) dans sa compréhension du développement de la personne, d'où il résulte une vision spécifiquement psychosociale du développement de l'*ego*. Sa théorie reflète le fait qu'il a été formé à la psychanalyse classique (il était psychanalyste pour enfants) et qu'il a travaillé auprès des Sioux et de différentes populations : les seuls processus intrapsychiques n'arrivaient pas à rendre compte de la totalité du développement dans son ensemble et sa complexité.

Insérés aux phases du développement psychosexuel, les stades psychosociaux du développement du moi résultent de l'interaction entre les processus de maturation ou les besoins biologiques et les demandes de la société, ainsi que de l'environnement et des influences sociales rencontrées dans la vie de tous les jours. Chaque stade de la vie est lié au *soma*, à la *psyche* et à l'*ethos*[1] :

> « Les stades de la vie demeurent d'un bout à l'autre "liés"
> à des processus somatiques comme ils restent dépendants
> des processus psychiques du développement de la person-

---

1. En grec, *soma* signifie corps, *psyche* signifie âme et *ethos* signifie coutumes. Erikson distingue les processus biologiques, psychologiques et socioculturels.

nalité et du pouvoir éthique du processus social. » (Erikson, 1982, p. 59, traduction libre.)

Ce développement procède par stades qualitativement différents car, nous dit Erikson, « tout être qui grandit, le fait en vertu d'un plan fondamental dont émergent, chacune à un moment spécifique, les diverses parties jusqu'à ce qu'elles soient capables de fonctionner comme un tout. » (1972, p. 94-95.) Chaque stade est centré sur un enjeu développemental entre le *self* et le monde social.

Ainsi, à chaque stade (pour la description des huit stades, voir le tableau 3.1, p. 52), le cercle des relations interpersonnelles s'étend progressivement : au premier stade, confiance VS méfiance, les relations interpersonnelles sont surtout concentrées autour de la mère ; elles s'élargissent ensuite : aux parents au deuxième stade, autonomie VS honte ; à la famille de base au troisième stade, initiative VS culpabilité ; puis au voisinage et à l'école au quatrième stade, travail VS infériorité ; enfin aux groupes de pairs et aux autres groupes de référence au cinquième stade, identité VS confusion de rôle. Comme on peut le constater, un tel élargissement des relations interpersonnelles significatives met graduellement l'individu en contact avec de nouvelles sections de l'ordre social. En ce qui concerne les stades de la vie adulte, l'éventail des relations significatives continue de s'étendre : aux amis, aux partenaires sexuels et aux partenaires de travail, pour le stade intimité VS isolement ; aux personnes impliquées dans la division du travail et le partage des tâches domestiques, au stade « générativité » VS stagnation ; et enfin à l'humanité tout entière au dernier stade, intégrité VS désespoir. (Voir le tableau 3.3, p. 62.)

La crise développementale

Chaque stade déclenche une crise développementale — qu'on appelle aussi normative — qui n'a rien à voir avec la crise névrotique ou traumatique. Ce concept renvoie à ces crises qui déclenchent un déséquilibre et dont l'enjeu est une tâche de croissance psychosociale. Toute personne doit y faire face, puisque ces crises sont inscrites — un peu comme un programme épigénétique — dans la séquence humaine de développement. Dans un tel contexte, on dit que la crise est normative puisqu'elle fait apparaître un débat (en grec, le mot crise veut aussi dire débat, choix) qui fournit, tout en offrant de nouvelles possibilités et en libérant de nouvelles énergies, des occasions de grandir, et dont la maturité est — possiblement mais non nécessairement — la fin (le *telos*).

« Le mot crise, du reste, n'est ici employé que dans son contexte évolutif, non point pour désigner une menace de catastrophe mais un tournant, une période cruciale de vulnérabilité accrue et de potentialités accentuées et, partant, la source ontogénétique de force créatrice mais aussi de déséquilibre. » (Erikson, 1972, p. 98.)

Cette crise est développementale parce qu'elle va dans le sens du « processus de croissance qui libère de nouvelles énergies en même temps que la société offre de nouvelles possibilités, spécifiques à sa conception dominante des phases de la vie »[2].

On aura compris qu'un tel programme développemental, loin d'être un code de loi qui prescrit « la » bonne résolution de l'enjeu développemental, laisse place à de multiples combinaisons de réponses et qu'un débat ou un conflit ultérieur, tout en s'appuyant sur les résolutions uniques choisies par la personne, peut raviver des enjeux antérieurs et amener de nouvelles solutions. L'unicité de la personne y est affirmée et confirmée.

Un équilibre entre deux pôles

L'enjeu développemental s'effectue à travers des polarités ; ainsi, chaque stade comporte un pôle positif et un pôle négatif qui suscitent une tension créatrice. Ces deux opposés, ou dispositions apparemment contraires, Erikson les considère comme étant respectivement syntonique (le pôle positif) et dystonique (le pôle négatif) et croit que l'engagement vital de l'individu dépend de leur équilibre dynamique. Il faut comprendre que la résolution de l'enjeu développemental suppose une intégration concrète, singulière et individuelle des polarités. Par exemple, le sens de la méfiance coexistera avec le sens de la confiance pour que puisse apparaître l'espoir ; l'autonomie cohabitera avec le sens de la honte et du doute pour que puisse apparaître la volonté ; et ainsi de suite pour les autres stades. Il ne s'agit donc pas d'annihiler le pôle négatif au profit du pôle positif, comme certaines interprétations le laissent croire, mais de maintenir un équilibre créateur et dynamique entre ces prédispositions. Dans *Vital Involvement in Old Age* (1986), la pensée d'Erikson, Erikson et Kivnick est des plus explicites sur ce point :

---

2. Erikson, E.H. (1968), *Identity-Youth and Crisis*, New York, W.W. Norton, p. 98, cité par Colarusso et Nemiroff (1981), p. 28, traduction libre.

« Chacun des carrés qui forment la diagonale de notre graphique » (voir le tableau 3.1, Les crises psychosociales, p. 52) « dénomme par conséquent, comme on le voit, une paire de prédispositions syntonique et dystonique. La confiance est mandataire : mais, comme nous le voyons, elle ne peut exister positivement que si elle est juxtaposée avec une méfiance "sensible" — aussi nécessaire dans l'existence. C'est seulement à l'intérieur d'une sorte d'équilibre créateur de ces deux tendances que l'espoir peut se développer. » (Erikson *et al.*, 1986, p. 38.)

Entre ces deux opposés, chaque individu résout le conflit dans une combinaison unique qui s'exprime par un vécu unique. Il n'y a donc pas une seule bonne façon de résoudre chaque crise développementale.

Pourtant, il y a des résolutions du conflit développemental qui sont plus ou moins adaptatives. Il importe donc de reconnaître que tous les équilibres ne sont pas aussi fonctionnels et adaptatifs les uns que les autres. Erikson, Erikson et Kivnick désignent, pour chaque stade, une résolution mésadaptée du conflit qu'ils nomment, en anglais, *maladaptation*, et une inadaptation ou résolution mauvaise du conflit qu'ils appellent, toujours en anglais, *malignancy*[3]. À leurs yeux, surdévelopper la prédisposition syntonique au détriment de la tendance dystonique entraîne quelques mésadaptations, tandis que surdévelopper la tendance dystonique au détriment de la tendance syntonique entraîne des résolutions mauvaises ou inadaptations.

« Comme les termes le suggèrent, une mésadaptation (*maladaptation*) pourrait éventuellement se corriger par réadaptation, qu'elle soit spontanée ou induite de façon thérapeutique ; une "tendance" vers une mauvaise résolution (*malignancy*), au contraire, peut conduire dans une impasse qui demande une correction plus radicale ; dans le premier cas, les cliniciens parleraient de désordre névrotique, et dans le second de désordre plutôt psychotique. » (Erikson, Erikson et Kivnick, 1986, p. 40-41, traduction libre.)

---

3. En grec, *mésos* signifie milieu, médian : j'ai choisi le terme mésadaptation pour traduire *maladaptation*, ou adaptation de type névrotique ; et inadaptation (absence d'adaptation) ou mauvaise résolution pour traduire *malignancy*, ou adaptation de type psychotique, même si « mauvais » n'a pas la connotation de « malin », en français.

TABLEAU 3.1
Les crises psychosociales

	1	2	3	4	5	6	7	8
VIII Vieillesse								Intégrité VS désespoir SAGESSE
VII Âge adulte (maturité)							« Générativité » VS stagnation SOLLICITUDE	
VI Jeune adulte						Intimité VS isolement AMOUR		
V Adolescence					Identité VS confusion de rôle FIDÉLITÉ			

	1	2	3	4
IV Âge scolaire	Travail VS infériorité COMPÉTENCE			
III Âge du jeu		Initiative VS culpabilité BUT		
II Enfance			Autonomie VS honte, doute VOLONTÉ	
I Petite enfance				Confiance de base VS méfiance de base ESPOIR

Source : Erikson, 1982, p. 56-57, traduction libre.

Les auteurs présentent leur classification sous forme de tableau reproduit ici sous le titre Mésadaptation, adaptation et inadaptation à chacun des stades de la vie, selon Erikson, Erikson et Kivnick (1986) (voir le tableau 3.2, p. 55).

La crise développementale se présente comme une tension entre des polarités et elle se résout à travers un certain équilibre entre ces polarités ou prédispositions. Voilà une première façon d'expliquer la complexité et l'unicité de chacune des vies humaines.

3.1.2   Le sens dialectique du modèle et son caractère épigénétique

Une dialectique à travers le temps

Cette complexité est encore plus flagrante et cette unicité de l'individu encore plus évidente lorsqu'on comprend que la résolution de chacune des crises développementales liées à un stade affecte le développement de la personne, et cela de deux façons : 1) en réorganisant, si l'on peut dire, les solutions d'enjeux antérieurs à la lumière de l'enjeu développemental actuel ; 2) en fournissant le nouveau matériau de base pour les stades ultérieurs. Ainsi, la crise développementale reliée à chaque stade devient l'occasion de ré-expérimenter les enjeux antérieurs, de réorganiser les forces psychosociales, bref d'en faire une nouvelle synthèse personnelle tout en présumant déjà d'une certaine résolution d'éléments liés à des stades ultérieurs. Cette réalité, Erikson *et al.* l'appliquent aux personnes âgées qu'ils interviewent :

> « À chaque stade successif, les anciens conflits doivent être de nouveau résolus eu égard au niveau courant de développement. Ainsi, le principe de l'expérience suggère que la bataille que mène le vieil âge pour composer de façon appropriée avec la tension entre l'intégrité et le désespoir dépend très largement de l'équilibre atteint par l'individu dans la résolution de la tension psychosociale ancienne ; elle dépend aussi de la synthèse actuelle de tout le dynamisme et de toute la solidité des forces de base déjà développées. Pourtant, l'effort ultime pour venir à bout de l'intégrité et du désespoir n'est pas prédéterminé ou figé d'avance par la manière dont la vie a été vécue jusqu'à ce point. La volonté renouvelée, spécifique au vieil âge, de se rappeler et de passer en revue les expériences antérieures constitue un aspect essentiel dans l'intégration des deux opposés finaux. » (1986, p. 40, traduction libre.)

Comme on le voit, le modèle fait place à une certaine souplesse et à une certaine possibilité de changement.

TABLEAU 3.2
Mésadaptation, adaptation et inadaptation à chacun des stades de la vie, selon Erikson, Erikson et Kivnick (1986)

TENDANCE MÉSADAP-TATIVE	FORCE ADAPTATIVE			TENDANCE INADAP-TATIVE
I Mésadaptation sensorielle	Confiance	ESPOIR	Méfiance	Retrait
II Bonne volonté excessive	Autonomie	VOLONTÉ	Honte–doute	Doute de soi compulsif
III Caractère impitoyable	Initiative	BUT	Culpabilité	Inhibition
IV Virtuosité étroite	Travail	COMPÉTENCE	Infériorité	Inertie
V Fanatisme	Identité	FIDÉLITÉ	Confusion de rôle	Répudiation
VI Promiscuité	Intimité	AMOUR	Isolement	Distance de soi Exclusivité pleine de haine
VII Sur-sollicitude : excès par delà les capacités individuelles (*over-extension*)	« Générativité »	SOLLICITUDE	Stagnation	« Réjectivité »
VIII Présomption	Intégrité	SAGESSE	Désespoir	Dédain

Source : Erikson, Erikson et Kivnick, 1986, p. 45, traduction libre.

Ce jeu dialectique me semble capital pour saisir la richesse du modèle d'Erikson. Sa richesse et son « bon sens ». Rien n'est plus contraire à la pensée d'Erikson que de croire que les enjeux de l'intimité — ou de la confiance, ou de tout autre stade — sont résolus une fois pour toutes entre tel et tel âge. Rien n'est plus contraire à cette pensée que d'estimer qu'il faut attendre le stade de la générativité pour faire l'expérience de la sollicitude, ou le stade de l'intégrité pour se préoccuper de sagesse ! Ce sont là des réductions simplistes qui conduisent à des énoncés absurdes voire insignifiants. Les enjeux des huit stades sont actifs tout au cours de l'existence humaine ; toutefois, ils le sont davantage au cours d'un stade donné, comme s'ils étaient proéminents, placés à l'avant-scène du théâtre développemental.

Nous avons dit ailleurs comment il ne fallait pas comprendre ces enjeux par exclusion les uns des autres, mais bien les voir dans leur interdépendance tout au cours du cycle de la vie, chaque enjeu surgissant en relief à des moments-balises (tel un instrument à qui est confié temporairement le thème musical, tous les autres instruments continuant de jouer) sur l'ensemble des enjeux développementaux toujours à l'œuvre au cours du long travail du développement de l'identité d'une personne.

La plupart des interprétations du modèle d'Erikson expliquent de manière déterministe et rigide l'enchaînement des huit stades, et surtout l'influence que la résolution d'un stade peut avoir sur un autre ; ces mêmes interprétations font, à mon avis, l'erreur suivante : elles négligent l'interdépendance des thématiques entre elles, comme si l'amour n'était pas en lien direct avec la sollicitude, l'autonomie, la volonté, la sagesse, etc., et, réciproquement, amenuisant de la sorte la dimension dialectique de la pensée d'Erikson. Bref, les huit enjeux sont actifs tout au cours de la vie adulte et non seulement au moment où ils occupent le premier plan.

D'ailleurs le dernier volume d'Erikson, Erikson et Kivnick va dans ce sens :

> « Le graphique épigénétique suggère également de manière appropriée que l'individu n'est jamais aux prises seulement avec la tension qui est focale à ce moment-là. À chacun des stades successifs de développement, l'individu s'engage de plus en plus dans l'anticipation des tensions qui deviendront bientôt focales et dans la ré-expérimentation (*re-experiencing*) de tensions qui ont été intégrées inadéquatement quand elles étaient focales. » (1986, p. 39, traduction libre.)

Le caractère épigénétique

Ici, nous touchons du doigt le caractère épigénétique du modèle d'Erikson. Ce principe est emprunté à l'embryologie : de l'étude du développement du fœtus est ressortie la croyance qu'un plan de développement est inscrit dans les cellules, chaque stade étant préalable au suivant (comme processus, bien sûr, et non comme contenu, ce qui revient à dire qu'il y a par exemple formation du système nerveux ou du système cardiaque, apparition du cœur et du cerveau comme organes, mais non avec leurs accidents ou caractéristiques individuelles. Bref l'apparition d'un nez, et non de tel nez. Confondre les contenus et les processus entraîne automatiquement une incompréhension du modèle). On ne saurait donc trop insister sur le fait que, « dans un schéma épigénétique, [...] APRÈS signifie seulement une version ultérieure d'un item précédent, non sa disparition » (Erikson, 1982, p. 63, traduction libre).

Comme le rappellent Erikson, Erikson et Kivnick :

« Le sous-titre de cette section, "Epigenesis", exprime notre tâche assez naturellement, car *epi* peut signifier "au-dessus de" dans l'espace aussi bien que "avant" dans le temps, et relié à *genesis* peut bien représenter la nature spatio-temporelle de tout développement. » (1986, p. 38-39, traduction libre.)

Que peut bien signifier le tableau 3.1 (Les crises psychosociales) apparemment en escalier, où le stade I occupe le coin inférieur gauche et le dernier stade le coin supérieur droit ? En fait, le tableau d'Erikson ne représente pas un escalier mais bien un carrelage, ou grillage, où il y a des cases vides au-dessus et en dessous de l'enjeu focal, sauf pour le premier stade, où les cases vides se situent toutes au-dessus de l'enjeu focal, et le dernier stade, où elles sont toutes en dessous de l'enjeu focal. Cela m'apparaît essentiel pour bien saisir que ce modèle épigénétique ne peut se comprendre que d'une manière dialectique et systémique.

En regardant le tableau des huit stades (tableau 3.1) — dans *The Life Cycle Completed*, Erikson commence en haut à droite sa lecture descendante des stades —, il faudra se rappeler cette remarque d'Erikson :

« Le tableau rend clair que, verticalement, chaque pas (même la sagesse) est enraciné dans tous les précédents cependant que, horizontalement, la maturation développementale (et la crise psychosociale) de l'une de ces vertus[4] donne une nouvelle connotation à tous les stades "inférieurs" déjà développés aussi bien qu'à tous les stades supérieurs qui restent à développer. On ne pourra jamais trop le dire. » (1982, p. 59, traduction libre.)

Il est donc inévitable que les « anciens » enjeux réapparaissent dans les stades subséquents.

Mais cela sera plus concret quand on connaîtra chaque stade. Procédons dès lors à leur description.

3.2   LES STADES PSYCHOSOCIAUX

Les cinq premiers stades psychosociaux correspondent à l'enfance et à l'adolescence, les stades VI et VII à la vie adulte, où le stade jeune adulte se distingue de la maturité, et le stade VIII à la vieillesse. Pour une compréhension plus adéquate des trois stades qui nous intéressent, nous dirons quelques mots des cinq premiers.

Le premier stade recouvre la première année de vie et est analogue à la phase orale décrite par Freud. La dimension de l'interaction sociale qui émerge est celle de la confiance ou de la méfiance de base. La façon dont les parents prennent soin de l'enfant et répondent à ses besoins est la matrice à partir de laquelle l'enfant construit sa confiance dans l'univers, dans les autres personnes et en lui-même. C'est la première couche de sédimentation de ses relations interpersonnelles, de sa relation au monde et à lui-même à travers cette relation de grande dépendance (par la bouche et le toucher) où il peut éprouver son environnement comme aimant, consistant et supportant ou comme rejetant, inconsistant et hostile.

Comme on le sait, rien n'est définitivement joué... et l'enfant qui arrivera à l'école en ayant acquis plus de méfiance que de confiance fondamentale pourra, à travers un professeur aimant, reconstruire sa confiance de base. Et inversement, la confiance de base relativement bien établie d'un enfant pourra être ébranlée lors du divorce très pénible de ses parents, quelques années plus tard.

---

4. Il s'agit de la qualité fondamentale au cœur du conflit développemental qu'Erikson appelle aussi la force adaptative (tableau 3.2) ou encore la force de base (tableau 3.3).

Cependant, la manière dont se résout le stade de la confiance versus la méfiance est d'une importance majeure : une bonne confiance de base est difficile à ébranler et une grande méfiance de base peut s'avérer difficile à déloger.

À ce stade, la mésadaptation sensorielle illustre une tendance mésadaptative tandis que le retrait signifie une tendance inadaptative.

Le deuxième stade équivaut à la phase anale chez Freud, ainsi nommée en raison du développement des muscles moteurs et des sphincters anaux qui jouent un rôle capital dans l'entraînement à la propreté. Le développement de la motricité et de la locomotion est important : c'est le temps où l'enfant apprend à marcher et à grimper. Selon que les parents reconnaissent le besoin de l'enfant de faire ce qu'il est capable de faire à son rythme et à sa manière et le valorisent dans cela, l'enfant développe un sentiment d'indépendance. Selon qu'ils sont impatients et qu'ils l'obligent ou le contraignent ou encore qu'ils font à sa place les choses qu'il pourrait faire, l'enfant n'est pas sûr de ses habiletés et il peut développer un sentiment de honte ou de doute. Cela affectera plus tard sa façon d'être autonome comme adolescent et comme adulte. Par ailleurs, l'équilibre atteint entre les deux pôles lors de ce stade pourra être redistribué et réorganisé à l'occasion d'événements ultérieurs.

Une bonne volonté excessive représente la tendance mésadaptative alors que le doute de soi compulsif représente la tendance inadaptative.

Le troisième stade correspond à l'âge du jeu et de la fantaisie à travers lesquels l'enfant peut découvrir le sens des buts et des objectifs ; il correspond à la phase génitale en psychanalyse. La tension s'installe entre le pôle syntonique du sens de l'initiative et le pôle dystonique du sens de la culpabilité. La résolution dépendra de la façon dont l'enfant se sent soutenu ou renforcé par sa famille immédiate dans ses multiples initiatives... que ce soit pour faire de la bicyclette, raconter une histoire, parler, inventer des jeux, poser des questions, s'exercer à être un petit garçon ou une petite fille. Un caractère impitoyable, dénué de tout sentiment de culpabilité et de souplesse dans la détermination et l'atteinte de ses buts et objectifs, exprime la tendance mésadaptative tandis que l'inhibition illustre la tendance inadaptative.

Le quatrième stade se superpose à la période de latence chez Freud et couvre les années de l'école primaire. Erikson dénomme la dimension psychosociale dominante ici par la polarité « travail

VS infériorité ». D'autres adultes, les instituteurs et institutrices, sont les partenaires des parents et jouent de façon plus systématique un rôle important dans le développement de l'enfant : selon que l'enfant est valorisé ou non dans ce qu'il entreprend et dans les habiletés qu'il développe, il acquiert un sentiment de compétence ou au contraire un sentiment d'infériorité qui forme une autre couche dans son développement psychosocial.

La tendance mésadaptative qui émerge à ce stade, Erikson *et al.* l'appellent virtuosité étroite, autrement dit la rigidité ou la restriction dans l'utilisation des compétences, tandis qu'ils nomment inertie la tendance inadaptative.

Le cinquième stade, celui de l'adolescence, donne l'occasion à la personne de développer son sentiment d'identité, souvent à travers une diffusion de son *self*, dans des rôles variés et expérimentaux. Les deux pôles psychosociaux sont d'un côté l'identité, de l'autre la confusion de rôle. À travers les changements physiologiques de la puberté, à travers une investigation pour savoir comment les autres le perçoivent, à travers ses relations avec ses pairs et avec ses parents, chacun acquiert un nouveau sens de son identité. Les conditions sociales jouent un rôle majeur dans l'établissement du sens de son identité. C'est l'époque où il faut faire place à son propre système de valeurs, de pensées et de croyances, d'où l'importance de la rencontre et de la confrontation avec les pairs et les parents. La force spécifique de ce stade est la fidélité « qui maintient une relation étroite entre la confiance de l'enfance et la foi de la maturité. [... Cette fidélité s'échafaude] au fur et à mesure que le besoin d'être conseillé se déplace des figures parentales vers des mentors ou des personnes d'influence... » (Erikson, 1982, p. 73, traduction libre).

Erikson *et al.* (1986) nous rappellent que « les dangers des tendances inadaptative et mésadaptative sont presque trop évidents à l'adolescence » (p. 43). Le fanatisme (adhésion rigide à une idéologie ou à un système de croyances) est manifeste d'une mésadaptation tandis que le fait de répudier l'altérité (refus de reconnaître et d'accepter l'autre pour ce qu'il est) signifie une inadaptation. Comme il en est pour chacun des stades, si l'adolescent ne parvient pas à établir un sens clair de ce qu'il est, ce travail pourra se parachever grâce aux événements de vie, au cours des stades subséquents.

3.2.1 Intimité versus isolement

L'intimité selon Erikson

La crise développementale qui apparaît au sixième stade crée une tension entre l'intimité et l'isolement. Après la crise développementale de l'adolescence, qui laisse la personne avec un sentiment d'identité plus ou moins consolidé, surgissent les enjeux du stade intimité versus isolement ; par intimité, il faut entendre l'intimité avec soi-même et l'intimité avec les autres. Souvent l'intimité avec soi-même est négligée au profit de l'intimité avec autrui. Or, l'une ne va pas sans l'autre. C'est d'ailleurs Erikson lui-même qui cite l'inspiration comme un exemple d'intimité. L'intimité réfère à l'intimité sexuelle et à l'amour, bien sûr, mais également à l'intimité impliquée dans l'amitié et à l'intimité avec soi-même.

L'intimité réelle est le contraire de la fausse intimité où il n'y a ni réelle fusion, ni sentiment d'abandon, mais une promiscuité qui cache mal une expérience d'isolement. D'ailleurs, la promiscuité amoureuse est l'expression d'une mésadaptation face à l'enjeu développemental de ce stade ; la distance de soi et l'exclusivité remplie de haine sont, pour leur part, l'expression d'une inadaptation.

L'intimité réelle implique la capacité d'éprouver les besoins et les préoccupations d'une autre personne comme aussi importants que les siens. Elle implique la capacité de se re-lier (*to relate*) aux espoirs et aux craintes les plus profondes d'une autre personne et d'accepter le fait que le besoin d'intimité est réciproque. L'intimité suppose donc le partage et la sollicitude.

Les conditions sociales sont importantes dans l'établissement de l'intimité. Par exemple, Erikson croit que l'intimité est un peu plus compliquée pour les femmes que pour les hommes « parce que les femmes, du moins dans les cultures passées, n'avaient pas leur identité complète, tant qu'elles ne connaissaient pas "leur" homme »[5]. Dacey (1982, p. 51) ajoute que maintenant qu'on met moins l'accent pour les femmes sur le fait de se marier et de plaire à leur mari et qu'on insiste davantage sur l'importance d'être soi-même, cela tant pour les hommes que pour les femmes, Erikson croit que chacun des deux sexes a plus de chances d'atteindre une réelle intimité.

---

5. ERIKSON, E.H. *in* EVANS, R., *Dialogue with Erik Erikson*, New York, Harper & Row, p. 49, cité par Dacey, 1982, p. 51, traduction libre.

TABLEAU 3.3
Les stades de la vie adulte selon Erikson

STADES	A	B	C	D	E	F	G
	Stades psychosexuels et modes	Crises psychosociales	Éventail des relations significatives	Forces de base	Nœud de pathologie Antipathies de base	Principes d'ordre social	Rituels
VI Jeune adulte	Génitalité	Intimité VS isolement	– Amis – Partenaires sexuels – Compétition – Coopération	Amour	Exclusivité	Coopération et compétition	Rituels d'affiliation
VII Âge adulte	« Procréativité »	« Générativité » VS stagnation	Division du travail et partage des tâches domestiques	Souci des autres	« Réjectivité »	Courants d'éducation et tradition	Rituels qui concernent la génération suivante
VIII Vieillesse	Généralisation des modes sensuels	Intégrité VS désespoir	Humanité Bienveillance	Sagesse	Dédain	Sagesse	Rituels philosophiques

Source : Erikson, 1982, p. 32-33, traduction libre.

Autrement, il y a risque d'isolement. Quand les sentiments ne peuvent être partagés, quand la personne se retrouve seule sans personne de qui se soucier et qui se soucie d'elle, l'isolement peut survenir.

> « [C'est là] l'antithèse psychosociale de l'intimité [... qui consiste en] une peur de demeurer séparé et non reconnu [...] : le plus grand danger de l'isolement, c'est un soulagement régressif et hostile du conflit d'identité et, dans le cas d'une facilité à régresser, une fixation au plus précoce conflit avec l'Autre originaire » (Erikson, 1982, p. 71, traduction libre).

Il existe de multiples formes d'isolement, dont certaines peuvent être déguisées ; Erikson parle « d'affiliations qui se soldent par un isolement à deux, protégeant chacun des partenaires de la nécessité d'affronter le stade de développement critique suivant, celui de la générativité » (Erikson, 1982, p. 71, traduction libre). On pourrait aussi inclure les personnes qui travaillent parmi les autres sans être vraiment avec eux. Rappelons qu'une résolution de cet enjeu fait appel à un équilibre entre le pôle syntonique d'intimité et le pôle dystonique d'isolement, et qu'une certaine capacité de s'isoler est tout aussi importante qu'une capacité de se relier à autrui. Il y a en effet des réactions d'isolement qui sont pertinentes (on pourrait plutôt parler de prise de distance) : n'y a-t-il pas en chacun de nous une partie de soi qui est prête à se retirer et à s'isoler lorsque nous nous sentons trahis par le comportement des autres ?

Selon Erikson (tableau 3.3), l'éventail des relations significatives recouvre les amis, les partenaires sexuels, les relations de coopération et de compétition, tandis que les principes d'ordre social reliés à ce stade portent sur les schèmes de coopération et de compétition.

Le conflit entre les deux tendances opposées de l'intimité et de l'isolement est au cœur de ce stade. La force de base qui en résulte est par l'amour, « cette mutualité d'une dévotion mature qui permet de résoudre les antagonismes inhérents à la division des fonctions » (Erikson, 1982, p. 71, traduction libre). À l'amour s'oppose la contreforce de l'exclusivité : nécessaire à l'intimité, l'exclusivité peut devenir destructrice quand elle est excessive.

Les problématiques de l'identité et de l'intimité chez les hommes et chez les femmes

La séquence identité–intimité (on pourrait même ajouter générativité) suggérée par Erikson vaut-elle également pour les hommes et pour les femmes ? L'atteinte de l'intimité se déroule-t-elle différemment pour les hommes et pour les femmes ? Dacey (1982) a déjà noté que la problématique de l'identité chez la femme est étroitement reliée à celle de son intimité. Pour Erikson, la problématique intimité–isolement n'est pas la même pour les femmes, que pour les hommes, compte tenu que pour la femme, la définition de son identité passe par la problématique de l'intimité. Ainsi que le cite Gilligan :

> « Pour la fille, » dit Erikson (1968), « la séquence est quelque peu différente. Elle maintient son identité en suspens tandis qu'elle se prépare à attirer l'homme dont elle prendra le nom, dont le statut la définira, l'homme qui la délivrera du néant et de la solitude en remplissant "son espace intérieur". » (1986, p. 28.)

Pourtant, Erikson ne change pas l'ordre de ses stades pour autant.

Cette constatation, loin d'être incidente, constitue le point d'appui de la critique et de la thèse avancée par Carol Gilligan, professeure de psychologie à l'Université Harvard et auteure du livre *Une si grande différence* (1986). Sa thèse est la suivante : le développement des femmes diffère de celui des hommes non seulement parce que la femme se définit plus que l'homme par rapport à autrui mais parce que chez l'une et l'autre les processus de développement diffèrent :

> « Alors que chez les hommes l'identité précède l'intimité et la procréativité dans le cycle optimal de séparation et d'attachement, ces processus semblent liés chez les femmes. L'intimité va de pair avec l'identité, car la femme se perçoit et se connaît comme les autres la perçoivent, à travers ses rapports avec autrui. » (Gilligan, 1986, p. 28.)

En effet, c'est de l'intérieur de la relation avec la mère que se développe l'identité de la fille, ce qui n'est pas le cas pour le garçon. Gilligan s'est inspirée de Chodorow (1974) et des recherches de Robert Stoller (1978). « Au sein de toute société donnée, » dit Chodorow, « la personnalité féminine se définit beaucoup plus par rapport à autrui que celle des hommes. » (1974, p. 43-44, citée par Gilligan, 1986, p. 20.) L'attachement et l'intimité ne se joueraient donc pas de la même façon pour les deux sexes.

Selon Stoller, la dynamique interpersonnelle lors de la formation de l'identité sexuelle est différente chez les filles et chez les garçons, compte tenu du fait que la personne qui s'occupe des petits enfants (garçons et filles) pendant les premières années de leur existence est généralement une femme. Cela entraîne une différence majeure dans la formation de l'identité : l'enfant fille peut trouver son identité de l'intérieur de cette relation, tandis que l'enfant garçon doit en quelque sorte sortir de cette relation pour se trouver en tant que personne de sexe masculin :

> « La formation de l'identité féminine se poursuit dans un contexte de relation ininterrompue, car "les mères ont tendance à percevoir leurs filles comme leurs semblables et la continuité d'elles-mêmes". Réciproquement, les filles s'identifient à la fois au sexe féminin et à leur mère, fusionnant ainsi les processus d'attachement et de formation d'identité. En revanche "les mères perçoivent leurs fils comme un opposé masculin", et les garçons, afin de se définir comme appartenant au sexe masculin, se séparent de leur mère et mettent ainsi un terme "à leur premier amour et à leur sens d'un lien empathique". » (Gilligan, 1986, p. 21 ; le texte cité dans la citation est de Stoller, 1978, p. 150 et 166-167.)

C'est dire que chez la fille le processus d'individuation passe par l'attachement puisque les processus d'identité et d'attachement fusionnent. C'est dire également que chez le garçon le processus d'individuation passe par la séparation puisque les processus de séparation et d'identité sont étroitement reliés. Toujours selon Stoller, il s'ensuit que la différenciation de la personnalité et le renforcement des frontières entre le moi et le monde extérieur sont au cœur du développement masculin. Chodorow s'empresse d'ajouter :

> « [Cela] ne signifie pas que les femmes ont des limites de leur moi plus faibles que les hommes, [mais que] les filles émergent de cette période avec la capacité de se mettre à la place d'autrui, une capacité d'empathie intégrée de façon fondamentale à la conscience qu'elles ont d'elles-mêmes, ce que les garçons ne font pas. » (cité dans Gilligan, 1986, p. 21.)

Gilligan va au bout du raisonnement et en conclut que, d'une part, la masculinité est définie par la séparation et la féminité par l'attachement et, d'autre part, que les garçons sont plus menacés par l'intimité et les filles par la séparation-individuation.

> « En conséquence, les hommes et les femmes vivent leur rapport à autrui et, en particulier, les problèmes de dépendance d'une façon différente. Pour les jeunes garçons et

les hommes, les processus de séparation et d'individuation sont liés de manière critique à leur identité sexuelle, car il est essentiel qu'ils se séparent de leur mère pour le développement de leur masculinité. Pour les jeunes filles et les femmes, les problèmes de féminité ou d'identité féminine ne dépendent pas de l'achèvement du processus de séparation ou de la progression de celui d'individuation. Comme la masculinité est définie par l'individuation et la féminité par l'attachement, l'intimité menace l'identité masculine et la séparation l'identité féminine. Ainsi, les hommes ont tendance à éprouver des difficultés dans les relations avec autrui et les femmes des problèmes d'individuation. » (Gilligan, 1986, p. 22.)

La thèse de Gilligan, parce qu'elle complexifie les enjeux de l'intimité en les différenciant en fonction de la variable sexuelle, nous semble capitale. Elle a le mérite de nommer l'expérience de plusieurs, comme le montre ce passage, à peine caricatural, de Harriet Goldhor Lerner :

« J'ai grandi à une époque où, pour les filles et pour les femmes, les compétences relationnelles n'étaient rien de moins que des outils de survie. Les règles du jeu étaient claires et simples : les hommes devaient chercher fortune, les femmes devaient chercher un homme ; le travail d'une femme consistait à se trouver un homme réussi. En dépit de mes propres plans de carrière, j'ai senti que cela était la différence la plus fondamentale et la plus immuable entre les sexes. Les hommes doivent **être** quelqu'un ; les femmes doivent **trouver** quelqu'un. » (1989, p. 5.)

Cette mentalité est en voie de métamorphose : les femmes tendent de plus en plus à **être** quelqu'une et les hommes à se **relier** à autrui, enfants, conjoints, amis.

Si, comme l'avance Gilligan, la dynamique du développement de l'intimité et de la formation de l'identité diffère à ce point entre les filles et les garçons, la séquence développementale proposée par Erikson est fortement ébranlée.

Beaucoup de questions subsistent. Les problèmes reliés à l'intimité prennent-ils une couleur différente selon les sexes ? Est-il exact que les femmes éprouvent plus de difficulté avec l'individuation et la séparation et plus de facilité avec l'attachement et que les hommes ont plus de difficulté avec l'attachement et l'intimité et plus de facilité avec l'individuation et la séparation ? (Voir Gilligan, 1986, p. 22.) Est-il vrai que les hommes se définissent d'abord par rapport à leur travail et ensuite par rapport à leurs relations interpersonnelles et que les femmes se définissent d'abord par rapport à leurs relations interpersonnelles et ensuite par rapport à leur travail ? (C'est la thèse de Tamir (1982), qui dit que le travail est central dans l'identité masculine et que les relations interpersonnelles sont capitales dans l'identité féminine.) S'agit-il d'un phénomène marginal : nos fils me semblent plus capables de se mettre à la place d'autrui, et nos filles plus différenciées, plus individuées ? Jusqu'où ces différences sont-elles imputables à la culture ? Est-il exact que la société américaine a tendance à transcender (l'âge et) le sexe, comme le veut Giele ? Enfin, on peut se demander si la thèse de Gilligan, en mettant l'accent sur l'attachement versus l'individuation, pour les femmes, ne fait pas que renverser la gestalt fond versus forme. Tous les êtres humains ont à s'individuer dans la trame des relations à autrui : la manière est-elle différente selon le sexe ? Autant de questions qui se posent encore et que d'autres recherches devront étayer.

Il n'y a pas tellement longtemps que nous réfléchissons sur le développement de l'intimité et de l'identité et sur leurs interférences réciproques. La « danse de l'intimité », pour reprendre le titre de Lerner, répond et appelle à la fois à une autre danse qui est celle de l'identité. On sait maintenant que nul n'est une île. On sait également que « je » est un autre. On sait enfin que là où il n'y a personne, la personne humaine se développe peu... ou qu'elle se développe mal. Bref, que toute existence se constitue dans la mutualité et dans l'intersubjectivité. Mais on ne fait que commencer à comprendre le contrepoint psychosocial qui préside à l'écriture de l'identité et de l'intimité, tant chez les hommes que chez les femmes. Beaucoup d'intuitions demandent à être poussées plus loin. Celles de Gilligan, comme celles d'Erikson, en sont.

3.2.2 « Générativité » versus stagnation

La générativité selon Erikson

Ce stade recouvre le mitan de la vie. S'il fallait parler d'âge, on pourrait dire grosso modo de 40 à 65 ans ; c'est peut-être là le plus long stade.

La générativité concerne tout d'abord la procréation et le soin de sa progéniture, bref l'établissement à travers la génitalité des générations futures. Dans un sens plus large, elle désigne la préoccupation pour les générations montantes et pour l'univers dans lequel elles vivront. Il importe donc de ne pas restreindre la générativité à son sens premier. Comme le dit Erikson :

« La générativité comprend la *procréativité*, la *productivité* et la *créativité* et par conséquent, la génération de nouveaux êtres comme celle de nouveaux produits et de nouvelles idées, ce qui inclut une sorte de génération de soi dans la préoccupation de son identité ultérieure. » (1982, p. 67, traduction libre.)

Le stade du mitan de la vie sera beaucoup plus satisfaisant si l'adulte accomplit bien sa générativité. Erikson croit que les adultes ont besoin des enfants tout comme les enfants ont besoin des adultes. Il y a plusieurs occasions de générativité pour ceux qui sont parents : éducation des enfants, participation à des associations pour les jeunes, enseignement, conseils, etc. Mais il est évident qu'elle n'est pas le lot des seuls parents : tout adulte qui se soucie du bien-être des jeunes et de rendre l'univers plus viable par sa production, sa créativité, son travail, réalise sa générativité.

Vers 40 ou 50 ans, le paysage psychosocial de l'adulte prend de nouvelles couleurs, comme si le besoin de laisser sa marque dans l'univers, de léguer quelque chose aux « suivants » était plus fort. Le moi connaît une expansion de ses intérêts, éprouve le sentiment de participer à un monde meilleur, de contribuer au futur, « pour la suite du monde ». Évidemment, une telle attitude est éloignée de celle de la « génération du moi ». Est-il nécessaire de souligner comment l'adulte s'enrichit en faisant cela ? Ce n'est certes pas la loi du « donnant-donnant » qui régit les relations parents–enfants, professeurs–étudiants, superviseurs–supervisés, clients–professionnels, écrivains–lecteurs, artistes–public, etc., mais plutôt une règle d'imprévisibilité encore vague.

Lorsqu'un tel enrichissement n'a pas lieu, il y a risque de stagnation. Les personnes qui ne développent pas le sens de la générativité peuvent se retrouver absorbées par elles-mêmes, concernées avant tout par leur propre confort, ce qui leur laisse un sentiment de vide. Erikson trace un portrait sombre de la stagnation, expliquant comment deux êtres peuvent régresser à un besoin obsessif de pseudo-intimité ponctuée de moments de répulsion mutuelle.

Si on se réfère au tableau d'Erikson (tableau 3.3), on constate que, au cours de ce stade, l'éventail des relations significatives concerne la division du travail et le partage des tâches domestiques, tandis que les principes d'ordre social ont trait aux courants d'éducation et à la tradition.

De la tension entre ces deux pôles naît le conflit développemental au cœur de ce stade ; de la bataille entre la générativité et la stagnation émerge la force de base qu'Erikson appelle « sollicitude » et qui est essentiellement le fait de se soucier de quelqu'un, de se sentir concerné par cet être, d'en prendre soin.

« [À cette force, qui est une] tendance sympathique vitale mettant à la disposition de l'adulte une énergie instinctuelle élevée [... correspond la "réjectivité", qui est] la mauvaise volonté à inclure des personnes ou des groupes de personnes précis dans sa préoccupation de générativité » (Erikson, 1982, p. 68, traduction libre).

Pour ce stade également, Erikson *et al.* (1986) distinguent des résolutions moins heureuses du conflit développemental. Une sollicitude surfaite qui ne tient pas compte des limites et des capacités du sujet démontre bien une mésadaptation, tandis que la « réjectivité » — concept qui désigne l'attitude d'une personne qui ne se soucie pas de se soucier des autres (*she does not care to care*) — signifie une mauvaise adaptation.

Comme on peut le constater, la capacité de dire non aussi bien que oui est, d'une part, une composante importante de la générativité qui se réalise (ceci fait défaut dans la sur-sollicitude) ; d'autre part, le processus qui consiste à reconnaître les limites (les siennes et celles des êtres et des choses) et à apprendre à composer avec elles fait partie de la générativité.

Quelques mots sur les personnes qui réalisent leur générativité

La générativité n'est pas une affaire de métier ni de rôle ; il est possible de réaliser sa générativité dans les différents secteurs de l'activité humaine. Il ne suffit pas non plus de faire une œuvre... ou des enfants, pour alimenter sa générativité. Tout est dans la manière. Sans doute y a-t-il des professions, des métiers et des rôles qui se prêtent plus à la générativité que d'autres : ceux qui font appel à des comportements d'aidant, d'enseignant, de soutien, les rôles de parent, de professeur. Peut-être existe-t-il quelque archétype de générativité, telles Déméter, cette déesse-mère de la mythologie grecque, ou Marie-Mère du genre humain dans la tradition chrétienne. Pourtant, il arrive que certaines personnes pratiquent ces métiers et professions et jouent ces rôles sans pour autant actualiser leur générativité. Dès lors, comment décrire une générativité actualisée et distinguer les personnes qui réalisent leur générativité ?

À ce propos, les résultats de la recherche de Hardin (1985), une recherche de type phénoménologique — où elle interroge exhaustivement 13 sujets —, intitulée *Generativity in Middle Adulthood*, apportent des informations fort intéressantes.

Ainsi, la générativité qui s'actualise — *maturing generativity* chez Hardin — comprend quatre composantes :

☐ *La vision du monde qui soutient les expériences de vie de l'adulte*, c'est-à-dire le système de croyances dans lequel l'adulte encode son expérience. Dans cette vision du monde, il y a place pour une adhésion profonde aux aspects spirituels de la vie et une foi et une confiance dans l'espèce humaine.

☐ *Les récompenses qui découlent des comportements de générativité.* La générativité implique souffrance et joie ; la joie peut procurer un sens de sa valeur personnelle, la souffrance, une recherche de sens. Les personnes qui réalisent leur générativité prennent plaisir à relever les défis qu'elles sélectionnent, à se reconnaître entre elles et à faire partie d'un même réseau où elles s'apportent du soutien mutuel.

☐ *La compréhension de soi* des adultes, une compréhension de soi qui intègre contradictions et limites. Au fur et à mesure qu'ils progressent dans la générativité, ces adultes intègrent les contradictions et les polarités de leur enfance et de leur vie d'adulte. Le fait de mieux se comprendre et de mieux s'accepter leur permet de mieux comprendre et de mieux accepter les autres. Au fur et à mesure qu'ils deviennent conscients de leurs limites personnelles, ces adultes apprennent à se valoriser et à se respecter à l'intérieur de ces limites ; cela est vital pour la générativité.

« De fait, les personnes qui actualisent de plus en plus leur générativité comprennent qu'elles peuvent aimer sainement une autre personne seulement si elles se respectent et s'aiment de façon saine. Ce ne sont jamais des martyrs ou des vertueux à tout prix. Dans la compréhension de soi, il y a un processus incessant de changement de valeurs. Cela peut vouloir dire simplifier le côté matériel de la vie, respecter la nature et s'y plaire de plus en plus, désirer avoir du temps de solitude pour penser, être tranquille et méditer. » (Hardin, p. 132, traduction libre.)

☐ *Les espoirs et les rêves.* Les personnes qui ont de la générativité ont beaucoup de rêves : des rêves amusants, des rêves sérieux, des rêves pour elles-mêmes, pour leurs enfants, pour les êtres aimés et pour la planète.

Dans cette même recherche, Paula Hardin trace comme suit le profil des personnes qui réalisent leur générativité :

☐ elles ont tendance à faire tourner positivement les événements de vie qui surviennent (l'expérience, comme le disait Huxley, ce n'est pas ce qui arrive à une personne mais ce qu'une personne fait avec ce qui lui arrive) ;

❏ elles font confiance aux processus de la vie ;

❏ elles apprennent à composer avec les forces variées qui co-existent à l'intérieur d'elles-mêmes ;

❏ elles ont continuellement faim d'apprendre, se situant dans un processus d'éducation continue. (Comment ne pas penser aux adultes-exceptions qui se retrouvent dans les différentes tranches de vie découpées par Riverin-Simard lorsqu'elle analyse *Les étapes de vie au travail*?)

La générativité : un phénomène du mitan ?

La générativité est un bon descripteur de la maturité, comme le laissent croire les recherches portant sur ce qui caractérise l'adulte accompli. Ainsi, Gail Sheehy relie la satisfaction de vivre optimale et la générativité : « Les gens les plus satisfaits se dévouent à une cause ou à un but en dehors d'eux-mêmes. » De son côté, Maslow attribue à l'actualisation de soi le fait d'être engagé dans quelque chose d'extérieur à soi-même. Enfin, Vaillant, dans son *Grant Study of Adult Life*, considère que les personnes les moins accomplies sont celles qui n'atteignent pas le point où elles se soucient moins d'elles-mêmes et davantage des enfants, risquant alors la stagnation. La stagnation, on s'en souviendra, consiste en un repliement sur soi-même où l'adulte est avant tout préoccupé, concerné par lui-même, par exemple par son propre confort, ce qui laisse un sentiment de vide, de non-plénitude.

L'idée d'Erikson est claire : résoudre le dilemme entre mettre sa vie au service du mieux-être de la planète (incluant le sien) et mettre sa vie au seul service de son bien-être (au détriment de celui des autres et de la planète) est une problématique psycho-sociale qui surgit avec plus de vigueur et de prégnance au mitan de la vie. Toutefois, la valeur de cette idée a été discutée par plusieurs.

La générativité est *un* bon descripteur du mitan. Mais ce n'est pas le seul. La question se pose : la générativité appartient-elle au mitan à l'exclusion des autres enjeux ? Je l'ai déjà dit, je pense que non. Dans les faits, l'expérience du mitan est souvent vécue par les protagonistes comme exigeant une réorganisation du *self* (un autre descripteur du mitan), ce qui déclenche un profond questionnement sur son identité. Comme le dit Sherman (1987, p. 102, traduction libre), « la recherche en gérontologie a trouvé qu'un sens accru de son self et une intériorisation de la personnalité semblent faire partie du développement au mitan d'une façon générale ou quasi universelle ». Comme il le suggère, on ne peut en conclure que toutes ces personnes aux prises avec elles-mêmes sont en pleine stagnation. Au mitan, la quête d'identité semble se doubler d'une recherche de générativité : comme si la question « Qui suis-je ? » se colorait des questions « Qu'est-ce que j'ai fait jusqu'ici de ma vie ? » et « Que restera-t-il de moi après ma mort ? » Décrire le mitan de la vie au moyen de la problématique générativité versus stagnation, c'est souscrire à un modèle théorique, celui d'Erikson. Cette description n'est pas exhaustive : les autres modèles la complètent. Ces bémols à la théorie permettent de mieux saisir à quel point la générativité est un processus à long terme et non un point d'arrivée ou une fin.

Un autre biais consiste à dire que la générativité ne s'exerce pas seulement entre 35 et 55-60 ans, période qui recouvre généralement le mitan. Les grandes créations et réalisations humaines se produisent pendant la jeunesse et pendant la vieillesse ! De plus, le travail d'éducation des jeunes enfants est plus souvent qu'autrement accompli par des 20-40 ans.

Il semble que si la générativité est prépondérante au mitan, toute une vie est nécessaire pour réaliser sa générativité, comme le conclut également Hardin.

La générativité conjuguée au masculin et au féminin

On reproche au modèle d'Erikson de conjuguer la générativité des hommes et des femmes selon la même règle. L'argument est le suivant : il arrive souvent que les femmes, entre 20 et 35 ans, consacrent une grande part de leur énergie à « élever leurs enfants » ; dans la mesure où le travail d'éducation des enfants était ou est l'apanage (exclusif ou quasi exclusif) des femmes, celles-ci sont aux prises avec la générativité bien avant le mitan, de sorte qu'il est facile de conclure que la générativité est plus précoce chez les femmes que chez les hommes et que les frontières temporelles de la générativité ne sont pas celles suggérées par Erikson.

Cet argument est repris entre autres par Gilligan (1986), qui considère le fait d'élever et d'éduquer les enfants comme des expériences de générativité ; elle constate que la générativité ne se développe pas de la même façon chez les femmes et chez les hommes. Cela lui permet de conclure que le modèle d'Erikson, se fondant sur l'expérience des hommes, est un modèle en droite ligne avec celui qui veut qu'Ève soit née de la côte d'Adam.

Dans la mesure où la procréativité est une dimension de la générativité, dans la mesure où l'éducation des enfants est (serait) encore un fief féminin, l'argument paraît sensé. Cependant, on associe trop souvent la générativité à des fonctions éducatives (s'occuper des enfants, des jeunes, de la génération montante) au détriment des dimensions de créativité et de production, non moins essentielles à la générativité. Ici, il semble qu'on réduise la générativité à la composante de la procréation, maintenant dans l'ombre les composantes production et création, qui sont aussi l'apanage des femmes. Est-il nécessaire de dire que les trois composantes de la générativité sont également l'apanage des hommes ? N'y aurait-il pas lieu d'approfondir les différences liées au sexe dans la manière d'exercer sa générativité plutôt que d'assigner des territoires plus ou moins arbitraires aux hommes et aux femmes ?

Générativité et générations

À mon avis, le conflit psychosocial « générativité versus stagnation » concerne directement les liens entre générations — d'ailleurs n'y a-t-il pas un lien étymologique entre générativité et génération ? — et entérine une interdépendance capitale à l'échelle de l'humanité : non seulement les enfants ont-ils besoin des parents, mais les parents ont également besoin des enfants. Chacun apporte quelque chose à l'autre. Toutefois, cette interdépendance n'installe pas la réciprocité, mais instaure la générosité (un autre mot qui ressemble à générativité).

Ce n'est donc plus donnant-donnant, mais donnant en sachant que nos actes, comme une pierre jetée à l'eau, formeront des cercles, feront écho. La générativité, à ce titre, permet de comprendre les interactions entre les générations : elle soude pour ainsi dire les générations les unes aux autres, confrontant la génération adulte à celle qui lui a donné la vie tout autant qu'à celle à laquelle elle a donné la vie. Envisagée du point de vue de l'évolution de l'humanité, elle institue la non-réciprocité comme règle, la générosité comme loi, et le don comme nécessité. Si nous pouvons apporter quelque chose à nos étudiants et à nos enfants, c'est parce que d'autres, anciens professeurs, anciens mentors, anciens parents, nous l'ont donné dans le temps.

Permettez-moi de vous faire partager ce qui suit : ainsi, lors du congrès sur « La carrière au mitan de la vie » organisé par la Fédération des cégeps (Montréal, octobre 1990), au cours de la période de questions suivant ma conférence, une dame s'est approchée du micro — il devait bien y avoir 400 personnes dans la salle — pour nous parler de son mentor :

« Je suis au début de la cinquantaine et j'aimerais vous faire part de mon expérience. Je peux dire que je suis bien dans ma peau et qu'il m'arrive d'être le mentor des personnes auprès de qui je travaille. J'ai eu la chance d'avoir un mentor extraordinaire. Récemment, je suis allée la voir. Je lui ai dit que je réalisais tout ce qu'elle m'avait apporté et que je lui en étais extrêmement reconnaissante. J'aurais aimé lui donner quelque chose en retour pour la remercier, mais je ne savais ni quoi, ni comment. Sur ce, elle m'a simplement répondu : "Mais en faisant la même chose auprès des personnes avec qui tu travailles". »

Cet exemple illustre bien la loi de la chaîne.

Voici un autre exemple, emprunté à la sphère du privé, qui en rejoindra sans doute plusieurs : quand j'ai été mère pour la première fois et que je devais me lever la nuit pour allaiter le bébé, à ce moment-là seulement — on a le temps de réfléchir pendant qu'on allaite ! — j'ai réalisé que ma mère avait fait cela pour moi : elle s'était levée la nuit et m'avait nourrie. En bonne enfant égocentrique — et c'est dans l'ordre des choses —, je n'avais jamais jusqu'ici (et j'avais 29 ans) songé à ses nuits blanches à elle. Pourtant, jamais je ne me pencherais sur son berceau à elle... (je me pencherais sur son lit quand elle serait vieille, malade et mourante, selon la loi des temps de la vie, mais jamais sur son berceau). Elle ne serait pas mon enfant et je ne serais pas sa mère, même si parfois, pas souvent, elle allait se comporter « comme » mon enfant, et moi « comme » sa mère. C'est le bébé du berceau pour qui je me réveillais maintenant qui se pencherait sur un autre berceau, un jour. Je ne pouvais rendre à ma mère ce qu'elle avait fait pour moi. Il en serait de même pour mon fils. La reconnaissance ne suivait pas les règles du commerce où tout est monnayé. Les temps de la vie avaient leurs propres lois.

Nous donnons à nos enfants sachant que ceci leur permettra, le temps venu, de donner à leurs propres enfants. Cela fait partie des lois. Telle est la générativité, pour la suite du monde et pour la survie de l'espèce.

En pleine possession de ses moyens, l'adulte du mitan éprouve quasi spontanément le besoin de montrer aux autres ce qu'il sait faire, de partager connaissances et compétences, de les aider à se trouver. Il peut le faire par sens du devoir, par sentiment de responsabilité, par pur plaisir, éprouvant la satisfaction de maîtriser ce qu'il connaît et le plaisir de le partager, tant sur le plan personnel que sur le plan professionnel. La générativité est pour ainsi dire à cheval sur les générations.

3.2.3 Intégrité versus désespoir

L'intégrité selon Erikson

Ce dernier stade du cycle de vie coïncide avec la vieillesse ; la personne prend conscience, d'une nouvelle manière, de la finitude de sa vie et de l'éventualité de sa mort, ce qui entraîne une évaluation de sa vie. Au terme de cette évaluation, elle peut éprouver le sentiment que sa vie telle qu'elle l'a vécue a du sens ou bien elle peut ressentir une impression de non-sens. D'où la polarité « intégrité VS désespoir ».

Dans *Identity and the Life Cycle* (1959), Erikson énumère les attributs de ce stade. La personne est aux prises avec l'acceptation de sa propre vie et de celle des personnes qu'elle connaît comme quelque chose qui est et qui a à exister. De plus, elle peut éprouver un amour nouveau pour la tradition et pour ses parents et amis : ils n'ont pas à être différents de ce qu'ils sont. Ensuite elle accepte le fait que sa vie, avec ses limites, ses forces et ses faiblesses, est sa responsabilité tout en en reconnaissant la relativité ; cela lui permet d'accepter la variété des styles de vie des autres, ce qui la rend plus tolérante et plus compréhensive. Bref, elle éprouve un sentiment croissant d'avoir réalisé, à des degrés divers, sa vie. Telle est l'intégrité :

> « C'est, au sens le plus simple bien sûr, un sentiment d'être cohérent et entier ; ce sentiment est, à n'en pas douter, menacé dans les conditions terminales (la fin de la vie) où il y a une perte de liens entre les trois processus organisateurs que sont le *soma*, [...] la *psyche* [...] et l'*ethos*. » (Erikson, 1982, p. 65, traduction libre.)

Ayant agi sur les choses et sur les gens, ayant connu succès et échecs, espoirs et déceptions, l'adulte peut regarder l'ensemble de sa vie et en percevoir la signification. Un film comme *Un dimanche à la campagne* de Bertrand Tavernier illustre bien cela. L'intégrité personnelle suppose un amour post-narcissique de son moi humain — et non de sa personnalité — en tant qu'expérience spirituelle comportant une signification universelle. C'est l'acceptation fondamentale de son seul et unique cycle de vie comme une réalité inévitable, pertinente et signifiante. Tout en reconnaissant la relativité des divers styles de vie, la personne est prête à défendre la dignité de son propre style de vie car elle sait que :

> « Une vie individuelle est la coïncidence d'un cycle de vie unique avec un segment d'histoire unique et toute intégrité humaine s'installe ou se perd dans le style d'intégrité des vies auxquelles elle prend part. » (Erikson, 1982, p. 65-66, traduction libre.)

Le sentiment d'intégrité repose sur la capacité de la personne à regarder en arrière et à éprouver un sentiment de satisfaction en faisant son bilan. Robert Butler (1963) postule qu'il existe chez les personnes âgées, et ce d'une façon universelle, une expérience intérieure ou un processus mental qui consiste à passer sa vie en revue ; ainsi le bilan de vie (*life-review*) est-il un phénomène qu'il faut relier au processus de l'intégrité de l'*ego*. Erikson lui-même (1978) a fait une analyse du film *Les fraises sauvages* d'Ingmar Bergman à la lumière de l'intégrité. On se souviendra qu'il s'agit d'un vieux médecin qui se prépare à se rendre dans une autre ville pour recevoir un prix consacrant ses 50 années de pratique ; chemin faisant, il s'arrête à sa maison natale, devant le champ de fraises, où il se prend à repasser sa vie. Le nom de Bergman à lui seul suffit — pour le lecteur qui n'aurait pas vu le film — à laisser entrevoir comment le vieux docteur se débat pour faire surgir du sens, à même les événements de sa vie.

Car l'intégrité existentielle, « la seule immortalité qui nous soit promise », nous disent Erikson *et al.* (1986, p. 14), ne va pas de soi. Une personne peut, en repassant sa vie, considérer les occasions manquées et générer des « si j'avais su » ou « si j'avais osé » qui lui font éprouver regrets et amertume. D'ailleurs, un bilan intègre ne recèle-t-il pas de telles composantes, sans doute sur un mode mineur ? Notre intuition est confirmée par Erikson *et al.* quand ils écrivent :

> « Lorsque la personne âgée cherche à consolider un sens d'une sagesse valide pour toute la vie et d'une perspective de cycle de vie, elle se comporte, idéalement, de façon à ne pas exclure des sentiments légitimes de cynisme et de désespoir, et à les admettre à l'intérieur d'un équilibre dynamique à côté des sentiments de totalité humaine [*human wholeness*]. La vieillesse fournit plusieurs raisons assez réalistes d'éprouver du désespoir : les aspects d'un passé qu'on aurait ardemment désiré différent ; les aspects du présent qui nous causent une souffrance sans rémission ; les aspects d'un futur incertain et effrayant. Et, bien sûr, la mort inévitable demeure un aspect du futur qui est à la fois totalement

certain et totalement inconnu. Par conséquent, il faut qu'un certain désespoir, anticipé depuis le commencement de la vie, soit reconnu et intégré comme une composante du vieil âge. La personne âgée s'engage dans une telle intégration à mesure qu'elle agit et réfléchit sur les points variés dont nous avons discuté plus haut. » (1986, p. 72, traduction libre.)

Ressentie sur un mode majeur, l'amertume risque de se métamorphoser en désespoir ; on aura compris qu'il s'agit du pôle extrême et opposé — comme dans toutes les polarités d'Erikson. Le désespoir peut s'exprimer dans le sentiment qu'il ne reste pas assez de temps pour recommencer une nouvelle vie. Le seul et unique cycle de vie n'est pas accepté comme définitif, ce qui peut entraîner une crainte de la mort.

À ce stade aussi il peut y avoir des résolutions moins réussies du conflit développemental. Une attitude mésadaptée consisterait à devenir présomptueux tandis qu'une attitude non adaptée résiderait dans le fait d'éprouver du dégoût à l'égard de sa propre vie, de la vie des autres et de la vie en général. A fortiori à l'égard de la mort.

Afin de distinguer les différentes résolutions de l'enjeu du huitième stade, intégrité versus désespoir, Walaskay, Krauss, Whitbourne et Nehrke (1983) décrivent quatre positions existentielles :

◻ la personne qui réalise son intégrité est celle qui accepte sa propre vie, en reconnaît le sens et la valeur et s'adapte à son propre vieillissement ;

◻ la personne qui va du côté du désespoir est insatisfaite. Elle juge négativement ce qu'elle a fait de sa vie et éprouve amertume, ressentiments et regrets ;

◻ la personne qui ne se laisse pas toucher par la crise développementale du huitième stade, perdant ainsi une occasion d'approfondir le sens de sa vie ;

◻ la personne qui est en train de vivre la crise développementale avec l'inconfort, l'ambivalence et les conflits qui s'ensuivent.

Enfin, précisons que ce dernier stade donne l'occasion à la personne en fin de parcours de passer en revue toutes les étapes antérieures de sa vie et de faire ainsi une nouvelle synthèse et une nouvelle intégration des enjeux psychosociaux inhérents à chacun des stades. Le volume d'Erikson, Erikson et Kivnick (1986), où l'échantillonnage est composé uniquement de personnes âgées, illustre largement ce propos. Ce volume met en lumière les possibilités d'intégration propres à la vieillesse à un double titre :

d'un côté, les mouvements d'aller-retour, de reprises, d'interférence des différents enjeux psychosociaux les uns sur les autres apparaissent de manière évidente et explicite dans les histoires de vie des personnes rencontrées ; d'un autre côté, le modèle qu'Erikson a proposé au milieu de sa carrière (rappelons qu'Erikson est né en 1902) y est présenté cette fois avec plus de souplesse et de bon sens que jamais, comme si sa pensée elle-même bénéficiait des capacités d'intégration propres à ce temps de la vie.

Si on réfléchit aux enjeux de cette phase, il y a lieu de se demander si les philosophies de l'éternel retour et de la réincarnation ne constituent pas une sorte de palliatif à la non-acceptation du cycle de vie comme étant unique et définitif. Le grand rêve de pouvoir recommencer pourrait bien s'y exprimer, d'autant plus que souvent s'y trouvent des idées de punition, de mérite, de récompense, de reprise.

On aura compris que la sagesse émerge du conflit entre l'intégrité et le désespoir. À l'opposé de cette force de base qu'est la sagesse se trouve le dédain ou le dégoût de soi. L'éventail des relations significatives s'étend à l'humanité et à sa propre bienveillance cependant que l'ensemble des principes d'ordre social est relié à la sagesse.

L'intégrité analysée par Jacques Laforest

Y a-t-il place pour la croissance psychosociologique au cours de la vieillesse ou nageons-nous en pleine utopie quand on décrit la vieillesse comme un temps de la vie où l'enjeu majeur est l'atteinte de l'intégrité ? Dans les faits, il semble que certaines personnes abordent la vieillesse en tentant par tous les moyens possibles d'ajourner les indices de détérioration et de retarder les processus de déclin, tant physiques, psychiques que sociaux, qui surgissent de toutes parts. D'autres personnes tentent de vivre cette dernière étape comme une étape de développement, consolidant leur expérience d'intégrité. Deux attitudes opposées qui nous font comprendre qu'il existe, face à la vieillesse, deux approches, l'une négative et l'autre positive. Et il semble bien que, dans une certaine mesure, l'acteur a le choix de son attitude à travers les rôles qu'il tient. L'attitude que la personne a eue face à la perte tout au cours de sa vie peut nous laisser deviner comment elle vieillira ou nous faire comprendre comment elle vieillit.

Selon Laforest, professeur à l'Université Laval et auteur du volume *Introduction à la gérontologie, croissance et déclin* (1989), la vieillesse est « une situation existentielle de crise résultant d'un

conflit interne expérimenté par l'individu entre son aspiration naturelle à la croissance et le déclin biologique et social consécutif
à son avancement en âge » (p. 47). Cette crise existentielle globale
a pour but l'atteinte d'une plus grande intégrité. Comme on le
voit, Laforest reprend la terminologie d'Erikson dont il endosse
la pensée : la tâche spécifique de la vieillesse est l'atteinte de
l'intégrité. Sa conception de l'intégrité ne se situe toutefois pas
à l'intérieur d'une polarité comme chez Erikson.

Laforest définit l'intégrité comme « l'achèvement du devenir
de la personnalité par une dynamique de différenciation et d'intégration », et comme « l'actualisation de toutes les dimensions de
la personnalité désormais intégrées dans un tout original et unique »
(p. 60). Elle s'accomplit en déclenchant ou en réactivant d'autres
enjeux. En effet, l'intégrité s'atteint à travers trois crises qui se
jouent à nouveau chez la personne âgée :

❑   une crise d'identité ;

❑   une crise d'autonomie ;

❑   une crise d'appartenance.

La crise d'identité au troisième âge

Les pertes qui surviennent au cours du troisième âge sont réelles :
pertes liées au déclin physique, perte d'autonomie, perte des rôles
sociaux qui entraînent souvent de nouvelles solitudes. Devant le
déclin physique et la détérioration de son image corporelle, le « jeune-
vieux » doit « maintenir intact le sentiment de sa propre continuité
à travers les pertes liées au processus de vieillissement » (Laforest,
1969, p. 75), ce qui donne lieu à une *crise d'identité*, non sans
une certaine analogie avec la crise d'adolescence, selon l'auteur.
Il doit confronter et intégrer le fossé qu'il perçoit entre cette image
que les autres lui renvoient (par exemple, le préposé au guichet
pourra lui dire : « Nous avons des tarifs spéciaux pour les gens
de l'âge d'or ») et comment il se sent à l'intérieur de lui-même ;
il doit également redéfinir qui il est à travers les nouveaux rôles
qu'il joue et qui diffèrent des anciens (rôles liés au travail, rôles
liés à la famille). Ce travail d'identité lui permettra d'établir de
nouveaux rapports avec lui-même et avec les autres et de réajuster
son image et son estime de soi... ce qui ne va pas sans une modification de son système de valeurs.

La crise d'autonomie au troisième âge

La personne âgée subit des pertes d'autonomie attribuables à
la maladie ou aux handicaps physiques, à l'insuffisance des res-

sources (hébergement, ressources liées aux soins de santé, insuf-fisance du revenu) et aux pressions de l'environnement. La dété-rioration de l'organisme peut parfois entraîner un état de dépendance qui oblige la personne à renégocier ses rapports avec autrui, qu'il s'agisse de faire ses courses ou d'effectuer des travaux quotidiens. La crise d'autonomie force la personne âgée à établir de nouveaux rapports avec les autres. Ainsi, renégocier ses rapports avec les autres pour satisfaire ses propres besoins devient une tâche essentielle au maintien de l'autonomie et, ultimement, de l'intégrité.

La crise d'appartenance au troisième âge

Selon Laforest, la mort sociale peut être considérée de façon positive et négative. Envisagée positivement, elle signifie un allè-gement progressif des activités professionnelles et des divers rôles sociaux. Envisagée négativement, elle signifie le retrait pur et simple des différentes participations sociales. Or la personne âgée continue d'avoir des besoins d'appartenance sociale, besoins fort légitimes, qui expriment aussi son besoin d'appartenir « au courant même de la vie », selon l'expression de l'auteur. La *crise d'appartenance* lui permettra de réaménager sa participation à la société où elle vit et, d'une manière plus large, au courant même de la vie.

Laforest reprend l'idée ériksonienne selon laquelle le déve-loppement de l'intégrité est dépendant des autres enjeux dévelop-pementaux. Surtout, Laforest démontre comment les impératifs de croissance ne sont généralement pas résolus de façon définitive, et comment le développement psychosocial s'effectue à travers une nouvelle activation et une nouvelle percée d'enjeux déjà ren-contrés (identité, autonomie, appartenance, dans ce cas). Pour cette raison, j'ai tenu à vous résumer les propos de Laforest. Dans une optique similaire, Jean-Luc Hétu, dans son livre *Psychologie du vieillissement* (1988), reprend les huit stades d'Erikson et nous fait comprendre comment ils sont réactivés au cours de la vieillesse.

3.2.4 Les stades complémentaires de Vaillant et Peck

Deux auteurs, Vaillant et Peck, ont complété la pensée d'Erikson : Vaillant (1977) intercale deux nouveaux stades au modèle proposé par Erikson (figure 7.3) et R.C. Peck (1955) décrit quatre tâches caractéristiques du stade de la générativité :

☐ *valoriser la sagesse* au lieu des ressources physiques telles la force ou la beauté ;

❑ *socialiser les relations humaines* plutôt que de les sexualiser, c'est-à-dire mettre l'accent sur la compréhension plutôt que sur la séduction ;

❑ *développer une flexibilité émotionnelle* plutôt que de s'appauvrir sur le plan émotif, ce qui pourra vouloir dire investir dans de nouvelles relations quand les parents meurent, quand les amis disparaissent ou quand les enfants quittent le foyer ; il faut donc que la personne soit capable de diversifier ses investissements émotifs ;

❑ *développer de la flexibilité mentale* plutôt que de la rigidité mentale. Est flexible la personne capable de comprendre ce qui lui arrive avec un certain détachement et d'envisager de nouvelles solutions. Est rigide la personne qui s'appuie sur le modèle de ce qui a été vécu et en fait des normes fixes qui vont gouverner tous ses comportements ultérieurs.

Toujours selon Peck, le stade intégrité versus désespoir comporte trois tâches :

❑ *La différenciation du moi VS la focalisation sur un rôle lié par exemple au travail, à la maternité*
Cette question se pose particulièrement lors de la retraite et du départ des enfants. Ne trouvant plus son identité par rapport à son travail ou à sa situation de mère ou de père, l'individu doit se redéfinir, retrouver sa valeur personnelle en dehors de ces rôles, parmi d'autres dimensions de son identité en vue de se construire une vieillesse significative.

❑ *La transcendance corporelle VS la préoccupation du corps*
La vieillesse est une période de diminution de la résistance physique et de la capacité de récupération qui coïncide souvent avec l'apparition de la maladie ou de malaises corporels. Si, pour une personne, le bonheur signifie principalement le bien-être physique, ce déclin du corps peut être vécu comme la pire épreuve. Mais les malaises physiques n'empêcheront pas certains de trouver des satisfactions à vivre, dans leurs relations interpersonnelles ou par un travail de créativité. Dans ce dernier système de valeurs, les intérêts sociaux et intellectuels sont plus importants que le seul bien-être physique.

❑ *La transcendance du moi VS des préoccupations centrées sur le moi*
Cela permet d'approcher la mort d'une façon constructive, car alors la disparition de l'*ego* devient moins importante eu égard à la vie qui continue. Une trop grande focalisation sur le moi peut conduire la personne à refuser et la vieillesse et la mort.

Ayant considéré les fondements théoriques de la pensée d'Erikson et après avoir compris en quoi consistent les stades de la vie adulte, que pouvons-nous conclure ? Au sujet de l'aspect théorique du modèle, il ressort plusieurs points :

☐ *Le modèle est exhaustif* : il couvre tout le cycle de la vie humaine.

☐ *Le modèle est systématique* : pour chaque stade il présente deux pôles qui sont les extrêmes du conflit développemental, lequel conflit se résout par une force de base ; chaque stade implique donc une crise développementale.

☐ *Le modèle est psychosocial* : il analyse l'interaction de l'individu avec son environnement en insistant sur le développement psychosocial de l'*ego*.

☐ *Le modèle est épigénétique* : il décrit en quelque sorte un programme psychosocial de l'évolution des individus.

☐ *Le modèle rend compte de la complexité des vies, des mouvements de progression et de régression inhérents au développement* : en effet, faire face à un enjeu au cours d'un stade ne garantit pas qu'il ne réapparaisse pas dans des stades ultérieurs, et il est ainsi toujours possible de trouver de nouvelles solutions à cet enjeu.

☐ *Le modèle rend compte de la diversité des vies* : les vies individuelles apparaissent comme des variations infinies sur le croisement, la répétition, l'interaction et le jeu de ces thèmes.

☐ *Le modèle est malléable* : il faut insister sur le fait que les stades ne sont pas des portions de couloirs fermés sur eux-mêmes et que le changement des personnes ressemble souvent aux mouvements d'une danse : deux pas en avant, un pas en arrière, ou encore un pas en avant, deux pas de côté. Et pourquoi pas ?

☐ *Le modèle souligne à l'occasion des différences entre le développement des hommes et des femmes*, sans changer la séquence pour autant : c'est un *modèle pensé d'abord pour les hommes*, qui, lorsque transposé aux femmes, suscite, comme nous l'avons vu, questions et critiques.

☐ Par ailleurs, *le modèle est difficile à valider* de façon empirique, comme le reconnaît D. Elkind :

« Généralement parlant, les méthodologies de recherche récentes ne sont pas capables de rencontrer une telle complexité, et les distorsions sont inévitables quand des concepts tels que celui d'identité en viennent à être définis dans les termes de réponses à un questionnaire. » (1982, p. 20, traduction libre.)

De même, la thèse de Messina (1984), intitulée *Erikson's Last Four Stages of Psychosocial Development as Perceived by Young Adults, Middle-Aged Adults, and Older Adults*, où elle étudie 210 sujets de divers âges des deux sexes, ne parvient pas à confirmer la théorie des stades psychosociaux d'Erikson.

❐ *Le modèle est heuristique* : Erikson décrit trois stades de la vie adulte dont seuls les deux premiers traitent spécifiquement de la vie adulte, ce qu'il reconnaît lui-même (1981, p. 137), le dernier concernant directement la vieillesse. Parce qu'elle aide à comprendre la complexité du développement de l'adulte, parce qu'elle permet de saisir la signification du développement adulte en lui donnant du sens, la pensée d'Erikson a une valeur heuristique indéniable. Comme on le verra, elle exercera une grande influence sur les modèles qui paraîtront par la suite.

ERIKSON
Exercices et sujets de réflexion

1. Croyez-vous que les enjeux du stade intimité versus isolement sont différents pour les hommes et pour les femmes ? Dites ce que vous pensez de la thèse de Gilligan sur cette question.

2. Croyez-vous que les enjeux du stade générativité versus stagnation sont différents pour les hommes et pour les femmes ?

3. À la lumière du stade intégrité versus désespoir tel qu'il est décrit par Erikson, faites une analyse des comportements que vous avez observés la dernière fois que quelqu'un de votre entourage est décédé.

4. Pensez-vous que le bilan de vie est l'apanage du dernier stade décrit par Erikson, c'est-à-dire intégrité versus désespoir ? Dites pourquoi.

5. Croyez-vous que la théorie de la réincarnation a quelque lien avec le stade intégrité versus désespoir ?

6. Dans notre société, quel est, à votre avis, le stade qui est le plus difficile à résoudre parmi les stades d'Erikson ?

7. Lequel des trois stades est le plus valorisé par la société québécoise ? Par la société américaine ? Votre réponse est-elle la même ?

8. Comparez la perspective psychanalytique de Freud et celle d'Erikson.

9. Quelles suggestions feriez-vous pour que le passage à la vie adulte soit plus facile et plus réaliste dans notre société ?

10. Pensez-vous que le stade générativité versus stagnation est l'enjeu du mitan de la vie ? Justifiez votre réponse.

ERIKSON

HORIZONTALEMENT

1. Capacité de se relier aux espoirs et aux craintes les plus profondes d'une autre personne, selon Erikson. — Venue au monde.

2. Se dit des figures d'animaux dont on ne voit que la partie supérieure dans le haut de l'écu (fém. plur.). — Petit ruisseau. — Pronom démonstratif.

3. Interjection enfantine. — Nouveau Testament. — Parti communiste.

4. Terme qui englobe la procréativité, la productivité et la créativité, dans la théorie d'Erikson. — Hippolyte Lafontaine (initiales).

5. Mot emprunté à l'embryologie pour qualifier le modèle d'Erikson. — Adverbe de lieu.

6. Saule de petite taille aux rameaux flexibles. — Notre-Seigneur.

7. Peur de demeurer séparé et non reconnu, qui définit un des pôles du sixième stade d'Erikson. — Deux en chiffres romains.

8. Action de déposer. — Exclamation enfantine. — Unité monétaire bulgare.

9. Mauvaise volonté à inclure des personnes ou des groupes de personnes dans sa préoccupation, d'après Erikson.

10. Tissu précieux. — Note de la gamme. — Nombre total des stades dans le modèle d'Erikson.

11. Dans. — Université de Californie. — Arme de David dans la Bible. — Préposition.

12. Un des pôles du septième stade, selon Erikson. — Pronom démonstratif.

13. Premier officier municipal d'une ville. — Adverbe.

14. Personnage du *Misanthrope* de Molière. — Ce à travers quoi l'enjeu développemental de chaque stade s'effectue, selon le modèle d'Erikson.

15. Détérioré. — Dans la Russie tsariste, communauté villageoise qui avait la propriété des terres et qui les répartissait par lots, pour un temps donné, entre les familles. — Personne avec qui on a une relation intime (fém.).

16. Qui se rencontre peu souvent. — S'oppose à la force de base qu'est la sagesse, d'après Erikson. — Prénom de l'auteur.

VERTICALEMENT

1. Boisson alcoolisée provenant de la fermentation du raisin. — Survient quand l'unique cycle de vie n'est pas accepté comme définitif, d'après Erikson.

2. Force de base reliée au dernier stade d'Erikson. — Du verbe avoir.

3. En matière de. — Partie terminale de la tige de certaines graminées, formée par la réunion des graines autour d'un axe lorsqu'elles sont serrées. — Sentiment qui résulte du conflit entre les polarités du sixième stade, selon Erikson.

4. Diminutif de Anne. — Monnaie scandinave. — Cordonnet ou ruban étroit servant à border, à faire des brides.

5. Nom du huitième stade qui exprime aussi le sentiment d'être responsable et relativement satisfait de sa vie, d'après Erikson. — Caractère de ce qui est un.

6. Nouveau Testament. — Note de la gamme. — Fait de se soucier de quelqu'un, d'en prendre soin (anglais).

7. Pronom personnel. — Récoltes de l'année, ravitaillements du peuple en blé ou impôts en nature pour assurer ce ravitaillement chez les Romains. — Pronom personnel. — Pronom personnel.

8. Verbe être, 3e personne du singulier (anglais). — Pronom personnel. — Étendue d'eau entourée de terre. — Interjection exprimant la désapprobation, le dédain, le mépris. — Idem.

9. Unité de mesure de capacité pour les liquides. — Séparera, coupera.

10. Terminaison des verbes du deuxième groupe. — Six en chiffres romains. — Habitation, demeure.

11. Dans l'Antiquité, vêtement de dessous, chemise longue avec ou sans manches. — Aux Noces de Cana, Jésus prit de l'eau pour en fabriquer. — Mouvement ardent, subit, qu'un vif sentiment inspire.

12. Pronom personnel. — Article défini contracté. — Avant-midi.

13. Inventent. — Boisson infusée. — Choisit parmi d'autres.

14. Négation. — Unité monétaire roumaine. — Parler fort.

15. Harmonie de sons agréablement combinés. — Qui manque d'intelligence, de bon sens.

16. Contreforce de l'amour, selon Erikson. — Nom d'un des deux auteurs qui ont ajouté d'autres stades aux stades d'Erikson.

4

BERNICE NEUGARTEN
et ROBERT HAVIGHURST

4.1 NEUGARTEN

Avec son modèle épigénétique et psychosocial, Erikson fait une percée spectaculaire dans les idées sur le cycle de vie adulte ; on trouve là une pensée systématique, articulée et fondée théoriquement sur le modèle psychanalytique.

La pensée de Bernice Neugarten, moins systématisée que celle d'Erikson, n'en est pas moins riche et importante dans l'évolution des idées sur le cycle de vie adulte. C'est au cours des années 50 que le *Committee on Human Development*, connu aussi comme le Groupe de Kansas City — Neugarten est psychosociologue à l'Université de Chicago —, entreprend ses nombreuses recherches sur certains aspects de la vie adulte : carrière, adaptation, ménopause, normes d'âge, etc. Constatant la pauvreté des données et la faiblesse des théories sur le développement de l'adulte, ces chercheurs ont tenté de remédier à l'une et à l'autre.

En analysant les idées de Neugarten, nous considérerons leur apport sur les plans de :

❑ la perspective développementale ;

❑ la psychosociologie du cycle de vie.

Ces points font l'objet des deux divisions principales de ce chapitre.

4.1.1   *Une perspective développementale*

Avant de décrire les changements développementaux de la vie adulte répertoriés par Neugarten et son équipe, nous examinerons la notion de perspective développementale.

Dans son article de 1966, Neugarten pose deux questions qui demeurent au cœur de ses recherches. Elle se demande quels sont les phénomènes psychologiques saillants qui caractérisent la vie adulte et, parmi ceux-ci, — c'est sa deuxième question — lesquels sont de nature développementale et lesquels ne le sont pas (Neugarten, 1966, p. 63).

Ici nous touchons du doigt une notion théorique importante : celle de changement développemental. Par développemental, Neugarten ne se réfère pas aux « processus biologiques qui sont inhérents à l'organisme et qui sont inévitables, [... mais désigne plutôt les] processus au moyen desquels l'organisme, par une interaction avec l'environnement, est changé ou transformé » (Neugarten, 1966, p. 63, traduction libre). On voit déjà la connotation écologique de la définition. Cependant, cesser ici la citation de Neugarten serait se méprendre sur sa pensée, car elle poursuit avec un *so that* qui induit un ordre de conséquence important pour comprendre la perspective développementale :

> « *De telle sorte qu'*il existe à l'intérieur de l'individu, comme résultat de l'histoire de vie avec ses annales cumulatives d'adaptations aux événements biologiques et aux événements sociaux, une base continuellement changeante à partir de laquelle il perçoit les événements *nouveaux* du monde extérieur et y répond, dans une progression ordonnée selon le passage du temps. » (Neugarten, 1966, p. 63, traduction libre.)

Cette notion de changement développemental implique aussi l'idée d'une adaptation et au biologique et au social, où l'expérience accumulée devient l'assise à partir de laquelle la personne se comporte ; de plus, elle indique l'histoire de vie comme moyen précieux d'analyse. Enfin, elle pose l'idée de progression ordonnée (est-ce une séquence ?) selon une perspective temporelle.

Ailleurs, Neugarten (1973, p. 318) spécifiera ce dernier point en disant que la tâche de la psychologie développementale est

d'investiguer pour savoir s'il existe ou non des changements or-
donnés et irréversibles reliés à l'âge[1]. Elle dira que c'est stratégique
d'accepter comme critère le seul lien avec l'âge, car l'âge n'est
pas nécessairement la seule variable significative. Il s'agit plutôt
de se demander si certains changements seraient plus reliés à l'âge
qu'à d'autres variables telles que le sexe, la santé, l'ethnie, le
niveau d'éducation, la classe sociale. Il importe donc de prendre
l'âge comme un indicateur préliminaire, comme un point de repère
approximatif, et non au pied de la lettre.

On peut résumer comme suit les conditions pour qu'un changement soit développemental :

❐ il porte sur l'ensemble des processus et non uniquement sur
les processus biologiques ;

❐ il décrit les processus d'interaction entre l'organisme et son
environnement ;

❐ il postule une adaptation cumulative aux événements biologiques
et sociaux ;

❐ il rend compte d'une progression ordonnée ;

❐ il s'inscrit dans une perspective temporelle où l'âge devient
un indicateur approximatif.

Les changements développementaux caractéristiques de la vie adulte

De tels changements existent-ils ? L'ensemble des recherches du
groupe de Neugarten décrit des changements significatifs dans les
processus intrapsychiques, peu ou pas de changements dans les

---

1. Il est utile de se demander à quel type d'âge on se réfère. En effet, on peut
distinguer l'âge chronologique, l'âge biologique (ou physiologique), l'âge
psychologique, l'âge social et l'âge perçu. L'*âge chronologique* est donné
par la date de naissance de l'individu ; c'est le critère à partir duquel on
décide qu'une personne fait partie de telle cohorte (la cohorte est un groupe
de personnes ayant vécu à une même époque). Quand on affirme qu'un enfant
de 4 ans (âge chronologique) est trop petit pour son âge ou qu'une adolescente
de 12 ans est trop grande pour son âge, on se réfère à des mesures moyennes
du développement physiologique ; on parle alors d'un *âge biologique* (ou
physiologique), comme dans l'expression « Il est tellement usé que, malgré
ses 40 ans, il a un cœur de 70 ans ». Mais lorsqu'on dit : « On a l'âge de
son cœur », on se réfère à l'*âge psychologique* ; la vieille femme, dans le film
Harold et Maude, était psychologiquement jeune. On peut encore parler d'un
âge social ; c'est l'âge de tel ou tel rôle ou comportement, comme lorsqu'on
dit de quelqu'un qu'il est en âge de se marier, ou de prendre sa retraite.
Enfin on peut distinguer l'*âge perçu*, et chacun aura deviné qu'il s'agit de
celui qu'on vous donne à l'œil... (à tort ou à raison) et qui peut varier
considérablement selon l'œil.

processus adaptatifs, et certains changements dans ceux de l'interaction sociale.

« Il y a un ensemble de processus de la personnalité, d'abord de nature intrapsychique, qui manifestent des changements développementaux au cours de l'ensemble de la vie. À mesure que l'individu passe de l'enfance et de l'adolescence à la vie adulte, les processus de l'*ego* deviennent de plus en plus saillants dans la dynamique de la personnalité. Dans le sens le plus large, le développement de l'*ego* est orienté, pour les deux premiers tiers de la vie, vers l'environnement extérieur, et pour le dernier tiers, il est tourné vers l'intérieur, vers le *self*. » (Neugarten, 1966, p. 72, traduction libre.)

Le cycle de la vie adulte comporte ainsi deux battements analogues à ceux du cœur : un temps tourné vers le monde extérieur, un temps tourné vers soi (réflexion, introspection, rétrospection).

C'est dire que les changements détectés portent sur les aspects subjectifs de l'expérience individuelle, à savoir (Neugarten, 1966, p. 65) :

☐ la façon dont l'individu utilise son expérience ;

☐ la façon dont il structure son environnement social ;

☐ ses manières de percevoir le temps ;

☐ les façons dont il compose avec les thèmes majeurs de la vie, et Neugarten énonce les quatre thèmes suivants : le travail, l'amour, le temps et la mort ;

☐ les changements dans le concept de soi (*self concept*) et dans l'identité, au fur et à mesure des contingences successives que sont le mariage, le fait d'être parent, l'avancement dans la carrière, le déclin, la retraite, le veuvage et la maladie.

Voici les cinq changements caractéristiques du mitan de la vie qui concernent les processus intrapsychiques.

Intériorité croissante

C'est sans doute la caractéristique la plus retenue par les auteurs : Gould en parle comme d'une trouvaille[2], Colarusso et Nemiroff disent qu'il s'agit là d'un concept important en développement adulte (1982, p. 51). Autour de la cinquantaine, il y aurait — par-delà les caractéristiques de la personnalité — un changement de

---

2. Entretien personnel avec Gould, Santa Monica, novembre 1983.

registre dans l'expérience personnelle : d'abord tournée vers le monde extérieur, la personne devient davantage préoccupée par sa vie intérieure : désormais, elle porte plus attention à ses sentiments, son attachement pour les choses diminue, elle a tendance à la réflexion. C'est ce changement d'une orientation vers le monde extérieur en une orientation vers le monde intérieur que Neugarten appelle l'intériorité croissante.

Changement dans l'interprétation de son expérience dû à l'accumulation de son expérience

Les personnes sont changées par l'accumulation de leur expérience et, à diverses reprises, Neugarten insiste sur le fait que nous devenons de plus en plus complexes avec le temps. Au mitan de la vie, une des caractéristiques du *self* est de se préoccuper davantage de son expérience passée et de tenter de l'interpréter. Or l'individu est actif dans ses transactions avec l'environnement car il sélectionne, manipule et contrôle son expérience dans différents contextes de vie (corps, famille, carrière). C'est une façon de dire que l'adulte est créateur de son *self*, création qui ne se fait pas à partir de rien, mais à partir de l'intégration de l'ensemble des expériences accumulées et de la signification qu'il leur confère :

> « Les gens changent, pour le meilleur et pour le pire, et ce changement résulte de l'accumulation de leur expérience. À mesure que les événements sont enregistrés dans l'organisme, les individus forment inévitablement des abstractions à partir des traces de ces expériences et ils créent des catégories plus adéquates et plus raffinées pour interpréter les nouveaux événements. Non seulement le système de classement grossit, mais il se réorganise avec le temps, ce qui implique des références croisées beaucoup plus nombreuses. » (Neugarten, 1969, p. 122-123, traduction libre.)

La comparaison sera boiteuse... mais, espérons-le, efficace : on pourrait imaginer que nous interprétons notre expérience et lui donnons du sens au moyen d'un ordinateur qui se perfectionne et s'affine avec le temps. C'est une façon de dire que l'adulte moyen se distingue du jeune adulte « non seulement pour avoir des expériences formatives différentes, mais aussi pour avoir vécu plus longtemps et par conséquent, posséder une masse aperceptive plus grande — ou encore une provision plus grande d'expériences passées » (Neugarten, 1969, p. 122-123, traduction libre).

Qui d'entre nous n'a pas senti qu'il n'est pas le même parent d'un enfant à l'autre ? Nos enfants n'ont pas tout à fait le même père et la même mère. Qui d'entre nous n'a pas compris qu'une

x^e histoire d'amour s'inscrit nécessairement dans une histoire de vie telle que rendue signifiante par celui ou celle qui la vit ? L'événement à lui seul ne suffit pas à expliquer le comportement de l'adulte : son contexte personnel, sa perception de l'événement, son histoire de vie sont essentiels à une saisie juste et empathique de ce qu'il vit.

Changements dans la perspective temporelle

Affairé à construire une histoire cohérente à partir de son histoire de vie, l'adulte réinterprète son passé : un événement inexplicable au moment où il survient prend de nouvelles significations vingt ans plus tard (Neugarten, 1969, p. 123) ; il y a un jeu inépuisable, interminable et vertigineux dans ces lectures successives du passé, concomitantes d'un changement de perspective temporelle. En effet, son sens du temps se métamorphose, et ce, d'une double façon : quant à sa structuration et quant à sa finitude. L'adulte a tendance à mesurer son temps dans ces termes : « le temps qu'il me reste à vivre » et « le temps écoulé depuis ma naissance », ce qui amène une nouvelle structuration temporelle du cycle de vie. Le temps lui apparaît fini, limité, et il saisit cette finitude nulle part mieux que dans l'éventualité de sa propre mort.

Changement de modalité dans sa maîtrise de l'environnement : du mode actif au mode passif

Les adultes de 40 ans sentent qu'ils ont les ressources et l'énergie nécessaires pour faire face au monde extérieur ; ils sont responsables de leur environnement qu'ils peuvent en partie maîtriser. Différemment, ceux de 60 ans perçoivent le monde extérieur comme complexe et dangereux ; ils doivent s'accommoder d'un environnement en face duquel ils sont plus passifs qu'actifs, plus manipulés qu'agents. L'étude de Gutmann (1977) confirmera cette hypothèse dans d'autres cultures.

Renversement dans les attitudes liées aux rôles sexuels

Dans son article de 1968, Neugarten soutient que les hommes composent avec leur environnement d'une manière abstraite et cognitive tandis que les femmes procèdent d'une manière affective et expressive (sa perception endosse le découpage — qu'on taxe en 1985 de stéréotype — des attitudes dites masculines et féminines) et note un croisement dans ces attitudes : les hommes devenant plus réceptifs à leur affectivité — besoin de se lier à d'autres — et à leur sensualité, les femmes devenant plus présentes à leur agressivité et à leurs impulsions égocentriques. L'étude de Ryff et Baltes (1976) ne confirme pas cette hypothèse.

Une remarque sur l'*interaction sociale*. Neugarten (1973) et ses collaborateurs (Havighurst, Tobin) ont cherché à mesurer s'il y a une diminution des interactions à mesure que l'adulte vieillit, en faisant un index sur la quantité de temps passé en compagnie d'autres personnes chaque jour et en analysant la performance dans différents rôles de vie (travailleur, conjoint, parent, membre d'une famille, d'une association, d'une communauté). Leur recherche montre une baisse progressive dans l'activité de rôle de 55 à 85 ans, mais ce résultat n'est pas corroboré par d'autres investigations. Neugarten elle-même émet des réserves sur cette caractéristique, se demandant s'il faut voir là une question développementale, invoquant d'une part que les schémas interactifs dépendent *aussi* des occasions que fournit l'environnement (ce sont des processus ré-actifs) et d'autre part que les quantités d'interactions dépendent en partie de différences de personnalité.

Cette recherche a entraîné une longue discussion de la théorie du désengagement, dont nous traiterons avec Havighurst. Parce que les résultats en ont été nuancés ou infirmés, parce qu'ils concernent davantage la gérontologie, parce qu'ils ne sont pas strictement développementaux, nous ne retiendrons pas cette caractéristique.

À partir des cinq caractéristiques énumérées, Neugarten esquisse un aperçu du cycle de vie adulte :

« Alors qu'il est jeune adulte, l'individu est orienté vers le monde extérieur et la maîtrise de son environnement. Au milieu de la vie adulte, il procède à une nouvelle analyse de son *self* : il y a alors un réalignement et une reconstruction des processus de l'*ego*. Et dans le vieil âge, il retire son investissement du monde extérieur pour se retourner vers lui-même, préoccupé qu'il est par l'intériorité. » (1966, p. 72-73, traduction libre.)

Cette esquisse n'est ni rigide, ni définitive. Ici Neugarten semble adhérer à une notion du cycle de vie adulte qui se découperait en phases... mais elle n'a pas dit son dernier mot là-dessus. Pour mieux comprendre la critique qu'elle fera des théories des stades dans son article de 1979, voyons de plus près comment elle aborde le cycle de vie.

4.1.2   Une psychosociologie du cycle de vie

Les trois temps

Pour bien comprendre le comportement d'une personne donnée, il faut intégrer les perspectives biologiques et sociologiques, et on ne peut saisir les changements développementaux si on n'intègre pas ces perspectives. Pourtant, les relations entre les changements biologiques et psychologiques ne sont pas simples. Neugarten (1968) souligne le danger d'utiliser l'horloge biologique comme cadre de référence pour comprendre les changements psychologiques. Se référant à une étude menée auprès de 100 femmes « normales » âgées entre 43 et 53 ans et qui montre qu'il y a peu de relations significatives entre les symptômes somatiques attribués à la ménopause et les symptômes psychologiques, elle conclut qu'il faut être prudent avant d'assumer que les relations entre le biologique et le psychologique sont aussi fortes pendant la vie adulte que pendant l'enfance.

En ce qui concerne l'intégration du sociologique pour comprendre le développement de l'adulte, l'apport de Neugarten est central. Le cycle de vie d'une personne donnée ne peut pas se comprendre en soi, fermé sur lui-même. Tout cycle de vie doit être considéré selon trois dimensions temporelles (Neugarten et Datan, 1973) :

☐ le *temps d'une vie* équivalant à celui de l'âge chronologique (d'après l'année de naissance) ;

☐ le *temps historique* correspondant à la période de l'histoire de l'humanité où s'inscrit le temps de vie de la personne ;

☐ le *temps social* correspondant, dans une société donnée, au système de normes et au code d'attentes liées à l'âge qui sculptent le cycle de vie (dans un même temps historique coexistent différents temps sociaux).

L'âge chronologique sert souvent d'indicateur pour prédire le comportement ; lorsqu'on lui ajoute le temps social, il peut devenir un indicateur assez juste de comportements sociaux et psychologiques.

Le temps historique affecte la structuration du système social : l'historien Philippe Ariès (1962) souligne comment l'industrialisation, la formation d'une classe moyenne et l'apparition d'institutions d'éducation préludent à l'émergence du concept de l'enfance comme phase de vie distincte. Autre exemple, une plus grande longévité jouxtée à la contraception a entraîné l'apparition d'une nouvelle phase du cycle familial où les conjoints se retrouvent sans enfants, le nid étant vide à nouveau.

La cohorte est le groupe défini auquel appartient un individu en vertu de son année de naissance, et on appelle effets de cohorte les effets attribués au fait d'être membre d'un tel groupe ayant des caractéristiques imputables au temps historique et au temps social. Par exemple, avoir 20 ans ou 50 ans lors de la dépression économique de 1929... entraîne qu'on aura 30 ans ou 60 ans lors de la Deuxième Guerre mondiale, etc.

L'horloge sociale

Le temps social se comprend en rapport avec le concept d'horloge sociale. Ce sont les anthropologues qui ont introduit cette notion de « codé selon l'âge » (*age-grading*) en décrivant comment les rites de passages marquent, dans les sociétés primitives, les transitions entre un statut relié à un âge et un autre statut relié à un autre âge (Eisenstadt, 1956 ; Van Gennep, 1960). À côté de l'horloge biologique, Neugarten parle d'une horloge sociale qui n'est pas synchrone avec la première. Chaque société génère une carte du temps qui indique l'ordre habituel des événements de vie :

> « Il existe une table de temps présente socialement et qui ordonne les événements de vie majeurs : un temps où hommes et femmes se marient, un temps où ils élèvent leurs enfants, un temps où ils se retirent. » (Neugarten, 1976, p. 16, traduction libre.)

Chaque société possède un système de statuts reliés à l'âge et le comportement humain est gouverné par un réseau de normes et d'attentes reliées à l'âge, réseau qui est variable d'une société à l'autre. Cette table de temps qu'est l'horloge sociale possède un caractère normatif dans la mesure où la plupart des personnes d'un groupe social donné tendent à s'y conformer d'une façon plus ou moins étroite. Elle sert à l'adulte de critère et d'étalon pour évaluer son agir, lui donnant un sens de son propre *timing*. Ce sens du *timing* s'explique par le phénomène de la comparaison sociale ; et ici, il importe de le souligner, nous voyons comment le processus développemental ne se comprend pas en dehors du phénomène psychosocial.

En lisant Neugarten, on a l'impression que l'horloge sociale est première par rapport à la culture, à l'histoire ; elle est pourtant variable (même si les normes elles-mêmes varient peu d'un groupe ethnique, culturel, économique ou religieux à un autre) et soumise au passage du temps historique qui altère tantôt ses rythmes, tantôt ses « heures », modifiant sa ponctuation.

Bref, l'horloge sociale, cette table de temps prescrite par une société et qui sert de critère pour analyser son cycle de vie, constitue une notion psychosociologique importante. Il en ressort premièrement que toute vie est imbriquée dans un contexte historique, social, économique et culturel :

> « Souligner la structure d'âge d'une société, c'est montrer comment l'intériorisation des normes d'âges et les identifications avec son groupe d'âge sont des dimensions du contexte social et culturel à l'intérieur duquel se déroule le cours d'une vie singulière. » (Neugarten, 1968, p. 146, traduction libre.)

... et hors duquel il est impossible de faire une lecture pertinente d'un cycle de vie. Comme on le voit, on se retrouve à affirmer l'importance d'une lecture psychosociologique du cycle de vie, lecture d'autant plus possible que, grâce à la triple dimension temporelle du cycle de vie et à sa notion d'horloge sociale, Neugarten nous conduit à ponctuer la vie adulte de marqueurs sociaux, historiques et socioculturels plus souvent que biologiques.

Le cycle de vie normal et prévisible

Cela étant dit, existe-t-il un cycle de vie normal et prévisible ? Neugarten affirme (1976, p. 18) que les adultes se forment dans leur tête, indépendamment du fait qu'ils puissent ou non le verbaliser, un ensemble d'idées qui anticipent la nature des événements et le moment où ils doivent se produire dans le cycle de vie, et qu'ils décodent leur propre vie en fonction de cela.

Une telle réponse est loin d'être convaincante. Un argument par l'absurde serait de dire : tous pourraient en effet s'imaginer cela... et être dans l'illusion. De plus, la question manque de rigueur. De quel cycle de vie s'agit-il ? Neugarten décrit moins des rythmes développementaux qu'un système-code ; elle décrit moins une séquence développementale qu'une séquence « événementielle », si l'on peut dire, lorsqu'elle parle « d'un ensemble d'idées qui anticipent la nature des événements et le moment où ils doivent se produire ». Cela correspondrait plutôt à la notion d'horloge sociale et au phénomène de comparaison sociale mentionnés plus haut.

Par ailleurs, le concept de cycle de vie normal et prévisible doit être rapproché de la question de l'adaptation. Neugarten et son équipe ont fait différentes analyses des réactions des personnes à cinq événements de vie : la ménopause, le nid vide, la retraite, la mort et le veuvage. En soulignant que c'est plus équivoque dans ce dernier cas, Neugarten conclut que c'est l'événement imprévu qui déclenche la crise ou le traumatisme. Anticipé ou prévu, l'événement de vie n'entraîne pas de crise ; les grands stress de la vie sont ainsi causés par des événements qui rompent le rythme du cycle de vie (par exemple, lorsqu'un enfant perd l'un de ses parents alors qu'il est jeune). Neugarten parlera dès lors plutôt des transitions[3] que des crises de la vie adulte car, grâce à son appréhension de l'horloge sociale, l'adulte peut se préparer à vivre tel ou tel événement, facilitant ainsi son adaptation. Sa psychosociologie du cycle de vie est donc une psychosociologie de synchronisation (ou de *timing*) plutôt que de phases, où l'anatomie du cycle de vie est moulée sur l'horloge sociale grâce à la comparaison sociale.

En conclusion, Neugarten introduit des notions capitales et fondamentales dans le corpus théorique du développement adulte. Elle décrit ce qu'est une perspective développementale, identifie les changements développementaux (en les distinguant des autres types de changements), répertorie ceux qui sont caractéristiques, le plus retenu étant sûrement « l'intériorité croissante ». De plus, elle élabore une psychosociologie de cycle de vie grâce aux trois sortes de temps et à l'idée d'horloge sociale qui ne conduit pas à une séquence développementale, mais plutôt à une séquence événementielle où le phénomène de comparaison sociale est central. Comprendre clairement cela permettra ultérieurement (sous-section 11.2.2) de saisir ses critiques sur les théories des stades (1979).

4.2   HAVIGHURST

Havighurst fait partie du groupe de chercheurs du *Kansas City of Adult Life*. Son nom mérite d'être retenu pour différentes raisons.

D'abord, il serait à l'origine de la notion de tâche développementale (1972), un concept central en développement adulte. Selon lui, la personne aurait un ensemble d'apprentissages à faire, d'habiletés et de compétences à acquérir à différentes étapes de son développement avant de passer à la phase suivante ; la résolution

---

3. Bédard, R. (1983), « Crise et transition chez l'adulte dans les recherches de Daniel Levinson et de Bernice Neugarten », *Revue des sciences de l'éducation*, IX(1), p. 107-127.

plus ou moins satisfaisante des tâches développementales d'une phase affecterait la résolution des tâches d'une phase subséquente. Comme on le voit, la notion de tâche développementale s'inscrit dans un modèle épigénétique.

Deuxièmement, Havighurst a proposé une classification du cycle de vie en sept phases, dont les trois suivantes, qui portent sur la vie adulte, ont été retenues (voir tableau 4.1) :

❏ *La phase de jeune adulte*, qui couvre approximativement la période de 18 à 30 ans et qui comprend les huit tâches suivantes :

- choisir un partenaire de vie ;

- apprendre à vivre avec un partenaire ;

- fonder une famille ;

- élever des enfants ;

- être responsable d'un foyer ;

- commencer à travailler ;

- être un citoyen responsable ;

- trouver un groupe d'appartenance.

Cette phase est difficile et occasionne beaucoup de tension, car souvent le jeune adulte est assez seul pour accomplir ces tâches. De plus, il doit faire des choix sur les plans de l'intimité (partenaire de vie) et du travail, choix qui risquent d'avoir des répercussions sur les années qui suivent.

❏ *La phase du mitan de la vie*, qui s'échelonne de façon approximative de 30 à 55 ans. C'est une période fort chargée, hommes et femmes se retrouvant au sommet de leur productivité et de leur influence sur la société. Voici les tâches développementales de cette phase :

- devenir un citoyen adulte et socialement responsable ;

- établir et maintenir un certain niveau de vie ;

- aider ses enfants, maintenant adolescents, à devenir des adultes responsables ;

- développer des activités de loisirs adultes ;

- entrer en relation avec son conjoint comme personne ;

- accepter les changements physiologiques du milieu de vie.

Selon Havighurst, la tension liée à cette phase varie beaucoup selon les cultures.

❐ *La phase de la vie adulte avancée*, qui débute vers 55 ans. Devant l'apparition des limites provenant tantôt d'une réduction des revenus ou d'un changement de domicile, tantôt de la maladie ou de la perte d'un conjoint, les tâches développementales supposent une stratégie défensive. Havighurst en énumère six :

- s'adapter à une santé physique qui décline ;
- s'adapter à la retraite et à une baisse de revenu ;
- s'adapter à la mort du conjoint ;
- créer des liens explicites avec des gens de son groupe d'âge ;
- faire face à ses obligations civiles et sociales ;
- s'installer physiquement dans une façon de vivre satisfaisante.

Comme on peut le constater, Havighurst décrit des changements basés sur des événements sociaux plutôt que sur une réorganisation de la personnalité.

Troisièmement, il est l'un des premiers psychologues à avoir décrit comment la classe sociale influence la façon dont les gens réalisent leurs tâches développementales et jouent leurs différents rôles.

Quatrièmement, il a montré la nécessité de tenir compte des facteurs de personnalité dans le fait de vieillir bien ou mal. On dirait que la société américaine actuelle (où l'on peut détecter une survalorisation de la jeunesse d'une part, et une préférence de l'action et de l'activité à la contemplation et à la passivité) croit que l'adulte de plus de 50 ans a les mêmes besoins sociaux que l'adulte moyen et qu'il doit lutter contre les conditions sociales qui limiteraient la satisfaction de ces besoins.

Havighurst pose la question « Qu'est-ce que bien vieillir ? », et il relève deux sortes de réponses qui correspondent à deux tendances. D'un côté, les tenants de la théorie de l'activité disent que bien vieillir, c'est demeurer actif et engagé socialement, et ce, le plus longtemps possible. De l'autre côté, les tenants de la théorie du désengagement avancée par Cumming et Henry (1961) suggèrent que bien vieillir implique un retrait de la société entraînant un changement dans l'utilisation de son réseau social (diminution de l'interaction sociale, formes modifiées de relations interpersonnelles). Ce dernier mouvement irait dans le sens d'une plus grande intériorité, telle que décrite par Bernice Neugarten.

TABLEAU 4.1
La conception du développement de la personnalité dans une perspective développementale, selon Havighurst

ÂGE

Le temps qu'il reste à vivre

Le temps qu'il reste à vivre est limité ; il faut accomplir des choses importantes pendant qu'il est encore temps ; la mort s'en vient

Réévaluation du *self* : bilan et nouvelle planification

Maîtrise passive
Introversion

Les femmes deviennent plus dominatrices et acceptent davantage leur agressivité

55 % à 60 % des femmes travaillent

Les hommes deviennent plus préoccupés de leur univers relationnel

Le temps écoulé depuis la naissance

On apprend la maîtrise active du monde extérieur (rôles sociaux reliés à la carrière, à la famille, au foyer) et on prend des initiatives pour faire face à la vie

Le dernier enfant quitte la maison

Le dernier enfant entre à l'école

45 % des femmes travaillent

Peu de femmes travaillent

Les hommes prennent la tête des activités économiques, civiles et sociales ; ils se battent pour être compétents et autonomes ; ils se stabilisent pour la phase du mitan de la vie

On a toute la vie devant soi

Beaucoup de femmes travaillent

Source : Van Hoose et Worth, 1982, p. 20, traduction libre.

Dans une recherche menée de 1956 à 1962, Havighurst eut des entrevues répétées avec 159 hommes et femmes de Kansas City, âgés de 50 à 90 ans, excluant les gens qui vivent en institution, ceux qui appartiennent à la classe économique défavorisée et ceux chez qui le psychiatre a diagnostiqué une névrose. À la fin de la recherche, soit en 1962, il ne restait que 55 % de l'échantillon original (12 % des personnes avaient déménagé et 27 % étaient mortes). Or, Havighurst (1981) conclut que, pour certaines personnes, l'activité semble être l'élément de satisfaction, ce qui, pour d'autres, n'est pas le cas. Il ne faut pas faire de généralisation hâtive puisque aucune de ces théories ne prend en considération la personnalité de l'individu.

Bref, il conclut qu'il faut dépasser les oppositions entre la théorie de l'activité et les théories du désengagement et entrevoir que le vieillissement est un processus d'adaptation dans lequel la personnalité est un élément-clé :

« Nous avons trouvé d'un côté qu'une plus haute satisfaction de vivre se retrouve plus souvent chez les personnes actives et engagées que chez les personnes inactives et non engagées. Mais ce qui est plus important, c'est que nous avons trouvé de la *diversité*. En même temps qu'il existe une relation positive entre engagement et satisfaction à vivre, cette relation n'est pas constante, et on retrouve les quatre combinaisons possibles entre les deux éléments : 1) une grande activité jumelée à une grande satisfaction et 2) une faible activité jumelée à une faible satisfaction sont les plus fréquentes ; mais il se trouve aussi 3) une grande activité jumelée à une faible satisfaction et 4) une faible activité liée à une grande satisfaction. » (Havighurst *et al.*, 1968, cité par Neugarten, 1973, p. 328, traduction libre.)

Ce sont ces quatre points qui distinguent l'apport d'Havighurst.

NEUGARTEN
Exercices et sujets de réflexion

1. Que pensez-vous des trois sortes de temps, à savoir : le temps d'une vie, le temps social et le temps historique ?

2. Croyez-vous que la société dans laquelle nous vivons devient rapidement une société sans âge ?

3. Discutez de la notion de crise et de transition chez Neugarten.

4. Que pensez-vous de la théorie du désengagement ?

NEUGARTEN

	1	2	3	4	5	6	7	8	9	10	11	12	13	14	15	16
1																
2																
3																
4																
5																
6																
7																
8																
9																
10																
11																
12																
13																
14																
15																
16																

HORIZONTALEMENT

1. Temps correspondant à la période de l'histoire de l'humanité où s'inscrit un cycle de vie selon Neugarten. — Elle ne se produit pas quand l'événement de vie est anticipé ou prévu.

2. Pronom personnel indéfini. — Route rurale. — De tuer.

3. Ville des États-Unis où ont eu lieu plusieurs des recherches de Neugarten. — De nier. — Négatif.

4. Article défini. — Mon prénom est Bernice.

5. Entreprends. — Adjectif démonstratif au pluriel. — Charpente du corps. — Produit des mammifères.

6. Terme marin : partie d'une voile où passent les garcettes qui permettent de la serrer sur la vergue lorsqu'on veut en diminuer la surface. — Pronom personnel. — Qui éprouve une sensation de fatigue.

7. Projette spontanément hors de soi. — Groupe défini auquel appartient un individu en fonction de son année de naissance. — Transpira.

8. Conjonction. — Carte à jouer. — Institut national de productivité.

9. Temps correspondant au système de normes et au code d'attentes qui sont liés à l'âge dans une société donnée. — Mode selon lequel l'adulte maîtrise son environnement dans le milieu de sa vie.

10. Année en tant qu'espace de temps abstrait. — Vin produit par la commune d'Ay.

11. État et évolution de l'état d'un sujet. — Nom d'un des collaborateurs de Neugarten.

12. Du verbe lire.

13. Saison. — Un des deux auteurs de la théorie du désengagement.

14. Drame lyrique de caractère religieux et traditionnel au Japon. — Conjonction négative.

15. Selon Neugarten, elle croît à mesure que l'adulte vieillit. — Instrument à deux mâchoires, pour serrer un objet à travailler.

16. Épithète qui décrit l'approche de Neugarten.

VERTICALEMENT

1. Elle peut être sociale ou biologique et constitue une table de temps, selon l'auteure. — Toujours selon Neugarten, il est normal et prévisible. — Une autre façon de désigner le « ça » freudien.

2. « Dans » en latin. — Du verbe être. — Pronom personnel. — Du verbe avoir au subjonctif. — Négation.

3. Époque. — Il passe au sas. — Télévision.

4. Selon Neugarten, la majorité des changements de la vie adulte sont de ce type. — De naissance.

5. Garnit. — Abréviation pour oto-rhino-laryngologie.

6. Liquide contenu dans certaines substances organiques. — Ville par laquelle on désigne ce groupe de recherche. — Deux voyelles.

7. Représentation mentale en l'absence de l'objet. — Musique.

8. Tamis. — Appelai de loin. — Révérend Père.

9. S'oppose à tard. — Qui est avec (fém.).

10. Conjonction de coordination. — Bâtiment construit en hauteur. — Interjection qui exprime généralement le doute. — Télé-Métropole.

11. Pronom indéfini. — Bruit sec. — Changée.

12. Frère d'Abel. — Garnir, charger un navire.

13. Vallée fluviale noyée par la mer. — Note de la gamme. — Poème de quatorze vers en deux quatrains sur deux rimes embrassées et deux tercets.

14. Mode selon lequel la personne âgée interagit avec son environnement d'après les recherches de Neugarten. — S'inclina (en parlant d'un voilier).

15. Il peut être grave ou aigu. — Article. — Aluminium.

16. L'ensemble des caractéristiques de la vie adulte que Neugarten décrit sont de cette nature.

Les contemporains

5

*D*ANIEL *J. L*EVINSON
*L'*évolution de la structure de vie

De tous les modèles, celui de Levinson est sans contredit celui qui illustre le mieux une perspective psychosociale : la notion de structure de vie sur laquelle il se fonde est essentiellement charnière, au croisement du psychologique et du sociologique, comme on le verra plus loin. Réussir une intégration réelle du psychologique et du social n'est pas une mince entreprise, et ne serait-ce qu'à ce titre, le modèle de Levinson apporte une contribution capitale à l'évolution des idées sur l'adultat[1].

Par ailleurs, c'est l'un des modèles auxquels on se réfère spontanément lorsque le développement de l'adulte est associé au cycle de vie et aux phases. Levinson découpe le cycle de vie en quatre ères qu'il dénomme aussi « saisons », d'où le titre de son volume *The Seasons of a Man's Life* ; chacune de ces ères couvre une période d'une vingtaine d'années :

❐ de 0 à ± 22 ans : l'enfance et l'adolescence ;

❐ de 17 à ± 45 ans : le jeune adulte ;

❐ de 40 à ± 65 ans : le mitan de la vie ;

❐ 60 ans et plus : la vieillesse.

Il est à noter que le chevauchement chronologique des saisons exprime la fluctuation des périodes de transition.

---

1. Je reprends le mot, sans doute un néologisme, trouvé sous la plume de Michel Tournier (1977) dans *Le vent paraclet*, Paris, Gallimard, p. 290.

Cette étude porte sur les deux saisons centrales (17 à 45 ans et 40 à 65 ans). L'adulte traverse ces saisons, avec leurs phases de transition et de stabilité où apparaissent, tels les travaux d'Hercule, diverses épreuves à surmonter, divers conflits à résoudre, divers défis à relever : les tâches développementales. Tel est le voyage de maturation que toute personne doit accomplir au cours d'une vie.

Le modèle que propose Levinson consiste à décrire l'évolution de la structure de vie à travers des phases. Ainsi, les phases dont il est question sont des phases de la structure de vie qu'il importe de comprendre comme telles, ainsi que le dit Levinson : « Quand je parle de phases dans le développement adulte, je me réfère aux phases de l'évolution de la structure de vie. » (1990, p. 41, traduction libre.)

Les questions qui suivent permettront de mieux saisir le modèle de Levinson :

❏ Quelle est la méthodologie de Levinson ?

❏ Qu'entend-il par structure de vie ?

❏ Qu'entend-il par phase ?

❏ Quel est le fondement de ce modèle ?

Ces quatre questions constituent les quatre principaux points de développement de ce chapitre ; chacun de ces points sera suivi de remarques ou de réflexions critiques.

5.1   LA MÉTHODOLOGIE

Le propos de Levinson est d'étudier le cycle de vie individuel dans toute sa complexité à un moment donné de l'ensemble du déroulement d'une vie et d'en décrire l'évolution. Ce n'est pas une mince tâche, comme Levinson nous l'explique :

« L'étude du cours de la vie (*life course*) a présenté des problèmes quasi insurmontables aux sciences humaines telles qu'elles sont maintenant constituées. Chaque discipline a réclamé comme relevant de son domaine spécifique un aspect de la vie comme la personnalité, le rôle social, le fonctionnement biologique et a négligé les autres. Chaque discipline a séparé le cours de la vie en segments différents comme l'enfance et la vieillesse. La recherche s'est faite à partir de nombre de perspectives théoriques diverses tels le vieillissement biologique, le développement moral, le développement de carrière, la socialisation adulte, l'acculturation et l'adaptation à la perte et au stress, avec une reconnaissance minimale de leurs interrelations. La fragmentation qui en résulte est tellement grande qu'aucune discipline ni aucun point de vue n'expriment le sens d'une vie et de son cours temporel. » (1986, p. 4, traduction libre.)

Ces propos permettent de comprendre les choix méthodologiques de l'auteur qui optera pour l'entrevue biographique complétée par des narrations projectives auprès d'un petit nombre.

L'échantillon se compose de 40 hommes, américains de naissance, nés entre 1923 et 1934 (ce qui signifie qu'en 1969 ils étaient âgés entre 35 et 45 ans) et répartis de la façon suivante : 10 ouvriers, 10 hommes d'affaires, 10 biologistes universitaires et 10 écrivains. Ces hommes appartiennent à diverses classes sociales : 15 % proviennent d'environnements ruraux ou urbains pauvres, 42 % de la classe moyenne inférieure, 32 % de la classe moyenne et 10 % de la classe moyenne supérieure ; sur l'ensemble, on compte 12 % de Noirs ; de plus, 50 % sont protestants, 20 % catholiques, 18 % juifs et 18 % d'autres allégeances religieuses. Du point de vue de l'éducation, 70 % ont terminé le collège tandis que 15 % n'ont pas complété le *High School*.

Deux techniques sont utilisées. D'une part, l'entrevue biographique tente de reconstituer l'histoire de chacun. Cinq à dix entrevues biographiques[2] d'environ deux heures, réparties sur deux à trois mois, couvrent les divers aspects de toute la vie : éducation, travail, relations interpersonnelles, famille d'origine, mariage et famille, loisirs, politique et religion. Une entrevue de suivi est faite auprès de certains sujets deux ans plus tard. Les données rassemblées sur chaque homme forment en moyenne environ 300 pages. D'autre part, on intègre à cette technique d'entrevue biographique la narration projective. À partir de cinq images choisies parmi celles du *Thematic Aperception Test* (TAT), chaque homme, à travers l'histoire qu'il invente, fait miroiter ses expériences, son imagination, ses intérêts.

La première source d'information sur chacun des sujets réside dans le sujet lui-même et cette information est complétée par d'autres sources ; ainsi, la plupart des épouses ont été interrogées une fois.

---

2. « L'entrevue biographique combine des aspects de l'entrevue de recherche, de l'entrevue clinique et de la conversation entre amis. » (Levinson, 1978, p. 15, traduction libre.)

Remarques sur la méthodologie

Le qualitatif est privilégié sur le quantitatif ; ainsi, plutôt que d'obtenir peu d'information sur beaucoup de sujets, l'équipe de Levinson a choisi de restreindre son échantillonnage à 40 sujets, accumulant jusqu'à 300 pages d'information sur chacun. Les 40 sujets sont des Américains des États-Unis. On peut se demander en quoi le modèle suggéré a une valeur universelle. Les catégories socio-économiques sont représentées par 10 romanciers, 10 hommes d'affaires, 10 biologistes et 10 ouvriers manuels, sans que Levinson ne fournisse de justification sur l'arbitraire de ce choix de types de professionnels.

Le fait que la recherche de Levinson ne porte que sur des hommes prête le flanc à une critique constante : Dans quelle mesure est-il possible de généraliser la séquence de vie qui ressort de l'analyse de ces vies ? Qu'en est-il du développement psychosocial des femmes ? Est-il semblable à celui des hommes ? Est-il différent ? Le prochain livre de Levinson — qui devrait paraître en 1992 — porte spécifiquement sur cette question ; il devrait nous permettre de comprendre « les saisons de la vie d'une femme ».

Dans l'ensemble, les sujets interviewés sont d'âge moyen ; tenant compte des biais attribuables au jeu de la mémoire, faut-il en conclure que les contenus sur le mitan de la vie sont mieux fondés que les autres, ainsi que le voudrait Santrock (1983) ? Reconnaissons que la distorsion et l'oubli peuvent jouer davantage lorsqu'il s'agit de se remémorer des informations plus anciennes. La principale source d'information étant le sujet lui-même, cela laisse place aux distorsions dues à la mémoire sélective et à l'idéalisation de certains phénomènes. Mais cela fait de cette recherche une étude manifestement existentielle, car elle endosse le filtre de la subjectivité et, en ce sens, elle appartient au courant de la psychologie humaniste.

Peu de méthodologies ont été aussi controversées que celle de Levinson. Le mince échantillon, la restriction à des sujets mâles, l'appartenance à une même cohorte, les limites de l'histoire de vie, le point de vue subjectif privilégié, autant de contraintes qui, de fait, balisent la portée du modèle. Faut-il voir une simple ironie du sort dans le fait que celui-là même qui disait d'Erikson qu'il était « d'abord un humaniste, un lecteur de la vie plus qu'un homme de science » (Levinson, 1978, p. 5, traduction libre) ait été taxé d'épithètes semblables ? Une fois ces contraintes reconnues, si on comprend la théorie à l'intérieur de ces paramètres, sa richesse et sa force intuitive pourront s'imposer.

De l'intérieur des limites inhérentes à sa méthodologie, puisque l'hypothèse centrale du modèle veut que la structure de vie évolue à travers une séquence standard de périodes ou de phases, analysons d'abord la notion de structure de vie.

5.2 LA NOTION DE STRUCTURE DE VIE

5.2.1 Les lacunes des modèles existants

Levinson prétend que son modèle comble les lacunes des théories déjà existantes. Dans son article « Toward a Conception of the Adult Life Course » (1979), Levinson soutient que, jusqu'ici, la plupart des travaux en développement adulte se sont basés sur trois perspectives théoriques : la perspective développementale, les théories de la socialisation par le rôle et la perspective adaptative.

❑ *Les théories du développement de la personnalité* postulent que la perspective développementale est essentielle pour comprendre la séquence des phases et des stades qui vont de la naissance à l'adolescence. Cette séquence relève d'un programme génétique et se fonde sur un processus de maturation donné. Les conditions extérieures affectent ce processus car, pour ainsi dire, elles agissent sur un programme développemental qui provient de l'intérieur de l'organisme. Selon Levinson, les principaux représentants de ce modèle sont Jung, Erikson et Gould ; à son avis, Neugarten, tout en insistant sur la nécessité de développer une approche sociologique, appartient à ce courant.

❑ *Les théories de la socialisation par le rôle* soutiennent la contrepartie des premières. Tout comme il existe des indicateurs basés sur des lois inhérentes au processus de croissance, de même le cours de la vie est moulé par des indicateurs qui gouvernent rôles et carrières dans les différents groupes et institutions sociales. Tel est leur premier postulat ; Van Gennep (1960) et Riley *et al.* (1960, 1969, 1972) insistent sur cette idée de stratification par le rôle selon l'âge. Leur second postulat est que, dans tout système social, le rôle d'une personne évolue avec le temps. Cette perspective sociologique met l'accent sur l'influence du rôle dans le modelage des existences individuelles. Ces théories relèvent davantage d'une épistémologie mécaniste : le rôle est en quelque sorte ce qui entraîne le changement de comportement au cours de la vie adulte.

◻ *La perspective adaptative* reconnaît que les événements de vie jouent un rôle majeur dans le cours d'une vie, mais elle insiste sur la manière dont l'adulte compose avec un événement donné. Toujours selon Levinson, en voici le paradigme de base : l'adaptation est conjointement déterminée par un stimulus spécifique, par un contexte social dans lequel se produit l'événement *et* par les caractéristiques de l'individu telles que ses valeurs, ses habiletés, ses motivations. Il faut donc souligner — ce n'est plus le point de vue de Levinson, mais le nôtre — à quel point cette perspective tente apparemment de faire une synthèse entre les influences extérieures et les influences intérieures. À l'usage toutefois — et c'est de nouveau le point de vue de Levinson — les tenants de cette perspective sont tantôt des psychologues sociaux qui mettent l'accent sur la situation externe, tantôt des psychologues orientés vers la personnalité, qui considèrent cette dernière comme le déterminant le plus important de l'adaptation de l'individu aux événements de vie majeurs. C'est la position de Vaillant (1977), tandis que Lowenthal *et al.* (1975)[3], parce qu'ils analysent l'adaptation à quatre événements de vie en traitant les transitions de rôle comme des événements spécifiques, relèvent de la première.

Cette perspective adaptative, poursuit Levinson, considère les événements de vie spécifiques en eux-mêmes en ne les replaçant pas dans un cadre de vue d'ensemble sur la vie adulte et, par conséquent, elle ne pose pas la question de la séquence ou de l'ordre dans la vie adulte.

La position de Levinson consiste à concilier une perspective d'adaptation et une perspective de cycle de vie pour analyser les événements marquants. Cette quatrième perspective, qui se caractérise par sa forte teneur psychosociale, se base sur l'évolution de la structure de vie.

La typologie de Levinson a le mérite de distinguer les modèles à tendance psychologique des modèles à tendance sociologique ; elle isole par ailleurs les tenants de l'adaptation qui nous paraissent appartenir à la catégorie des *théories du développement de la personnalité*.

---

3. Levinson ne se réfère pas à l'article de Fiske (1980) sur lequel je me suis basée pour cette analyse et où il se classe dans la catégorie éclectique.

5.2.2 La structure de vie proprement dite

Abordons maintenant la notion de structure de vie. Levinson définit la structure de vie comme le schéma[4] sous-jacent de la vie d'une personne donnée à un temps donné. La structure de vie comprend les relations de travail et autres éléments de la vie professionnelle, les relations d'amitié et les réseaux sociaux, les relations amoureuses (le mariage, la famille), la relation à soi-même (les expériences corporelles, les loisirs et la récréation et la solitude), les rôles dans les divers contextes sociaux. Ces composantes peuvent être centrales ou périphériques : on les dit centrales lorsqu'elles sont plus significatives pour le *self* et pour l'évolution du cours de la vie. Elles drainent alors la plus grande part du temps et de l'énergie de la personne ; on les dit périphériques lorsque leur contenu se change ou se résorbe facilement et qu'elles réclament moins d'investissement du *self*. Elles paraissent alors plus secondaires dans la fabrication d'une vie (Levinson, 1980, p. 278, traduction libre). La structure de vie possède des aspects externes — les relations aux personnes, aux systèmes sociaux — et des aspects internes — valeurs, désirs, conflits, habiletés.

La structure de vie est le concept-pivot du livre de Levinson *The Seasons of a Man's Life* ; il est possible de la considérer sous trois angles :

❏ par le biais de l'univers socioculturel de l'individu, soit la classe sociale, la religion, l'ethnie, la race, la famille (d'origine et actuelle), le système politique, la structure de travail, les conditions ou événements particuliers tels la crise économique de 1929, la guerre, les mouvements de libération ;

❏ par le biais des dimensions du *self* qui s'expriment dans les transactions avec l'environnement (désirs, conflits, anxiétés, etc.) ou qui sont mises de côté ;

❏ par le biais de la participation dans le monde à travers les divers rôles joués (citoyen, travailleur, patron, amant, mari, ami, père, membre de telle association, etc.).

La structure de vie permet donc de saisir l'insertion concrète de la personne dans son univers, car « le concept de structure de vie est plus directement centré *sur la frontière entre le self et le monde* » (Levinson, 1978, p. 323, traduction libre).

---

4. Traduction du mot anglais *pattern*.

Comme on peut le constater, la structure de vie n'est ni la structure de personnalité ni la structure sociale, mais bien une notion charnière entre le psychologique et le sociologique. Dans un article paru en 1986, Levinson ajoutera : « Dans la théorie des systèmes ouverts, la structure de vie forme une frontière entre la structure de personnalité et la structure sociale et gouverne les relations entre les deux. » (Traduction libre.)

Toutes les structures de vie ne sont pas également fonctionnelles, ni également satisfaisantes. Une structure de vie donnée fait nécessairement place à certains aspects du *self* tout en en négligeant ou en en omettant certains autres aspects. Elle s'ajuste plus ou moins bien à la structure sociale existante. Levinson croit qu'il devrait être possible d'évaluer la structure de vie, même si nous n'en sommes qu'aux balbutiements :

> « En ce qui concerne l'étude de la structure de vie, nous ne sommes pas assez sages au sujet de la vie pour dire avec précision qu'une structure de vie est développementalement supérieure ou plus avancée qu'une autre. » (1986, traduction libre.)

Pour apprécier le degré de satisfaction rattaché à une structure de vie donnée, on peut se demander jusqu'à quel point elle est viable dans la structure sociale qui est celle de l'individu d'une part, et jusqu'où elle permet au *self* de cet individu de s'exprimer d'autre part ; d'où les concepts de *viabilité* et de *convenance* :

> « En voulant faire un petit pas du côté de l'évaluation, j'en suis venu à développer le concept de mesure de satisfaction (*satisfactoriness*) vis-à-vis de la structure de vie. Comme plusieurs de mes concepts, celui-ci a une référence à la fois externe et interne.
>
> « En tant que référent à l'extérieur, il devient possible de parler de la *viabilité* de la structure de vie dans le monde extérieur — jusqu'à quel point elle fonctionne et ce qu'elle fournit comme avantages et désavantages, succès et échecs, récompenses et sacrifices.
>
> « En tant que référent à l'intérieur, il devient possible de parler de la *convenance* de la structure de vie pour le *self*. Les questions-clés sont alors les suivantes : Quels aspects du *self* ont accès à la vie à l'intérieur de cette structure ? Quels aspects doivent être négligés ou supprimés ? Quels sont les coûts et bénéfices de cette structure pour le *self* ? » (Levinson, 1986, traduction libre.)

5.2.3 Les changements dans la structure de vie

Comment change la structure de vie d'une personne ? De plusieurs façons, nous dit Levinson. Soit qu'une composante se déplace du centre vers la périphérie ou inversement, soit qu'elle disparaisse, soit que le caractère d'une composante, par exemple le sens de son travail ou d'une relation, se métamorphose de façon drastique. Il identifie deux sources de changement de la structure de vie : la maturation de la psyché et du corps humain et les figures de base de la société.

La structure de vie évolue à travers une séquence standard de périodes ou de phases. Le cycle de vie, on l'a vu, est ponctué par des ères ou des saisons dont la séquence constitue la macro-structure. La période ou la phase qui façonne le cycle de vie constitue la microstructure. Il existe des périodes pendant lesquelles s'élabore et se stabilise la structure de vie ; Levinson parle alors des phases de stabilité qui ne sont pas, ne l'oublions pas, inertes et fixes mais qui comportent du mouvement. Il existe des périodes pendant lesquelles la structure de vie se décristallise cependant qu'une autre émerge ; ce sont les phases de transition, qui durent entre cinq et sept ans.

La transition se compare à une zone frontière, sorte de territoire psychique — non sans lien avec l'espace transitionnel de Winnicott — couvrant les passages, les entre-deux. En effet, Levinson décrit la transition comme « un pont ou une zone frontière entre deux états de plus grande stabilité » (1978). D'une durée de quatre à cinq ans, les transitions correspondent aux phases de remise en question et de modification de la structure de vie existante, lesquelles entraîneront l'émergence d'une nouvelle structure de vie. Ce caractère de zone frontière est capital. Comme le dit Levinson :

> « Les premières tâches de toute période transitionnelle consistent à questionner et à réévaluer la structure existante, à explorer les diverses possibilités de changement dans le *self* et dans le monde et à s'engager dans des choix cruciaux qui forment la base d'une nouvelle structure de vie pour la période de stabilité qui suit. » (1978, p. 50-51, traduction libre.)

Cette « zone frontière » est un temps où la personne elle-même peut se sentir en ballottage.

La phase de transition sépare les deux périodes tout en les reliant. Elle implique de « mettre fin », supposant par là un processus de perte et de séparation. Cette séparation peut être complète (fin d'un travail, déménagement) ou incomplète (modification de la nature d'une relation, du sens donné au travail). Levinson rappelle que les processus de séparation et d'individuation sont étroitement reliés. Le travail de rupture, de deuil, de renoncement[5] est nécessaire ici. La transition suppose aussi un temps de suspension : « La personne est suspendue entre le passé et le futur et se débat pour surmonter le fossé qui les sépare » (Levinson, 1978, traduction libre), avec les caractéristiques de flottement, de fluidité et de suspension concomitantes. Enfin, la transition implique de nouveaux choix et la réorganisation d'une nouvelle structure de vie autour de ces choix. Comme on le voit, la transition implique un mouvement de séparation (remise en question de la structure de vie et, par ricochet, du *self*), suivi d'un mouvement de flottement puis d'un mouvement de reconstruction (de la structure de vie)[6].

Ces trois temps de la transition, Levinson les nomme *fin, individuation* et *initiation*, dans son article intitulé « A Theory of Life Structure Development in Adulthood » (1990).

Comment savoir que la phase de transition s'achève et que la structure de vie entre dans une phase de stabilité ? Lorsque les énergies de la personne sont de moins en moins allouées à résoudre les trois processus que nous venons de décrire et de plus en plus consacrées à la nouvelle structure de vie. Comme le dit Levinson :

> « Une phase de transition s'achève non pas lorsqu'un événement particulier survient et pas davantage lorsqu'une séquence est complétée eu égard à l'un des aspects de la vie, mais quand les tâches de *fin*, d'*individuation* et d'*initiation* ont moins d'urgence et que les tâches-clefs consistent à construire une nouvelle structure de vie, à vivre à l'intérieur de cette nouvelle structure de vie et à l'améliorer. » (1990, p. 50, traduction libre.)

---

5. Il faut lire le très beau livre de Judith Viorst (1988), *Les renoncements nécessaires*, publié chez Laffont.

6. Dans un article intitulé « Transition, transformation, crise développementale, individuation et liminalité », à paraître dans *Proceedings of the 2nd International Conference on the Future of Adult Life*, Amsterdam, juillet 1990, j'ai montré que la notion de liminalité (du latin *limen* qui signifie seuil), développée par Murray Stein (1983) et J.O. Stein (1985), permet de comprendre davantage ce qui se joue pendant les périodes de transition grâce aux trois phases de séparation, de liminalité proprement dite et de reconstitution.

5.2.4 Les phases et leur progression

Chaque phase est définie par les tâches développementales qui lui incombent (et non par des événements marquants comme le mariage ou la retraite), et il n'y a pas deux phases du cycle de vie qui soient identiques. Ces phases de vie, comme le fait remarquer Neugarten (1977, p. 634), sont largement fondées sur des événements communs et sociaux plutôt que sur des processus internes comme ceux que postulent Piaget, Kohlberg ou Loevinger.

Également, ces phases sont différentes des stades de l'*ego* d'Erikson. Levinson lui-même pointe les différences (nous reprenons son argumentation) :

❐ Erikson conçoit le développement adulte comme une série de stades dans le développement de l'*ego* tandis que Levinson le conçoit dans l'évolution de la structure de vie ;

❐ Erikson pose l'enjeu de chaque stade dans la résolution d'une polarité, ce que ne fait pas Levinson ;

❐ bien qu'il insiste sur l'importance de l'insertion du *self* dans le monde, Erikson, avec ses stades de l'*ego*, est grandement préoccupé des changements qui surviennent à l'intérieur (*within*) de la personne ; les phases de Levinson ont une consonance plus psychosociale ;

❐ la séquence des périodes, chez Levinson, ne va pas dans le sens d'un progrès.

Ce dernier point mérite notre attention car, semble-t-il, on a interprété les périodes de la structure de vie, chez Levinson, en leur attribuant tantôt un caractère de nécessité, tantôt une allure de normativité (Weick), tantôt encore une direction (une phase devant être résolue avant l'autre) et tantôt une idée de progrès (la suivante étant supérieure à la précédente). Or Levinson, en théorie du moins, est explicite là-dessus :

« Leurs stades [il vient de faire référence à la structure cognitive de Piaget (1970), à la structure morale de Kohlberg (1969) et à la structure de l'*ego* de Loevinger (1976) et ailleurs, d'Erikson], contrairement aux miens, forment une progression hiérarchique qui va des marches inférieures aux marches supérieures d'une échelle développementale. Dans ma théorie, les périodes forment une séquence invariante dans le temps, mais une période ne doit être entendue ni comme plus élevée ni comme plus avancée qu'une autre. » (Levinson, 1980, p. 280, traduction libre.)

Chez Piaget, le passage d'une structure à une autre suppose un progrès vers une structure plus forte, ce que n'endosse pas Levinson. Laissons-le encore une fois parler :

« Dans son récent volume *Structuralisme* (1970), Piaget fait une affirmation qui éclaire avec force nos similarités et nos différences. Il écrit : "Structure et genèse sont nécessairement indépendantes. La genèse est simplement une transition d'une structure à l'autre, rien de plus ; mais cette transition s'opère toujours d'une structure faible vers une structure plus forte ; c'est une transition *formative*" (p. 141.) De même que Piaget, je considère le développement comme étant l'évolution d'une structure. Les transitions sont toujours formatives et, en vérité, transformatives. » (Levinson, 1980, p. 281, traduction libre.)

Avec Piaget, Levinson reconnaît que la structure évolue du plus faible au plus fort quand il s'agit du développement pré-adulte, mais non quand il s'agit du développement adulte. Son texte est explicite :

« Au sujet de l'évolution de la structure de vie adulte, toutefois, les choses sont plus compliquées et notre connaissance et notre théorie sont plus primitives. Une structure de vie donnée n'est pas nécessairement plus forte (plus différenciée, plus fonctionnelle, plus avancée d'un point de vue de développement) que la structure précédente. » (Levinson, 1980, p. 281, traduction libre.)

Il faut donc écarter l'interprétation qui voit dans les phases de Levinson un ensemble de stades successifs à franchir les uns après les autres afin d'atteindre la maturité, et où le modèle devient normatif, progressif, nécessaire et téléologique.

Remarques sur l'évolution de la structure de vie

Premièrement, la structure de vie est d'abord et avant tout un concept ; c'est un outil pour analyser le tissu d'une vie humaine, outil qui décrit la configuration de la vie d'une personne à un moment de son existence. À mon avis, ce concept n'est pas, comme l'affirment Costa et McCrae (1989), « un concept hybride ayant pour but d'intégrer la psychologie intérieure de l'individu et le réseau social dans lequel il est imbriqué à un moment donné » (p. 49, traduction libre). Ou, s'il est hybride, ce n'est pas d'une manière péjorative, comme le laisse penser leur texte, mais de manière positive et créatrice ; en effet, c'est un concept nouveau qui, précisément, subsume les vieilles dichotomies intérieur versus exté-

rieur, personnalité versus environnement, psychologie versus sociologie, et qui propose, sur le plan théorique, un outil conceptuel
apte à rendre compte d'une conception holistique de l'être humain,
et ainsi, d'une nouvelle vision des choses.

Deuxièmement, comment ne pas souligner les liens de ce
concept avec le structuralisme ? L'expression même de structure
de vie en suggère la parenté ; la notion de « schème » a une résonance structuraliste et on a vu que Levinson lui-même leur reconnaît certains liens.

Troisièmement, comment ne pas faire un rapprochement avec
la notion d'« être-au-monde » analysée par Merleau-Ponty lorsqu'il
décrit l'homme comme « être-au-monde » ? En ce sens, le concept
de structure de vie s'enracine dans la phénoménologie et l'exis-
tentialisme. Il permet de saisir l'imbrication — non abstraite —
d'un homme dans son univers, de comprendre les lieux et formes
de son action, de voir comment sa personnalité influence les composantes de sa vie et est influencée par son engagement dans chacune d'elles.

Enfin, le concept de structure de vie est un concept charnière
entre la psychologie et la sociologie ; par l'intégration spécifique
qu'il fait du psychique et du social, il manifeste une perspective psychosociale, ce qui entraîne un cadre de lecture et d'analyse autre :

> « Théoriquement, la structure de vie forme un pont entre
> la structure de la personnalité et la structure sociale. Elle
> contient des éléments des deux mais les combine d'une
> nouvelle manière ; elle représente un plan d'analyse distinct. »
> (Levinson, 1980, p. 288, traduction libre.)

Grâce à la structure de vie, il devient possible de comprendre
les vies des personnes à travers la durée « avec une plus grande
complexité psychologique et sociale » (Levinson, 1980, p. 277,
traduction libre). En tant que telle, la structure de vie risque d'enrichir le cadre d'analyse de l'intervenant psychosocial.

La structure de vie évolue à travers diverses phases. Voyons
maintenant comment Levinson les décrit.

5.3 UNE BRÈVE DESCRIPTION DES PHASES

Les descriptions portent surtout sur deux des saisons : l'été et l'au-
tomne, respectivement l'ère du jeune adulte et celle du mitan de
la vie. Silence quasi total sur la vieillesse. Voici le schéma de
Levinson sur les phases de vie (figure 5.1), suivi d'une description
schématique.

FIGURE 5.1
**Les phases des saisons de jeune adulte et du mitan de la vie,
selon Levinson**

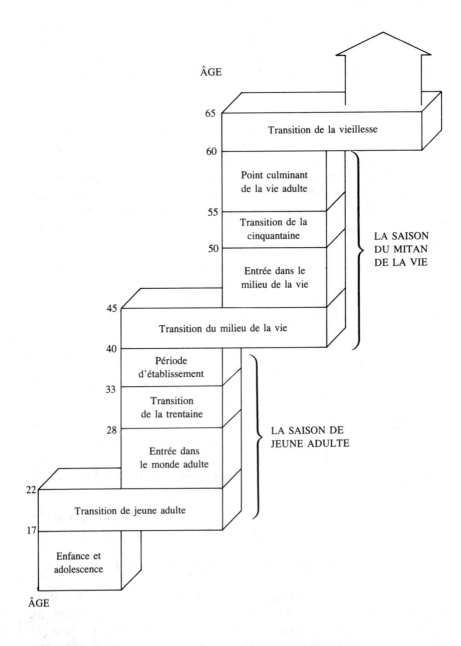

Source : Levinson, 1978, p. 57, traduction libre.

5.3.1   La saison de jeune adulte

L'ère de jeune adulte (17 à 45 ans) se subdivise en deux phases. La première, la phase novice, comprend trois moments : la transition de jeune adulte (17 à 22 ans), l'entrée dans le monde adulte (22 à 28 ans), la transition de la trentaine (28 à 33 ans). La deuxième phase est la phase d'établissement (33 à 40 ans). Voici les tâches respectives de chacune de ces phases.

La phase novice (de 17 à 33 ans)

Les quatre tâches majeures de la phase novice consistent en ceci :

❑ construire un *rêve de vie* et lui faire de la place dans la structure de vie ;

❑ établir une relation avec un *mentor* ;

❑ élaborer sa vie professionnelle ou son *travail* ;

❑ développer une *relation amoureuse, se marier, fonder une famille*.

Le rêve de vie, le mentor, le travail et l'amour sont également les quatre thèmes majeurs de la vie adulte et on les retrouve à toutes les phases.

Le rêve de vie

Dans sa forme primordiale, au dire de Levinson, le rêve de vie naît d'un sens originaire du *self* dans le monde. Il est donc étroitement lié à l'image de soi ; le rêve de vie d'un être, c'est son mythe personnel. Et quiconque aime comprendre les gens aura vite senti qu'en ce sens chacun possède sa mythologie.

À mi-chemin entre la réalité et l'illusion, entre le moi et le non-moi, entre le conscient et l'inconscient, entre ce qui est et ce qui pourrait être, entre la réalité externe et les images internes, le rêve de vie exerce diverses fonctions par rapport à la structuration de la vie. Le sentiment d'être vivant et celui d'avoir une existence significative peuvent moduler et fluctuer selon la place faite au rêve de vie dans la structure de vie.

Il ne faut pas confondre le *rêve de vie* avec l'idéal de vie, ni avec le projet de vie, comparables à la pointe visible de l'iceberg. Vouloir devenir médecin n'est pas un *rêve de vie* au sens où l'entend Levinson : ce peut être un rêve tout court, ce peut être un objectif ou encore un projet, mais pas un *rêve de vie*. Projet, rêve, idéal sont autant de manières de préciser, de décrire le *rêve de vie*, qui, lui, est plus fluide, moins précis, plus intuitif, moins conscient, relevant davantage d'une énergie motrice, cette énergie qui meut et anime la personne parfois à son insu. Souvent le jeune adulte peut discriminer ce qui ne l'attire pas, ce qui ne l'intéresse pas eu égard à des choix de vie ou encore à des choix professionnels : cette discrimination s'effectue en s'aiguillonnant — comme sur un radar — sur cette force motrice du *rêve de vie*.

Le *rêve de vie* subsume l'idéal, les aspirations, les projets, les valeurs, les attentes sur soi. À mes yeux, c'est une force intuitive et motrice, en grande partie inconsciente ; se développer comme adulte, c'est accéder graduellement à son *rêve de vie*.

L'une des tâches du jeune adulte est d'apprivoiser son *rêve de vie*, de lui faire une place concrète et réelle dans la première structure de vie qu'il ébauche. La façon dont il l'implante importe, puisque le rêve de vie peut être stimulant tout comme il peut devenir tyrannique :

> « Ça fait une grande différence dans la croissance [du jeune adulte], si sa structure de vie initiale est en concordance et en résonance avec le rêve ou si elle lui est opposée. Si le rêve demeure sans connexion avec la vie, il pourra tout simplement mourir et, avec lui, le sens d'être en vie et le but poursuivi. » (Levinson, 1978, p. 92, traduction libre.)

Selon Levinson, c'est surtout au cours de la transition de la quarantaine que l'adulte ré-évaluera les dimensions magiques du rêve. Une tâche du mitan de la vie sera de réduire la tyrannie du rêve. N'est-ce pas un effet du travail de la maturité que de perdre ses illusions ?

Le mentor

C'est, au dire de Levinson, une des relations les plus complexes et les plus importantes, qui se définit non pas à partir de rôles formels, mais à partir de son caractère et de ses fonctions.

Elle se caractérise comme une sorte de relation d'amour, comparable à la relation parent–enfant. Levinson attribue au mentor les fonctions suivantes :

❑ enseigner, contribuer à l'acquisition d'habiletés et au développement du jeune adulte ;

❑ répondre de lui, l'aider à faire son entrée dans un univers (par exemple, le travail) et l'appuyer dans son avancement ;

❑ l'accueillir et le guider ;

❑ servir de modèle au jeune adulte ; ce dernier l'admire, est stimulé par lui.

En résumé, le mentor soutient et facilite la réalisation du rêve de vie, un peu comme le « bon parent ». Ainsi que Levinson le fait remarquer, c'est une figure de transition : « L'intériorisation de figures significatives est une source majeure de développement pendant la vie adulte. » (1978, p. 101, traduction libre.) Dans sa recherche, Levinson observe qu'en général le mentor est l'aîné de plusieurs années (entre huit et quinze ans) de celui qu'il guide et que cette relation dure de deux à dix ans. Quelques-uns des sujets ont un mentor symbolique (par exemple, un grand écrivain) et peu de sujets ont eu un mentor après 40 ans ; certains le sont devenus. Au dire de Levinson, être mentor peut être une expérience très gratifiante ; cette expérience va dans le sens de la générativité d'Erikson.

Le travail

C'est une tâche importante et fort complexe qui incombe au jeune adulte que de transformer ses intérêts et ses ressources en une occupation professionnelle ; cette tâche peut s'étendre au-delà de la phase novice. Levinson souligne ceci :

> « L'un des grands paradoxes du développement humain est que nous sommes appelés à faire des choix cruciaux bien avant d'avoir la connaissance, le jugement et la compréhension de soi nécessaires pour choisir avec sagesse. » (Levinson, 1978, p. 102, traduction libre.)

Cela vaut et pour le choix d'un travail et pour le choix d'un partenaire de vie.

Le mariage et la famille

Levinson dit que la quatrième tâche consiste à se marier (ce qui peut s'élargir à choisir un partenaire de vie) et à fonder une famille.

Après avoir souligné que, dans la vingtaine, la plupart des hommes ne sont pas prêts à s'engager avec une femme et à fonder une famille, et après avoir énuméré différentes images de la femme, il montre le rôle de la *femme spéciale*. Comme le mentor, elle est une figure de transition. Elle possède une qualité « spéciale » parce que, d'une part, elle est directement branchée sur le rêve de vie du jeune homme et que, d'autre part, elle anime chez ce dernier la part du *self* qui contient le rêve de vie, tout en lui aidant à implanter son rêve. Ce n'est qu'avec le temps qu'il sera libre de voir sa femme telle qu'elle est et qu'il pourra comprendre la nature de leur relation.

Rapidement, Levinson nous met en garde en disant que c'est très difficile de construire une structure de vie autour du rêve de vie d'une personne et qu'a fortiori c'est une tâche héroïque que d'élaborer une structure qui contient le rêve de vie de deux partenaires, tâche pour laquelle ni l'évolution ni l'histoire ne nous ont préparés, car « ... si en supportant son rêve [à lui] elle perd le sien, son développement en souffrira et éventuellement, tous deux devront en payer le prix » (Levinson, 1978, p. 109, traduction libre).

Le rêve de vie, le mentor, le travail, l'amour forment pour ainsi dire quatre nœuds centraux qui seront constamment à l'œuvre dans le développement ; ils réapparaîtront avec plus de force lors de la transition du mitan de la vie.

Outre les quatre tâches majeures, Levinson décrit des sous-tâches correspondant à chaque moment.

Pour *la transition du jeune adulte* (entre 17 et 22 ans), il distingue les tâches suivantes :

❑ mettre fin à la structure de vie de l'adolescence et quitter l'univers pré-adulte (processus de terminaison) ;

❑ faire ses premiers pas dans le monde adulte en explorant des possibilités, en faisant des choix provisoires (processus de commencement).

Pour *l'entrée dans le monde adulte* (entre 22 et 28 ans), où l'on voit apparaître la première structure de vie stable, Levinson décrit deux tâches :

❑ explorer ses possibilités à travers des choix provisoires par rapport à un travail, à une relation amoureuse, à un style de vie, à des valeurs. Il s'agit d'ouvrir ses horizons ;

❑ créer une structure de vie stable de façon à prendre racine, à se définir de manière non définitive comme adulte.

Ces deux tâches sont antithétiques et difficiles, car le jeune adulte mène de front les multiples facettes de sa structure de vie.

Enfin, pour *la transition de la trentaine* (entre 28 et 33 ans)[7], Levinson dit que les tâches consistent à évaluer les premiers choix et à envisager le futur. Ce processus peut s'accomplir en douceur,

---

7. Pour avoir une idée plus concrète de la transition de la trentaine, le lecteur pourra consulter l'analyse que Jean, 34 ans, a rédigé sur cette phase de son cycle de vie à la sous-section « Les étudiants adultes s'expriment », à la fin de ce chapitre.

mais parfois il entraîne une crise. C'est l'occasion de jauger jusqu'où ses choix s'ajustent à son rêve de vie et de mesurer l'écart entre le rêve et la réalité.

La phase d'établissement (de 33 à 40 ans)[8]

La phase d'établissement coïncide avec la construction d'une deuxième structure de vie ; elle comporte deux tâches principales, soit se faire une place dans la société et travailler à son avancement. C'est le moment où un homme fait en sorte que son rêve s'implante, poursuit ses ambitions et devient le héros du scénario qu'il s'est bâti.

Dans la phase d'établissement, Levinson distingue deux temps auxquels correspondent des tâches spécifiques. Pendant le premier temps (33 à 36 ans), il s'agit de se définir une entreprise personnelle pour réaliser ses ambitions de jeunesse. Pendant le deuxième temps (36 à 40 ans), il s'agit de devenir soi-même en affirmant sa propre voix. Cet effort pour devenir un adulte à part entière peut réactiver des conflits pré-adultes non résolus : le petit garçon réapparaît à l'occasion ; il peut aussi y avoir des brouilles et des ruptures avec le ou les mentors. Au terme de cette saison où il fut apprenti-adulte, l'individu se retrouve adulte senior.

5.3.2 La saison du mitan de la vie

La saison du mitan de la vie s'étend de 40 à 65 ans. Levinson distingue aussi quatre moments avec leurs tâches développementales respectives.

La transition du milieu de la vie (de 40 à 45 ans)[9]

Cette transition de la quarantaine constitue la plus importante du cycle de vie. Elle comporte trois tâches. La première consiste à réévaluer son passé : l'adulte révise sa structure de vie à la lumière

---

8. Pour avoir une idée plus concrète de cette phase d'établissement, le lecteur pourra se référer à l'analyse que Fernand, 37 ans, fait de cette période de son cycle de vie, à la sous-section « Les étudiants adultes s'expriment », à la fin de ce chapitre.

9. Encore ici, le lecteur pourra consulter l'analyse plus concrète que Karine, 39 ans, fait de cette phase de vie en l'appliquant à son propre cycle de vie, à la sous-section « Les étudiants adultes s'expriment », à la fin de ce chapitre.

du fait qu'il peut mourir et avec un désir d'utiliser autrement son temps. C'est un moment de désillusion qui permet un nouvel ajustement à la réalité de ce qu'il est et du monde dans lequel il évolue. En conséquence, la deuxième tâche consiste à modifier sa structure de vie en réajustant son travail, son rêve, ses relations avec son mentor, sa relation amoureuse et son mariage. La troisième tâche pour l'adulte est d'atteindre une plus grande individuation en composant avec les polarités qui s'expriment en lui, soit les polarités jeune–vieux, destruction–création, masculin–féminin et attachement–séparation. Ces polarités ne sont pas spécifiques à la quarantaine, mais elles se manifestent de manière particulière pendant cette transition. Voyons cela d'un peu plus près.

Être *jeune* est un symbole de naissance, d'énergie, de possibilité ; être *vieux* est un symbole de fin, de stabilité, de récolte. Avec la quarantaine, devant le chemin parcouru et celui qui reste à parcourir, l'adulte se sent à la fois jeune et vieux : vieux parce que des phases de vie s'achèvent et jeune parce que certaines possibilités de son être veulent naître. Le besoin de laisser sa trace se fait plus pressant, teinté d'un désir d'immortalité, imprégné de la perspective — non abstraite maintenant — de sa propre mort.

Entrevoir sa propre mortalité rend l'individu sensible au processus universel de *destruction* qu'il reconnaît en lui et auquel s'opposent ses forces de *création*. Il recherche une nouvelle répartition du pouvoir et de l'amour dans sa structure de vie.

De même, pour la polarité *masculin–féminin*, une nouvelle organisation apparaît ; les forces masculines et féminines sont moins divisées dans le *self* et elles sont réaménagées autrement. Cela peut entraîner une nouvelle manière de percevoir sa mère et son père ; l'adulte est plus libre par rapport au « père » et à la « mère » qu'il a intériorisés. La transition du milieu de la vie fournit aussi l'occasion de modifier le caractère des relations qu'il a construites avec les femmes et de réviser la signification de l'amour ; de plus, sa façon d'être mentor peut devenir moins compétitive.

La polarité *attachement–séparation* est réactivée. Être attaché, c'est être engagé, enraciné dans le monde. L'attachement[10] fait appel à toutes les forces qui relient la personne à son environnement. Être séparé, ce n'est pas être isolé ou seul (*loneliness*), car une personne seule (*aloneness*) est fermement attachée au monde extérieur. Être séparé, c'est principalement être concerné par son monde intérieur. Réévaluer sa structure de vie et tirer parti de ses désillu-

---

10. Ce concept d'attachement a peu à voir avec celui développé par Bowlby.

sions exigent que l'adulte retourne à l'intérieur de lui-même en vue de démêler ce qu'il est de l'écheveau des pressions extérieures.

Pour 80 % des sujets interrogés par Levinson et son équipe, cette transition est vécue comme une crise, crise décrite par l'un des sujets comme étant provoquée par des voix jusqu'ici silencieuses qui attendaient dans sa maison intérieure et qui veulent maintenant se faire entendre.

L'entrée dans le milieu de la vie adulte (de 45 à 50 ans)

De 45 à 50 ans, c'est le milieu de la vie adulte. Les principales tâches consistent à faire de nouveaux choix, à donner un sens à ces choix et à les implanter, c'est-à-dire à construire une nouvelle structure de vie autour d'eux.

La transition de la cinquantaine (de 50 à 55 ans)

La transition de la cinquantaine devrait ressembler à celle de la trentaine. Pour cette transition, comme pour la phase suivante, Levinson se contente de formuler une hypothèse, car aucun de ses sujets n'a atteint cet âge.

Le point culminant de la vie adulte (de 55 à 60 ans)

Enfin, de 55 à 60 ans, c'est le moment que Levinson désigne comme étant le point culminant de la vie adulte. Il pose l'hypothèse qu'il s'agit de construire une nouvelle structure de vie.

Quelques mots sur l'ère de la vieillesse

Comme aucun des sujets n'avait atteint cet âge, Levinson présume qu'il y a un moment de transition (transition de la vieillesse, de 60 à 65 ans) où se défait la structure de vie établie et où se prépare la suivante. Et de fait, dans notre société, c'est souvent l'époque de la préparation à la retraite.

5.3.3   Des remarques sur les phases

Que penser de ces phases ? D'abord il faut redire à quel point elles sont inégalement étudiées par l'équipe de Levinson. Le matériel recueilli auprès des 40 hommes couvre surtout la deuxième et la troisième saison, de sorte que les analyses les plus percutantes recouvrent un laps de temps, somme toute, relativement court.

Le découpage en périodes d'une durée de cinq à sept ans, pour satisfaisant qu'il soit pour tout esprit pythagoricien, paraît trop tranché. D'une part, l'expérience de chacun entre difficilement dans ces tiroirs chronologiques où les événements de vie risquent de dépasser comme des chemises mal rangées, et, d'autre part, dans la réalité, la frontière est beaucoup plus ténue entre les phases de stabilité et les phases de transition. À la limite, on pourrait même discuter l'idée de l'alternance de ces phases ; il suffirait d'opter pour une vision dialectique du changement ou d'insister sur le principe d'homéostasie.

Enfin, on peut douter de l'universalité de la séquence proposée par Levinson. D'ailleurs, une étude empirique de Fiske (1978b) infirme l'existence de telles phases.

Bref, si dans un premier temps la ponctuation de la séquence du cycle de vie en phases aussi découpées est séduisante, dans un second temps, elle résiste mal à l'analyse. Qu'y voir d'autre que des indicateurs suggestifs ?

Quant aux tâches qui y sont rattachées, il y a aussi beaucoup à dire. D'abord, on constate qu'après la transition du milieu de la vie, le modèle devient répétitif (fin d'une structure de vie, début d'une nouvelle, etc.). Mais on note avec plaisir que les quatre tâches majeures de la phase novice sont retravaillées dans la transition de la quarantaine. D'ailleurs, Levinson fait une analyse fort pénétrante de la modification de la structure de vie au cours du mitan de la vie, qui passe tantôt par le réaménagement du rêve de vie, du travail, de la relation au mentor et des relations d'amour, tantôt à travers une lecture dynamique des polarités.

Ce sont en somme ces deux idées, perlaboration des quatre tâches novices et réorganisation des polarités, qui, plus que l'idée des phases, passent la rampe. Elles fournissent une grille d'analyse descriptive qui permet aux étudiants adultes de mettre en mots des pans de leur expérience qui, jusque-là, dormaient sous forme d'intuitions plus ou moins floues.

Enfin, les descriptions et analyses de Levinson sont plus complexes, plus fines, plus étoffées pour la transition de la quarantaine que pour toute autre phase. Pas étonnant que, dans la psychologie populaire, on ait fait « gros plan » sur la crise de la quarantaine.

Il faut aussi questionner le rapprochement entre des tâches qui surgissent à l'occasion des rôles (mari, père, écrivain, biologiste, etc.) et leur inscription dans une phase de vie. Loin d'être des occasions de croissance, le modèle laisse parfois croire, malgré le discours théorique de Levinson qui énonce le contraire, qu'elles sont nécessaires au développement. Ainsi que le dit Weick :

> « Des auteurs tels que Levinson, qui renchérissent sur des phases reliées à l'âge, tendent à figer les rôles sociaux qui accompagnent les transitions liées à des âges. Dans cette perspective, les rôles sociaux ne sont pas seulement des occasions possibles de développement, mais se présentent comme nécessaires au développement. » (1983, p. 132, traduction libre.)

Il est facile en effet, pour le lecteur moyen, de mesurer sa conformité au modèle et de croire qu'il ne peut pas atteindre la maturité s'il ne passe pas à travers la séquence dans sa totalité. Levinson affirme en toutes lettres que la résolution d'une tâche n'est pas préalable à une autre. Pourtant, l'ensemble de son travail a souvent donné lieu à l'interprétation opposée. En ce sens, Hultsch et Plemons soutiennent ceci :

> « Tandis que Levinson ne clarifie pas explicitement si sa théorie est orientée vers un but, le but est implicite. Il suggère qu'il existe, à tout le moins potentiellement, une séquence de développement optimale et remarque que de ne pas réussir à faire certaines transitions peut entraîner des dysfonctionnements développementaux. Par exemple, Levinson fait l'hypothèse que si un homme ne fait pas un progrès significatif vers la phase d'établissement autour de 34 ans, les chances qu'il développe une structure de vie satisfaisante sont minces. Il note également que plusieurs hommes qui n'ont pas connu une crise significative du milieu de la vie sont incapables de continuer de se développer plus tard. » (1979, p. 9, traduction libre.)

Le schéma sur les phases (figure 5.1), qui dans son graphisme même suggère la forme d'un escalier ou l'élan d'une force explosive, n'évoque-t-il pas une idée de progression ou d'éclatement ? Cela nous amène à nous demander à quel genre de système explicatif se rattache le modèle de la structure de vie.

5.4   LES FONDEMENTS ÉPISTÉMOLOGIQUES

On peut en effet expliquer le développement adulte en faisant appel à des systèmes de compréhension qui s'enracinent et qui s'appuient sur une vision du monde et des choses bien différente. Par exemple, on peut penser que la personne change parce qu'elle réagit à son environnement et que le changement est le résultat d'une stimulation extérieure, ou bien on peut penser que l'organisme humain est actif et vivant et insister sur l'interaction entre l'adulte et son environnement. On peut encore penser que le développement adulte est orienté dans une direction, vers un but, ou au contraire qu'il ne l'est pas. Comme on le voit, en considérant ces points on change de lieu de réflexion, on passe à des questions épistémologiques. C'est un peu comme si on regardait l'architecture d'un modèle et qu'on s'attardait sur ses fondements et sur les relations qu'il présuppose.

Le modèle de l'évolution de la structure de vie possède plusieurs caractéristiques qui le rattachent à une épistémologie organismique[11]. Hultsch et Plemons (1979, p. 8 et 9) ont défini des critères à partir desquels il est possible de distinguer si un modèle est mécaniste (MM) ou organismique (MO) et ils ont montré comment la théorie de Levinson relève d'un métamodèle organismique. Reprenons l'essentiel de leur discussion.

Premier critère : *la complexité organisée (MO)*. Chez Levinson, le développement implique une totalité organisée (MO) plutôt qu'un ensemble d'éléments discrets où les événements de vie sont des causes linéaires qui s'additionnent (MM). Cette totalité orga-

---

11. D'ailleurs la majorité des auteurs analysés dans ce livre s'inscrivent dans une telle épistémologie ; c'est le cas de Bühler, Kühlen, Erikson, Neugarten, Havighurst, Levinson, Gould, Vaillant, Colarusso et Nemiroff, bien que nous ne le mentionnions pas chaque fois. À côté des modèles mécanistes et organismiques, Stevens-Long (1979) distingue les modèles dialectiques. Voici succinctement la définition qu'elle donne de chacun et les auteurs qu'elle regroupe sous chacune de ces trois rubriques. Le *modèle mécaniste* pose que l'être humain fonctionne comme une machine ; il postule une causalité linéaire entre le monde extérieur et l'organisme. Ainsi l'organisme est-il plus réactif qu'actif et l'environnement est-il premier par rapport à ce dernier. Ahammer (1973) et Brim et Wheeler (1966) sont identifiés comme représentants de ce modèle. Le *modèle organismique* affirme que l'être humain se développe par différenciation et que l'organisme est constamment en transition. Il postule que l'organisme est actif et qu'il fonctionne de façon holistique ; le développement se fait donc par changement structural. L'école de Chicago (Erikson, Havighurst et Neugarten), Piaget et Kohlberg en sont des tenants, au dire de Stevens-Long. Enfin, le *modèle dialectique* s'appuie sur une causalité dialectique ; il présume une interaction entre l'organisme, l'environnement et l'histoire culturelle et sociale. Le développement est le produit de l'interaction entre un système changeant, l'organisme, et un monde changeant, l'environnement. Stevens-Long cite Riegel et Erikson comme représentants de ce modèle. Notons qu'il est étonnant de voir Erikson sous deux rubriques, soit comme tenant du modèle organismique et comme dialecticien.

nisée, c'est la structure de vie qui renvoie à une interaction et à une transaction entre les trois aspects décrits plus haut, le monde socioculturel, les rôles et le *self*.

Deuxième critère : *la relation structure–fonction (MO)*. La théorie de Levinson insiste sur la relation structure–fonction (MO) plus que sur la relation antécédent–conséquent (MM). Les diverses tâches développementales des phases constituent un ensemble de fonctions et elles sont remplies par les différentes structures de vie ; dans la pensée de Levinson, « les événements de vie et les événements historiques ne sont pas les causes mais les composantes intégrales de la complexité organisée » (Hultsch et Plemons, 1979, p. 8, traduction libre).

Troisième critère : *le changement structural (MO)*. En décrivant l'évolution de la structure de vie, Levinson met l'accent sur le changement structural (MO) plutôt que sur le changement réactif (MM) :

> « Pour Levinson, l'examen des événements tels que le mariage, le divorce, la naissance d'un enfant et la retraite, ou celui des caractéristiques du *self* telles que l'anxiété, l'introversion, la force de l'*ego*, peuvent seulement produire diverses biographies. C'est le changement structural, ou "la vie en tant qu'elle évolue", qui doit être analysé. » (Hultsch et Plemons, 1979, p. 9, traduction libre.)

Quatrième critère : *la discontinuité du changement (MO)*. Les nouvelles propriétés de la structure de vie ne sont pas réductibles aux événements antérieurs et les changements décrits sont plus qualitatifs que quantitatifs ; ainsi, la théorie de Levinson met l'accent sur la discontinuité du développement (MO) plutôt que sur sa continuité (MM).

Cinquième critère : *l'universalité du modèle*. Malgré deux réserves (cette séquence vaut pour les hommes et pour cette période historique-ci), Levinson nous laisse penser que cette séquence s'enracine dans la nature humaine et qu'elle décrit le cycle de vie masculin en vigueur depuis plusieurs centaines d'années ; il insiste donc sur le caractère universel de son modèle (MO) plus que sur sa relativité (MM). Selon les critères de Hultsch et Plemons, le modèle de la structure de vie appartient à une épistémologie organismique.

Que conclure, sans reprendre les unes après les autres les re-marques rédigées au fur et à mesure du développement de chacun des points ? Brièvement, disons que... de Levinson, nous retenons moins la lecture des phases de vie que la notion d'évolution de la structure de vie, qui nous semble une notion-clef en dévelop-pement adulte à cause de sa dimension psychosociale. De Levinson aussi, nous retenons moins les tâches spécifiques reliées à des âges (ou à des sous-phases) que la description des quatre tâches majeures, l'analyse des polarités et la résurgence des quatre tâches majeures de la phase novice à la transition de la quarantaine, et tout au cours de la vie adulte. Par ailleurs, le modèle de la structure de vie est une occasion de comprendre certains présupposés de type organismique. Voyons maintenant ce qu'en pensent les étu-diants adultes.

LES ÉTUDIANTS ADULTES S'EXPRIMENT

Pourquoi Levinson ?, par Hugues, 52 ans

Sans doute ai-je été séduit par le style très simple, où perce un souci de clarté et de grande rigueur, et par la sobriété éloquente des biographies. J'ai aussi apprécié la modestie des auteurs, qui ne claironnent pas des affirmations péremptoires, mais se contentent de proposer des hypothèses assez convaincantes parce que davantage fondées sur les résultats de recherches solides que sur des spéculations intellectuelles.

Les biographies jalonnent l'ouvrage et se déroulent au fur et à mesure que les théories se précisent, servant alors d'illustrations très claires et très vivantes des propos avancés tout en laissant respirer et reposer ma concentration. J'ai pris beaucoup d'intérêt à la présentation des confidences des différents personnages ; j'ai été frappé de la justesse des conclusions de Levinson, mais parfois je me suis demandé avec un certain scepticisme si les choses ne sont pas un peu arrangées. L'auteur nous affirme certes qu'il n'avait que très peu d'hypothèses de travail au départ et certainement pas d'idées préconçues, mais je trouve parfois qu'à partir d'un échantillonnage restreint, trop de précision ou trop d'audace dans les interprétations risque de nuire à la portée générale des propositions.

La transition de la trentaine, par Jean, 34 ans, célibataire

Tout d'abord il me paraît essentiel de décrire le contexte dans lequel s'est effectuée cette période de transition. Ce fut pour moi une période de « crise » (Levinson, 1978, p. 86-87) évidente ; j'y ai vécu trois bouleversements : un changement d'occupation, une faillite et une rupture sentimentale. Tout cela contribuait à rendre ma structure de vie « intolérable » ou vice versa : je subissais un niveau d'anxiété et de stress considérable, conduisant à un « sentiment de confusion » (qu'est-ce qui se passe dans ma vie ?), à la perte du sens de la direction[12]

---

12. Selon R. Bédard (1983), la perte du sens de la direction est un des critères qui distingue la crise de la transition. Se référer à la page 281 de ce volume.

(quelles sont les nouvelles directions que je dois choisir ?) et à un certain déséquilibre psychologique, surtout émotif.

À l'analyse, ces divers états d'âme me semblent reliés au besoin de changement dans la structure de vie expérimentée jusque-là. Et surtout à la place qu'occupait ce besoin : il se faisait sentir de façon plutôt « urgente » ! « Si je dois faire des changements dans ma structure de vie, c'est le moment ou jamais » (Levinson, 1978, p. 85, traduction libre).

Je n'aimais plus ce que je faisais (photographie d'enfants), mais j'avais contracté des obligations (maison, commerce, auto...) ; j'étais pris dans le dilemme de celui qui veut changer mais qui, faute de mieux, s'enlise dans une situation de plus en plus insupportable. J'étais envahi par un sentiment de doute quant à ma capacité de changer ma situation présente, en d'autres termes, de réaliser la principale tâche développementale reliée à cette période : évaluer les premiers choix et modifier ma première structure de vie (Levinson, 1978, p. 85, traduction libre).

Évaluation des premiers choix

Voyons comment se sont faites l'évaluation des premiers choix et la modification de la première structure de vie à travers les quatre tâches de la phase novice (17 à 33 ans).

1. *« Former un RÊVE et lui donner une place dans sa structure de vie »*

    Durant l'adolescence, je me suis formé le RÊVE suivant : je me voyais comme un « professionnel » avec tous ses attributs de réussite, à l'aise financièrement, considéré, écouté, bien vu, cultivé... Je voulais des relations égalitaires et stables avec une femme et peut-être fonder une famille, mais plus tard, dans la trentaine.

    Ce rêve a souvent été mis de côté pour des expériences de vie plus concrètes. J'y allais plus par essais et erreurs que par conviction. Les nécessités de la vie nous amènent souvent à faire de tels compromis. Je me retrouvais donc au début de la trentaine face à un rêve qui, de plus en plus, refaisait surface : je m'étais éloigné de mon RÊVE.

    Cette constatation vint à développer en moi un sentiment de grande frustration qui entraîna une remise en question et une détérioration de mes relations avec les autres. Je me sentais diminué, j'avais perdu confiance en mes capacités et j'avais l'impression de travailler dans le vide : bâtir un château de cartes susceptible d'être anéanti au moindre coup de vent. C'est à cette époque (31 ans) que j'ai vécu une troisième rupture et une faillite. Mais, comme le souligne Levinson, le fait d'avoir déjà formé un RÊVE dans la vingtaine me donnait « une meilleure chance d'épanouissement personnel, même si cela nécessite plusieurs années de bataille pour maintenir cette résolution et travailler à sa réalisation » (Levinson, 1978, p. 92, traduction libre).

2. « Établir une relation avec un MENTOR »

Selon Levinson, le MENTOR est un de ces personnages particuliers qui va faciliter l'atteinte du RÊVE, dans le sens où il possède plusieurs attributs recherchés par le jeune adulte.

En ce qui me concerne, j'ai l'impression d'avoir souffert d'un manque sur ce plan. Il y avait bien dans mon entourage quelqu'un que j'admirais tout particulièrement et c'était mon cousin François. Il était psychologue et enseignait au cégep à l'époque. Je l'ai même eu comme professeur à deux reprises. Il avait bien toutes les qualités que je recherchais (mon RÊVE), mais il n'a pas joué le rôle de conseiller et de guide. J'ai vraiment l'impression d'avoir manqué de soutien de ce côté-là. C'est peut-être ce qui explique pourquoi j'avais toujours cherché à réaliser mon RÊVE un peu à l'aveuglette et qu'à 30 ans j'étais insatisfait de ma situation, de ma structure de vie.

3. « Décider d'une OCCUPATION »

Il est intéressant de voir ce que Levinson conclut à ce sujet : « Décider (bâtir) de son occupation est un processus qui s'étend au-delà de la phase novice. » (Levinson, 1978, p. 105, traduction libre.) Il m'avait toujours paru évident que la majorité des individus choisissait un type d'occupation et s'y tenait tout au long de leur vie. Le fait de ne pas avoir vraiment choisi d'occupation dans la vingtaine éveillait chez moi des sentiments d'infériorité et de culpabilité. Il me manquait quelque chose. Je vivais une période d'interrogation et d'évaluation de ma situation.

Je me retrouvais donc dans la trentaine à faire des photos d'enfants à domicile, un métier sans avenir et qui ne répondait pas à mon RÊVE. Rempli d'insatisfaction, de culpabilité et de doute, je vivais une situation d'autant plus stressante que j'avais accumulé beaucoup de dettes. C'est à ce moment-là que j'ai tout abandonné et que j'ai fait faillite. Tout cela m'a amené à réfléchir longuement et je me suis senti comme soulagé. Cela me permettait, d'une manière peut-être forcée mais évidente, de changer d'occupation. J'ai travaillé par la suite comme coordonnateur d'un projet d'implantation d'un musée, pour aboutir comme agent de groupe auprès des jeunes. Je sais maintenant que la formation de la jeunesse est une ligne qui m'intéresse et qui est près de mon RÊVE : « un travail gratifiant pour le moi et pour la société » (Levinson, 1978, p. 102, traduction libre).

4. **« *Établir une relation AMOUREUSE, se marier et fonder une famille* »**

Dans la vingtaine je ne me sentais pas prêt à assumer les responsabilités du mariage. C'est qu'à cet âge-là « on ne sait pas vraiment ce que l'on fait et comment bien le faire » (Levinson, 1978, p. 107, traduction libre). Du moins, on n'est pas conscient de tout ce que cela entraîne. À 22 ans, j'ai opté pour un mariage à l'essai, qui a duré plus de deux ans. À 27 ans, même scénario. À 30 ans, après cette seconde rupture, je ressentais un « certain vide et des forces internes et sociales qui me poussaient à normaliser ma situation » (Levinson, 1978, p. 106, traduction libre).

Je voulais toujours établir des relations égalitaires avec une femme, une tâche essentielle dans la composante AMOUR selon l'auteur, une expérience que l'on devrait vivre avant de s'engager dans le mariage.

C'est au cours de cette année-là que j'ai vécu une période de crise. Comme je me sentais anxieux, insatisfait et diminué par mon emploi, j'étais plutôt susceptible et perturbé, ce qui déteignait sur mes relations avec les autres et surtout avec ma nouvelle amie. Il s'ensuivit une nouvelle rupture qui m'a affecté d'autant plus que cela se produisait en même temps que ma faillite commerciale. Par la suite, je me suis mis à réfléchir et à évaluer ce qui s'était passé. Je compris que je devais reformuler mes choix davantage en fonction de mon RÊVE et que la priorité serait accordée dorénavant au choix d'une occupation.

La période de transition de la trentaine (28 à 33 ans), que je viens tout juste de vivre, fut une période de crise, d'évaluation des premiers choix et de modification profonde de ma structure de vie. À 34 ans, j'entreprends une nouvelle période où toutes mes énergies sont concentrées à me « tailler une place dans la société [...] en travaillant à mon avancement dans une occupation qui est plus compatible avec mes talents, mes possibilités et avec mon RÊVE » (Levinson, 1978, p. 140, traduction libre).

La phase d'établissement, par Fernand, 37 ans

Levinson subdivise cette période en deux sous-périodes pendant lesquelles l'homme va, entre 33 et 36 ans, se définir une entreprise personnelle pour ensuite, entre 36 et 40 ans, tenter de devenir « soi-même ». C'est la période où l'homme concrétise ses rêves de jeunesse ; il se distingue « en mettant son nom sur la carte ». Il travaille à atteindre les buts qu'il s'est fixés. Il devient un véritable adulte et il s'affirme de plus en plus. Il acquiert plus de pouvoir et d'autorité.

Définir une entreprise personnelle (33 à 36 ans)

Selon Levinson, c'est entre 33 et 36 ans que l'homme ressent le besoin de devenir un adulte à part entière. Durant cette période, l'homme établit une échelle de priorité parmi les buts qu'il s'est fixés et structure sa vie afin de réaliser les aspirations de sa jeunesse.

Personnellement, c'est à cette époque que j'ai réalisé que plusieurs facettes de ma personnalité étaient restées dans l'ombre. C'est ainsi que tout d'abord je me suis marié. J'avais 33 ans. Quelques mois plus tard, je décrochais un poste de cadre intermédiaire au sein d'une entreprise multinationale. C'était un emploi stable et bien rémunéré. À 35 ans, je devenais l'heureux propriétaire d'une maison de banlieue, un rêve que je caressais depuis toujours. J'étais en train de me tailler une place dans la société.

Cette démarche est en accord avec la grille de Levinson. Ce faisant, je me construisais une base sur laquelle bâtir mon avenir et je comblais par la même occasion un grand besoin de stabilité qui montait en moi. Comme le dit Levinson, c'est la période où l'homme va faire des compromis pour maintenir la stabilité qu'il vient de se créer. C'est d'ailleurs ce que j'ai fait pour ne pas déstabiliser ma structure de vie. J'ai surtout fait des concessions sur le plan de mon travail et ceci m'a plongé dans un profond état de crise.

J'étais incapable de gravir les échelons du monde professionnel auquel j'appartenais et j'ai quand même conservé cet emploi jusqu'à l'âge de 37 ans. Je m'apitoyais sur mon sort et vivais de graves moments de dépression ou encore devenais d'une extrême agressivité envers mes supérieurs. En désespoir de cause, j'ai suivi une psychothérapie qui a duré trois ans. C'est ainsi que j'ai découvert ma véritable personnalité.

Excluant la période de crise, je respecte encore ici la grille de Levinson en ce sens que je n'hésite pas à investir toutes les énergies nécessaires afin de vivre en fonction de mes choix initiaux. J'ai exclu, tantôt, la période de crise en tant que telle parce que Levinson ne mentionne en aucune façon que durant cette période l'adulte puisse être en état de crise.

Devenir soi-même (36 à 40 ans)

Levinson note que durant cette période l'adulte vise à l'indépendance. Il veut être lui-même et refuse d'être dominé par les situations. Pour ma part, je percevais mes patrons comme des exploiteurs. Au travail, je manifestais trop d'individualité et mettais ainsi mon emploi en péril.

Le temps était venu d'agir. À 37 ans, j'ai estimé que ma situation familiale et sociale était suffisamment solide ; aussi, après en avoir discuté avec mon épouse, j'ai démissionné de mon travail et suis retourné aux études à plein temps.

Je constate que cette prise de décision a été pour moi une façon de m'affirmer. Presque tous les gens de mon entourage ont désapprouvé ma démarche, y compris mon mentor. C'est un homme de 50 ans, propriétaire d'une petite entreprise spécialisée dans l'électronique. C'est lui, grâce à ses contacts dans les milieux industriels, qui m'avait procuré mon premier emploi.

Il n'a jamais accepté ma décision de retourner aux études et ne s'est pas gêné pour me le faire savoir ; c'était comme si j'avais bafoué la confiance qu'il avait mise en moi. De plus, il considérait les sciences sociales comme un domaine qui n'était pas digne d'intérêt. Nous avons eu des discussions animées, pour ne pas dire orageuses, à ce sujet. C'est suite à l'une de ces discussions que j'ai brisé les derniers liens que j'entretenais avec lui. Depuis ce jour, nous ne nous sommes jamais revus.

Dans sa grille, Levinson souligne que c'est effectivement à cette époque que l'adulte en puissance rejette son mentor, afin de devenir mentor à son tour. Il devient un adulte « senior » et désire augmenter son pouvoir et son autorité.

Conclusion

Les travaux de Levinson révèlent que la plupart des hommes, c'est-à-dire environ 75 %, ne modifient pas leur structure de vie au cours de la période d'établissement. Le fait que, moi, j'ai changé ma struture de vie en abandonnant mon travail et en retournant aux études, me place dans un groupe marginal qui correspond à 13 % des hommes qui ont participé à l'enquête de Levinson. Cette marginalité est d'ailleurs accentuée par le fait que j'ai vécu une période de crise intense entre 33 et 36 ans. Levinson, dans ses recherches, ne rejette pas le concept de crise mais le limite à deux groupes d'âge : les 28 à 33 ans et les 40 à 45 ans.

Entre deux phases, par Karine, 39 ans, mariée

J'ai 39 ans. J'en suis à mon deuxième mariage. J'ai deux enfants, un de chaque mariage. En considérant le modèle de Levinson, je me demande à laquelle des saisons et des périodes j'appartiens : le devenir soi-même du jeune adulte (36 à 40 ans) ou la transition du milieu de la vie (40 à 45 ans) ? Je me reconnais dans la période de transition du milieu de la vie adulte ; cependant, certains aspects concernant mon travail me semblent appartenir au stade développemental précédent.

En comparant ma structure de vie à la grille de Levinson, je constate des ressemblances avec deux périodes faisant partie de deux saisons différentes. Considérant le nombre de mes activités de travail et de perfectionnement et considérant mes projets, la stabilité de mon intimité et de ma famille, ma structure de vie serait arrivée à la période stable de l'établissement de la saison du jeune adulte et plus précisément à la sous-période du « devenir soi-même ».

*D'autre part, les tâches de ma structure de vie actuelle pour-
raient être interprétées autrement. Les termes de la période
de transition de la saison du milieu de la vie conviendraient
tout aussi bien : finalisation de l'entreprise de la saison précédente, choix et nouvelles orientations ; dans un processus
d'individuation, tentative de composer avec les polarités
(jeune–vieux, création–destruction, féminin–masculin, être en
contact–séparation), sans oublier la perspective du déclin biologique et la perte des illusions.*

*Quand on entreprend de faire l'analyse d'un cycle de vie selon
une grille, qu'est-ce qui justifie l'utilisation de la première
ou de la deuxième phase ?*

*Devant ce décalage, je m'interroge. Dans l'optique de l'unicité
du rythme des périodes évolutives, des segments de la structure
peuvent avoir leur propre rythme, des événements antérieurs
les ayant modifiés : la famille, le divorce, l'investissement dans
l'établissement d'une nouvelle intimité et la reconstitution de
la famille. La valeur de « femme au foyer » du premier mariage
jointe à la période de questionnement et d'ajustement d'un
divorce ont dû ralentir, voire arrêter momentanément, l'évolution d'un métier encore à sa période d'exploration. D'autre
part, le bilan propre au divorce, sur l'intimité avec le conjoint
et le rêve de vie, a pu avoir l'effet contraire.*

*L'amorce de la période de transition m'enlève toute perspective.
Cette nouvelle saison est pourtant importante. C'est la deuxième
moitié de ma vie. L'absence de révision et de réévaluation
apporte un autre questionnement. Ont-elles eu lieu, comme je
le crois, à la période précédente ou sont-elles reportées à plus
tard ? Dans ce cas-ci, quels aspects prendront-elles ? Ou encore, ce processus s'effectue-t-il par transfert ? La mise en
scène d'une pièce de théâtre provoque parfois une revue en
profondeur des aspects intérieurs et extérieurs de la structure
de vie. La dernière pièce que j'ai produite au printemps dernier
a ravivé une tranche de vie qui a suscité une réévaluation de
mon intimité, de mes valeurs, de mes amitiés, de ma relation
avec mes filles.*

*En résumé, je suis tout juste arrivée à mi-chemin de mon cycle
de vie. Cette nouvelle transition est bien remplie. La tâche
développementale principale semble être d'apprendre à vivre
avec les polarités de la vie adulte.*

*Dans l'ensemble, la grille ouverte de Levinson élimine le ju-
gement de valeur. L'unicité des rythmes et la structure de vie,*

les processus continus d'individuation et de séparation et la poursuite des tâches de la période précédente rendent son modèle significatif pour chacun. On ne se sent pas mal à l'aise de ne pas avoir terminé une période alors qu'il faudrait se mettre à la tâche de la suivante. La rigidité de la séquence des saisons et de la trajectoire linéaire rappelle le destin. À l'intérieur de la fatalité de la naissance, il y a place pour des choix et pour une possibilité infinie de vies.

Quelques points forts chez Levinson et... chez moi,
par Hugues, 52 ans

Le rêve hier et aujourd'hui

Les idées de Levinson sur la formation de notre rêve ont déclenché chez moi une prise de conscience assez nouvelle : l'importance du rêve initial et, à mon sens, l'importance encore plus grande du rêve renouvelé. Ce dernier, je le sens aussi fort mais moins ambigu, car construit sur des bases beaucoup plus solides. J'ai été fort impressionné, à la lecture des biographies de Levinson, de retrouver chez certains hommes (W. Paulsen, James Tracy, Paul Namson) des itinéraires très différents du mien, mais offrant sous certains aspects des similitudes quant au second rêve et aux capacités renouvelées de le réaliser au moins partiellement. Ce second rêve m'apparaît d'autant plus vital qu'il couvre les années me restant à vivre. Statistiquement parlant, j'entame le troisième tiers de ma vie et je ne veux pas le rater ; tout en sachant qu'une partie du nouveau rêve s'évanouira en fumée, je suis confiant pour l'essentiel.

La polarité masculin-féminin

Là encore j'ai pu retrouver comme compagnons d'évolution les hommes de Levinson qui, à un moment donné de leur existence, se sont sentis, comme moi, tout à fait menacés par une composante féminine, symbole alors à leurs yeux de faiblesse et d'inefficacité, la performance et la réussite étant liées à la masculinité. Les circonstances, jointes à une bonne dose de réflexion, m'ont permis de sortir de ce schéma stérile et destructeur pour découvrir en tant qu'homme une composante féminine enrichissante. Je me suis surtout reconnu dans le diagnostic que pose Levinson sur le piètre état de santé de l'homme respectueux de la femme qu'il idéalise, mais avec laquelle il ne peut réellement entrer en contact, alors qu'il est facilement amoureux de la femme « sexuelle » dont il est incapable de saisir les autres aspects. Le fait d'assumer, souvent dans les larmes, cette polarité représente pour les hommes un grand espoir de régénération et de libération. Nous pouvons donc, nous les hommes, reconnaître enfin que la femme n'est plus la pièce d'une construction sociale pas plus qu'elle n'a la vocation exclusive de soutenir le rêve de vie de son partenaire. Exit la femme spéciale.

Personnellement, la lecture de Levinson et les réflexions que j'ai pu pousser à partir de son œuvre m'ont considérablement aidé à lire plus clairement une évolution encore très diffuse dans mon esprit. Cela m'amène à développer le point suivant.

Un nouveau type d'échelle

J'ai toujours été un peu rebuté par la course échevelée de tous ceux qui grimpent frénétiquement les barreaux de l'échelle. C'est peut-être une excuse pour ne pas avoir réussi à grimper ni aussi vite ni aussi loin que les autres. Mais aujourd'hui je sais fort clairement que je suis disposé à grimper les échelons d'un nouveau type d'échelle. Cette volonté d'une nouvelle escalade sur le tard repose sur plusieurs convictions : « Désormais, il n'est plus essentiel de réussir pas plus qu'il n'est catastrophique d'avoir un échec. » (Levinson, 1978, p. 249, traduction libre.)

En lisant et relisant cette émouvante conclusion de Levinson, une grande bouffée d'espérance m'emplissait. Le succès n'est plus l'objectif du siècle, pas plus que l'échec n'en est la honte. Mais tout ce qui vit, les bons coups comme les mauvais, les changements, les échecs, les ouvertures, la disponibilité, l'écoute, une certaine certitude constituent autant de valeurs permanentes sur lesquelles je compte m'appuyer pour grimper la nouvelle échelle dont les barreaux sont : l'ouverture à l'extérieur, l'abolition de systèmes de défenses aussi usés qu'illusoires, une expression authentique des sentiments, l'acceptation de dépendre d'autrui et la conviction qu'aujourd'hui « c'est la première fois que j'ai mon âge ».

Tout cela est aisé à concevoir et à exprimer sans doute. Je sens que je me nourris encore largement d'illusions, c'est dans mon tempérament. Mais je sens aussi que ces illusions sont un peu moins illusoires que les précédentes, un peu plus consis-

tantes, nourries au fil de circonstances dont j'ai eu la chance de tirer ce qu'elles pouvaient avoir de positif et même de constructif. Sans pouvoir très clairement l'exprimer et probablement par paresse de réfléchir plus profondément, je me sens aujourd'hui plus déterminé, plus sûr de moi, plus enthousiaste. Pour rien au monde, je ne voudrais revenir aux belles années d'antan, aux années de gloire. Non merci ! Je conclurai en citant Picasso, décidément très en vogue ces temps-ci : « J'ai mis longtemps à devenir jeune. »

Sur la polarité jeune–vieux, par Céline, 47 ans

Aujourd'hui dans la quarantaine, j'ai souvent l'impression d'être plus jeune que je ne l'étais à 15 ans. Peut-être en raison du potentiel que je sens en moi et de mes aptitudes plus développées à l'exprimer. D'un autre côté, je sens aussi que la vie passe et que je ne peux plus abuser de mon corps. À partir du moment où j'ai dépassé 40 ans et réalisé que j'étais mortelle, le fait d'avoir des enfants m'est devenu très précieux. J'ai trouvé et trouve toujours un grand réconfort à savoir que mes deux filles sont un prolongement de ma vie, que je vais continuer à vivre à travers elles et leurs descendants. Ceci rejoint la générativité d'Erikson.

Sur le rêve, par Francine, 47 ans

De cette période du mitan de la vie, ce qui m'apparaît le plus difficile, ce n'est pas d'accepter le nid qui se vide, ce n'est pas de trouver mon identité et mon autonomie en dépit du fait que je fus une femme suridentifiée à son rôle de mère. Ce qui me semble le plus ardu, c'est d'ajuster mon rêve de vie.

Sur le mentor, par Claudette, 33 ans

En fouillant dans ma vie, je me rends compte qu'il n'y a pas eu une personne en particulier, mais quelques-unes... qui ont influencé ma vie. [...] J'ai admiré certaines qualités chez des personnes que j'ai côtoyées, mais n'ai jamais eu de mentor.

... et par Janine, 27 ans

> *Le mentor a pour fonction d'appuyer fortement le jeune adulte dans la réalisation de son rêve. C'est en effet très tôt dans sa vie adulte que le jeune aura besoin de quelqu'un pour le guider dans la voie qu'il a choisie. Cette personne pourra être un professeur, un patron ou un voisin. Dans mon cas, la personne à laquelle je me suis identifiée a été mon partenaire de vie. Je l'ai rencontré vers l'âge de 23 ans. Il possédait des qualités que j'admirais beaucoup : la discipline, la clairvoyance, la persévérance. Avec son assistance, j'ai repris mes études.*

Sur l'absence de femmes dans l'échantillon de Levinson,
par Annie, 39 ans

> *L'absence de femmes dans l'échantillonnage de l'étude de Levinson amène des questions. Est-ce que les résultats seraient différents pour les femmes ? De quelle manière ? Pourquoi a-t-il volontairement omis les femmes ? Un des critères de sélection était pourtant la représentativité de l'ensemble de la population américaine... N'y a-t-il pas des femmes aux États-Unis (52 % de la population) ? Est-ce que les femmes américaines sont des machines reproductrices comme en Arabie Saoudite ? Si les différences ne sont pas si grandes entre les hommes et les femmes, l'élément féminin aurait pu être tout aussi représentatif !*

LEVINSON
Exercices et sujets de réflexion

1. Trouvez qui a été votre mentor. Faites une liste de ses qualités et écrivez-les sur une feuille. Partagez cela avec les autres membres de votre équipe.

2. Quel est le rôle du mentor dans l'apprentissage ? Servez-vous de votre expérience comme apprenant et comme enseignant pour répondre.

3. Voyez-vous des applications spécifiques de cette notion de mentor dans votre milieu de travail ?

4. Croyez-vous, ainsi que le laisse croire Levinson, que le rêve de vie joue un rôle dans le fait d'être amoureux de telle ou telle personne ?

5. Levinson affirme qu'on peut considérer la structure de vie sous trois aspects : le monde socioculturel de l'individu, le *self*, les rôles. Qu'en pensez-vous ? En quoi cela vous semble-t-il un outil pour analyser le tissu d'une vie humaine ? Y voyez-vous des lacunes ? Des points forts ?

6. Que pensez-vous de l'échantillon de Levinson composé de 40 hommes ? Croyez-vous que son modèle vaut aussi pour les femmes ? Sur quoi basez-vous votre réponse ?

LEVINSON

HORIZONTALEMENT

1. Dans le modèle de Levinson, nom de la polarité semblable à l'*animus* chez Jung. — Pronom indéfini. — Pronom personnel.
2. Une des quatre tâches majeures de la phase novice selon Levinson. — Faible, fatigué. — Enlever (un objet) de la place qu'il occupait.
3. Du verbe avoir. — Existes. — Sans valeur. — Usage.
4. Docteur. — Période d'instabilité qui dure environ cinq ans selon Levinson.
5. Mises ensemble. — Principe spirituel de l'homme. — Grande nappe naturelle d'eau douce. — Conjonction de coordination.
6. Pronom personnel. — Adjectif possessif. — Beau.
7. Qui a peu d'intelligence. — Première note de la gamme. — Ai recours à.
8. Concept central de la théorie de Levinson (utilisez les trois espaces de la ligne 8).
9. Première note de la gamme. — Carte à jouer. — Seizième lettre de l'alphabet grec.

10. Homme, individu quelconque. — 600, en chiffres romains. — Les 40 sujets de la recherche sont de ce sexe. — Année en tant qu'espace de temps abstrait.
11. Du verbe avoir. — Interjection. — En conjugaison, verbes du deuxième groupe. — Levinson en détermine quatre qu'il appelle aussi des « ères » (sing.).
12. Adjectif possessif. — Année. — Rendu rose.
13. Métal précieux. — Personne que le jeune adulte admire et qui lui sert de guide, de conseiller, de modèle. — Dans.
14. Marquerai, cocherai, soulignerai. — Article espagnol.
15. Note de la gamme. — Exclamation enfantine. — Une des polarités, selon l'auteur.
16. Une des polarités, selon Levinson. — Conjonction de coordination. — Semblable, du même genre.

VERTICALEMENT

1. Nom donné à la phase entre 33 et 40 ans, selon l'auteur.
2. D'un verbe gai. — Très petite île. — Du verbe avoir. — Occitan, provençal.
3. Adjectif possessif. — Une des polarités selon Levinson.
4. Reconnu vrai. — Première note de la gamme. — Un des aspects du concept central de la théorie de Levinson.
5. Crible. — Composition de plâtre ou de poussière de marbre gâché avec une solution de colle forte. — Côté opposé au tranchant.
6. Homonyme de scie qui n'est pas une note de la gamme. — Une des polarités dont on parle beaucoup en psychologie de l'enfant.
7. Exprime l'excès, l'exagération. — Habitudes. — Être au futur.
8. Une des quatre tâches de la phase novice, selon Levinson. — Note de la gamme. — Exclamation enfantine.
9. Pronom personnel. — Négation. — Une des polarités synonymes d'autonomie chez Levinson.
10. Viens au monde. — Article défini. — Pronom personnel. — Drame lyrique japonais.
11. Pronom personnel. — Du verbe être. — Selon Levinson, il faut le réajuster car on peut subir sa tyrannie.
12. Épithète qualifiant les périodes qui s'intercalent entre les périodes de transition. — Meuble destiné au coucher.
13. Nom de la phase qui suit l'adolescence et précède la période d'établissement, selon l'auteur. — Surface plane.
14. Auteur du volume *The Seasons of a Man's Life*. — Note de la gamme.
15. Une des polarités, selon l'auteur ; signifie également « adulte qui n'est pas dans sa maturité ». — Pièces du squelette. — Ligne idéale autour de laquelle s'effectue la rotation.
16. Plante herbacée annuelle cultivée comme fourragère. — Chez Levinson, nom de la polarité analogue à l'*anima* chez Jung.

6

*R*OGER *L. G*OULD
*L*a transformation

La moraine, un matériau apparemment insignifiant, puisqu'il s'agit de petits cailloux entassés, mais qui n'en est pas moins essentiel, a été un élément capital dans la construction hydro-électrique du Complexe La Grande. Analogiquement, il semble que, pour réussir à fabriquer un adulte, il faille une sorte de moraine, les résidus de l'enfance, brassés à la levure quotidienne de la réalité. Chacun soupçonne comment son rapport à la réalité est complexe et sait que le filtre à travers lequel il fait l'expérience des choses, du monde et de lui-même peut se modifier. C'est de ce filtre dont parle Gould quand il cherche à savoir comment se transforme le sens subjectif du monde de l'adulte à travers son cycle de vie. Son analyse porte sur la métamorphose de la conscience.

Roger L. Gould est médecin psychiatre et psychanalyste de l'école de médecine de l'Université de Californie à Los Angeles (UCLA) ; de plus, il possède un bureau privé à Santa Monica. Il est l'auteur du livre *Transformations : Growth and Change in Adult Life*, paru en 1978. Il est l'un de ceux qui ont contribué à l'élaboration d'un cadre théorique en développement adulte.

À la suite d'une recherche faite auprès de 524 personnes, Gould a élaboré un cadre de référence pour décrire la vie adulte, qui s'appuie sur les deux postulats suivants : la vie adulte consiste en une *transformation* continue de la conscience d'enfant en conscience d'adulte ; la modification du *sens du temps* joue un rôle essentiel au cours de la vie adulte. Cette transformation s'effectue en passant à travers des tâches transformatives qu'il est possible de rattacher à des tranches de vie, les *phases*.

Est-ce à dire que l'éducateur d'adulte participe à la transformation de la conscience ? Est-ce à dire que l'éducateur doit compter avec « le sens du temps » qui se métamorphose ? Et si phases il y a, comment cela affecte-t-il le travail éducatif ? Ou s'agit-il au contraire de réalités peu palpables dont il n'y a pas lieu de tenir compte ? Voilà les questions que nous posons à l'ensemble de la pensée de Gould. Pour tenter de cerner des éléments de réponses, nous regarderons successivement ce qu'il dit sur :

☐   la transformation ;

☐   la modification du sens du temps ;

☐   les phases.

L'exposé de chacune des parties se terminera par un bref point de vue critique.

6.1   LA TRANSFORMATION

Avant de développer cette notion centrale, disons quelques mots de la méthodologie de Gould (Gould, 1972, p. 524 et suivantes), de manière à cerner la portée de sa théorie.

6.1.1   La méthodologie

Une première recherche a été effectuée en 1968 auprès de patients qui participaient à une thérapie de groupe à la clinique externe de l'Université de Californie à Los Angeles ; ces patients ont été classés en 7 groupes selon leur âge : de 16 à 18 ans, de 19 à 22 ans, de 23 à 28 ans, de 29 à 34 ans, de 35 à 43 ans, de 44 à 50 ans, et de plus de 50 ans. La méthodologie de Gould est de type transversal[1]. Dans une étude transversale, on effectue un découpage synchronique ; l'échantillon se compose de sujets qui ont un âge différent au même moment, et l'intervalle ou le découpage d'âge est déterminé par les chercheurs.

Gould a réparti ses sujets en sept groupes. Six mois plus tard, sept autres groupes identiques ont été formés. Quatorze résidents en troisième année de psychiatrie (un par groupe) et 10 superviseurs

---

1.   La méthodologie transversale a l'avantage de permettre d'obtenir des résultats de recherche dans un laps de temps relativement court. Cependant, et c'est un inconvénient de taille, on ne peut séparer les changements attribuables à l'âge des changements relatifs à des facteurs historiques, sociaux et culturels. Ainsi, si l'on veut comprendre le fonctionnement de la mémoire selon l'âge, l'invention de l'imprimerie ou celle de l'ordinateur peuvent exercer une influence différentielle.

(psychiatres, psychologues et anthropologues) enregistrent les sessions et tentent de caractériser les conversations des participants. Leur objectif est de décrire dans un langage compréhensible pour un profane les changements qui se produisent dans le *sens du temps*, dans la *« posture » du self.*

Une deuxième recherche menée par le même groupe d'étude et 8 étudiants de première année de médecine touche cette fois 524 personnes (moitié hommes, moitié femmes) de race blanche et de classe moyenne. Les critères de sélection sont : ne pas être client en psychiatrie, provenir du réseau des étudiants en médecine, avoir entre 16 et 60 ans.

Les 7 groupes sont répartis selon l'âge, mais d'une façon légèrement différente de la première fois : 16 et 17 ans, de 18 à 21 ans, de 22 à 28 ans, de 29 à 36 ans, de 37 à 43 ans, de 44 à 50 ans, et de 51 à 60 ans. La distribution des personnes selon l'âge était la suivante : environ 20 personnes pour chaque année entre 16 et 33 ans et 20 personnes pour chaque intervalle de 3 ans entre 33 et 60 ans. Les hommes et les femmes étaient en nombre égal jusqu'à 45 ans, après quoi les femmes étaient plus nombreuses.

Pour chacun des 142 énoncés, l'équipe de recherche a fait, à partir des réponses des 524 personnes, une courbe selon l'âge. En voici deux exemples[2] :

1) Je me sentirais perdu sans mes amis.

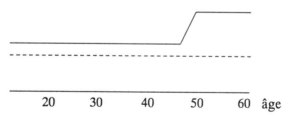

2) Dans l'ensemble, quelle importance ont ces gens pour vous ?

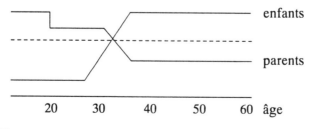

2. Traduction libre des tableaux de Gould, 1972, p. 528.

Comme on peut le constater, les deux recherches sont basées sur une méthodologie transversale. L'idée que Gould se fait de la transformation et des phases, s'inspirant du cadre théorique de la psychanalyse, se fonde sur ces résultats.

6.1.2 La transformation comme concept-pivot

Le titre du volume de Gould, *Transformation*, est le concept-pivot de sa théorie. Cette transformation concerne la *posture du self* (les Anciens parlaient de posture de l'âme) ; elle porte sur le sens du temps (dont nous traiterons à la section 6.2) et sur les transformations de la conscience. Voyons d'abord en quoi consiste cette transformation de la conscience en étudiant les deux axiomes qui suivent :

Axiome 1

« On n'atteint jamais son plein potentiel comme être humain et on ne cesse jamais pour autant d'aller en ce sens-là. » (Gould, 1982, p. 57, traduction libre.)

Le processus de transformation se caractérise d'abord par son caractère *dynamique* et *continu*. On n'a jamais fini de se développer. Chaque nouvelle arène de sécurité que nous atteignons comporte des idées ou des règles qu'il faudra remettre en question, et ainsi de suite. De plus, une partie de soi veut avancer tandis qu'une autre partie de soi met les freins. La transformation est conflictuelle :

> « À mesure que nous nous ouvrons à notre potentiel, nous dérangeons nos schèmes[3] intérieurs, notre système de défense et, par ricochet, nos relations significatives (ne sommes-nous pas en quelque part une partie de leurs défenses ? Tant et aussi longtemps que nous ne changeons pas, cette dimension de leur monde que nous sommes *leur* procure de la sécurité). » (Gould, 1981, p. 58, traduction libre.)

Se développer comme adulte est d'autant plus menaçant que cela conteste et dérange le système de sécurité personnel que chacun s'est construit. Voilà pourquoi la transformation est conflit.

Par ailleurs, cette transformation n'est pas intellectuelle (il ne suffit pas de connaître son problème pour changer), ni volontaire

---

3. C'est encore le mot anglais *pattern*.

(ce n'est pas uniquement parce qu'on le veut, qu'on change). « ... La croissance implique autre chose que l'apprentissage et la mise en pratique d'activités et que le changement par le pouvoir de la volonté. » (Gould, 1981, p. 58, traduction libre.)

La transformation — et c'est la troisième caractéristique — est un processus *émotionnel*. Autrement dit, un « programme » de croissance consiste à découvrir vitalement que certaines des prémisses sur lesquelles on a échafaudé sa vie sont fausses et à modifier certaines règles (valeurs, stéréotypes culturels) qu'on s'est imposées de façon trop rigide et qui ont davantage à voir avec ce que la vie *doit* être et ce qu'on *doit* être plutôt qu'avec ce que la vie est et ce qu'on est.

Comme quatrième caractéristique, on dira que la transformation de l'adulte est un processus *solitaire* (*lonely*) (Gould, 1981, p. 55), même s'il demeure profondément interactionnel et interpersonnel. Gould affirme que pendant l'enfance nous sommes largement formés par nos parents, et que pendant la vie adulte chacun devient le premier responsable de cette tâche. Ainsi, chacun est le premier agent de sa transformation, même si les autres continuent de l'influencer.

« De nouveaux amis, un nouveau travail, de nouvelles amours s'arriment à notre besoin de confirmer et de vitaliser des parties fragiles de nous-mêmes à travers les yeux et l'affection des autres personnes. Toutes les parties humaines naissent originalement dans la mutualité. »[4] (Gould, 1980, p. 223, traduction libre.)

Enfin, et c'est la cinquième caractéristique, la transformation a un effet *énergisant*. Chaque transformation réussie amène « une nouvelle passion de vivre, jointe à un sens plus grand de liberté et de puissance intérieure » (Gould, 1980, p. 223, traduction libre). Inversement, nous dira encore Gould, si la transformation ne se produit pas, c'est comme si on conduisait une automobile en gardant le pied sur les freins.

Axiome 2

La transformation s'effectue par le passage lent d'une conscience d'enfant à une conscience d'adulte.

---

4. Il semble y avoir une filiation entre les idées de Harry Stack Sullivan, qui conçoit la personnalité comme un phénomène interpersonnel, et celles de Gould.

Les deux réalités

La croissance est conflictuelle parce que nous faisons face pour ainsi dire à deux réalités, soit *la réalité courante* et *la réalité démonique*. La réalité courante est la façon dont on expérimente les événements quand ils ne sont pas trop distordus par nos vécus inachevés d'enfant ; bref, c'est la réalité de la conscience d'adulte. La réalité démonique ou réalité de la conscience d'enfant est la façon dont on expérimente les événements (soi-même et les autres) quand des vécus inachevés interfèrent avec le présent. Gould la décrit comme « l'intrusion dans la vie adulte d'états douloureux de l'enfance » (Gould, 1978, p. 24, traduction libre). Il faut comprendre le mot « démon » en se référant à son étymologie grecque (*daimôn*) plutôt qu'à son sens chrétien et se rappeler que le démonique relève de l'ordre de l'inspiré, du divin, du merveilleux.

Notre expérience psychique est en tension entre ces deux réalités perceptuelles. Cela nous amène à voir de plus près ce que sont la conscience d'enfant et la conscience d'adulte.

La conscience d'enfant et la conscience d'adulte

On pourrait comparer la conscience d'enfant à une infrastructure perceptuelle faite d'un ensemble invisible de règles protectrices, composée de prémisses, de normes et de fantaisies d'un ordre émotif, nous donnant l'illusion que nous ne quittons pas et que nous ne quitterons jamais le monde sécurisant créé par des parents tout-puissants à nos yeux de tout-petits. Reliée à des « vécus inachevés », la conscience d'enfant consiste dans la série de ces expériences inachevées qui « ont leur source dans notre passé et qui interfèrent dans notre conscience d'adulte, entraînant de la confusion dans nos relations et perturbant notre sens de nous-mêmes » (Gould, 1978, p. 17, traduction libre).

D'où vient la conscience d'enfant ? Gould dit que les images démoniques se forment au cours de l'enfance parce qu'alors l'individu ressent chacun de ses besoins comme un droit auquel les parents devraient pouvoir répondre. Lorsqu'il y a un conflit entre ce besoin impérieux et la réponse frustrante des parents, la colère de l'enfant apparaît et les images démoniques prennent forme. Cette colère resurgit de façon subtile chez l'adulte quand nous interprétons sur le registre de la conscience d'enfant les attitudes et les intentions des autres ou nos propres motivations. Par exemple, lorsque nous avons l'impression que quelqu'un nous contrôle ou nous étouffe et que nous lui attribuons un pouvoir exagéré ou l'intention de brimer notre liberté. Ou encore quand nous ne réalisons pas pleinement nos talents par crainte démonique.

La situation de séparation

Notre colère démonique est éveillée, comme enfant et comme adulte, chaque fois que nous vivons une situation de séparation. Gould a donné à ce concept une extension très large, entendant par là, d'une certaine manière, toute situation de la vie adulte où l'amour nous est retiré. En effet, la séparation physique d'avec la mère est supplantée à mesure que nous grandissons par ces situations où l'amour nous est retiré (Gould, 1978, p. 24), ce qui entraîne une perte du sens de la sécurité absolue :

> « Comme jeunes enfants, nous sommes protégés de l'idée de mort en restant physiquement proches de nos parents tout-puissants. Plus tard, nous sommes capables de nous séparer physiquement d'eux dans la mesure où nous intériorisons leurs valeurs, leurs règles et leur vision du monde. Quand nous suivons ces codes-là, nous nous sentons en sécurité. Quand nous les transgressons, nous nous sentons en danger — c'est l'anxiété du super-*ego*. Une adhésion stricte au code parental nous maintient dans l'*illusion de la sécurité absolue*. » (Gould, 1981, p. 56, traduction libre.)

Choisir de devenir soi-même est sans doute la situation de séparation la plus cruciale ; chaque fois, nous essayons de nous *séparer* d'une définition étriquée de nous-mêmes. Se développer et reformuler notre définition de nous-mêmes, bref se prendre en mains, est un acte dangereux. C'est un acte de liberté et de libération de soi. Chacun doit s'autoriser à être. Comme le dit Gould :

> « Une transformation est une expansion d'une définition du *self*. La définition du *self* est essentiellement un permis d'être, et lorsqu'une personne fonctionne à l'intérieur de cette autorisation d'être, elle ressent un conflit et une anxiété minimums, et un sentiment de sécurité maximum. Lorsqu'elle fonctionne en dehors de ce permis d'être, il y a de l'anxiété, du conflit, et un sens de sécurité minimum jusqu'à ce que l'autorisation soit redéfinie. » (Gould, 1980, p. 213, traduction libre.)

Ce n'est finalement, au dire de Gould, que vers le mitan de la vie que l'illusion de sécurité absolue disparaît... quand nous réalisons émotivement que nous sommes mortels. Notre sens du temps a donc une influence directe sur la perte du sentiment de sécurité absolue.

Les stratagèmes protecteurs

La construction des stratagèmes protecteurs est liée à l'illusion de sécurité absolue. Enfants, nous sommes pour ainsi dire « rois et maîtres » ; nous nous sentons en quelque sorte omnipuissants ; pourtant cette omnipuissance de l'enfant est colmatée par le pouvoir des parents. Apprendre la puissance relative de chacun, c'est là un chapitre important dans l'histoire de grandir :

> « Chaque désappointement est une faille dans notre pouvoir parce que, en tant qu'enfant, être roi ou reine nous préserve de nous sentir petits ou humiliés. Dans notre monde de fantaisie, nous ne serons jamais abandonnés ou méprisés. » (Gould, 1981, p. 28, traduction libre.)

L'enfant se construit ainsi un ensemble de règles à l'intérieur desquelles il se sent en sécurité ; ces règles protectrices deviennent les composantes rigides de son *self*. Adulte, il vit à l'intérieur d'un ensemble invisible de règles qui constituent en quelque sorte sa « seconde vision *underground* de la réalité » (Gould, 1980, p. 222, traduction libre). C'est ainsi que chacun s'impose un scénario de vie et des impératifs bien à lui qui deviennent à la fois des buts et des restrictions.

C'est par la remise en question de ces *stratagèmes* (ou *règles*) *protecteurs* que se fait la transformation de la conscience d'enfant en conscience d'adulte. La transformation du *self* s'effectue par la démystification ou par l'invalidation de l'ensemble des idées ou des prémisses sur lesquelles la personne a jusqu'ici fondé son comportement, et par confrontation avec son passé. D'où cette façon dont Gould décrira les phases en énonçant autant de stratagèmes sous forme de composantes !

Adultes, nous continuons de recourir aux stratagèmes protecteurs comme si nous faisions appel à des vieux remèdes pour guérir de vieilles maladies que nous connaissons bien. Mais ce qui fut une armure protectrice à ce moment-là peut devenir une barrière qui nous empêche de nous développer lorsque nous sommes adultes. Pour croître, il faut remettre cela en question :

> « Quand nous grandissons, nous corrigeons une croyance qui nous a restreints et qui nous restreint encore sans nécessité. Par exemple quand nous apprenons, jeunes gens, qu'il n'y a pas de loi universelle voulant que nous soyons celui que nos parents veulent que nous soyons, il nous devient possible d'explorer et d'expérimenter. La porte s'ouvre sur un nouveau niveau de conscience une fois que nous découvrons

que notre interprétation de la vie était fausse. » (Gould, 1981, p. 58, traduction libre.)

Les deux règles de la conscience adulte

Les transactions avec la réalité nous amènent graduellement à développer les deux règles qui sont, de l'avis de Gould, celles qui constituent la conscience adulte, soit la règle de l'équité et la règle des limites nécessaires.

Découvrir que nous ne sommes pas seuls à vouloir des choses, apprendre que les autres aussi ont des droits et que, par conséquent, les nôtres sont limités, se rendre compte que nous n'avons pas toujours le droit d'avoir ce que nous voulons, voilà en quoi consiste *la règle de l'équité.* Comme enfants nous désirons, souhaitons plus qu'il n'est possible d'obtenir, nous apprenons en grandissant qu'il faut nous limiter. Telle est *la règle des limitations nécessaires.*

Ces deux règles sont sérieusement mises à l'épreuve dans les relations d'intimité :

> « Dans une discussion passionnée avec quelqu'un qu'on aime, il est difficile de se rappeler ceci : "Je ne peux pas toujours avoir ce que je veux", ou encore : "Tu as le droit de ne pas être d'accord, je ne te déteste pas pour autant". » (Gould, 1978, p. 31, traduction libre.)

L'acquisition de ces deux règles se fait progressivement ; elles caractérisent la conscience adulte.

6.1.3   Des points de vue critiques sur la transformation

◻ Gould définit la conscience d'enfant par l'intrusion des états douloureux de l'enfance dans la vie adulte. Une telle définition est fonctionnelle dans une perspective thérapeutique mais réductrice quant à la totalité de notre expérience.

Tout ce qui provient de l'enfance n'est pas nécessairement douloureux. Les « états de l'enfance » qui filtrent notre perception des événements présents peuvent être source de plaisir. Le plaisir fait partie de la conscience d'enfant comme l'irrationnel de la conscience d'adulte. Le démonique de l'enfance n'a pas qu'à être maîtrisé, subjugué. Certains de nos plaisirs d'adulte s'y enracinent, comme le plaisir du jeu, de la création, de l'imagination, des caresses, de la rêverie. La colère démonique n'est pas le privilège de l'enfance pas plus que l'irrationnel n'est le lot de l'enfance ! En effet, il y a des colères spécifiques à la conscience d'adulte qui n'ont rien à voir avec les démons de l'enfance. Il en est ainsi de la révolte qu'éprouvent un homme ou une femme devant leur fils de quatre ans trouvé noyé dans la piscine de leur jardin.

Souvent, quand les psychothérapeutes parlent de l'enfance, c'est pour mettre l'accent sur les nœuds qui s'y sont faits, sur les circuits qui ont été interceptés, sur ce que E.T. Gendlin appelle des « vécus interceptés » et que Frédéric Perls appelle des « unfinished business » ; et pour cause, le travail thérapeutique va dans ce sens-là, celui de la libération intérieure, celui du dénouement. Mais il importe de souligner ce biais thérapeutique. Quand Gould réduit la conscience d'enfant à des nœuds, cela est fonctionnel de l'intérieur de sa perspective et de sa théorie qui est celle d'un psychanalyste. Mais c'est limitatif.

☐ La notion de « dialectique entre la conscience d'enfant et la conscience d'adulte » est dualiste. Lorsqu'il s'agit d'analyser le conflit, elle est utile, mais l'ensemble de l'expérience psychique est plus complexe.

Grâce à la conscience d'enfant et à la conscience d'adulte, Gould explique l'expérience psychique en la décrivant comme en tension entre deux réalités. Or ces deux réalités ne sont pas toujours en opposition, elles peuvent même être complémentaires. La totalité de notre expérience n'est pas constamment conflictuelle ni fondamentalement dualiste, et Gould n'insiste pas suffisamment là-dessus, même s'il le reconnaît.

Il n'y a pas surtout une seule façon — ni deux modes majeurs — de ressentir les choses et de les comprendre. La réalité n'est en rien univoque. Notre expérience est polyphonique et l'expression que nous en donnons est polysémique. Bref, cette notion de dialectique entre la conscience d'enfant et la conscience d'adulte, quoique utile pour analyser le conflit, ne doit pas voiler la complexité de l'expérience.

☐ Tout retour dans le passé, aussi bien que toute interférence du passé dans le présent, n'est pas automatiquement régressif, au sens psychanalytique du terme. Autrement dit, la recherche du temps perdu peut se faire à des fins autres que thérapeutiques.

La vie psychique est mouvance, fluidité. On pourrait comparer la vie psychique subjective à une succession de paysages en surimpression où tantôt la bruine efface le contour des choses, où tantôt le soleil joue à cache-cache avec l'ombre, où tantôt l'averse émiette le soleil. Puis soudain l'écran psychique redevient clair, comme si quelqu'un avait pesé sur le bouton

« CLEAR » du clavier de l'ordinateur. Des images apparemment sans liens surgissent dans un même temps, déjouant malicieusement les lieux, les temps et les visages. Qui comprendra le travail de montage qui sélectionne des gestes, des odeurs, des sensations d'un temps autre pour les immiscer dans l'événement actuel ? Qui comprendra pourquoi ces interférences entraînent tantôt le plaisir, tantôt le déplaisir ?

Toute percée du passé dans le présent adulte n'est pas nécessairement douloureuse. Il y a des trouées de l'enfance dans le tissu psychique d'une vie adulte d'où l'on voit poindre une belle créativité. En résumé, la recherche du temps perdu n'est pas nécessairement thérapeutique. Elle peut être hédoniste, esthétique, philosophique. Cela aussi il faut le dire.

Une fois reconnues les limites de cette notion de transformation, nous pouvons, ayant maintenant en tête les caractéristiques du processus transformatif et la manière dont la conscience d'enfant se transforme en conscience d'adulte, conclure.

La transformation dont parle Gould s'inspire des idées de Freud. La vie mentale semble avoir comme but inconscient l'élimination des distorsions, des démons et des stratagèmes protecteurs de la conscience d'enfant qui restreignent nos vies. Cette élimination conduit vers une image de soi mieux ajustée et vers une autonomie relativement plus satisfaisante. Gould décrit ainsi le voyage transformatif à travers lequel la chenille devient papillon :

> « À mesure que nous nous sentons adultes, nous corrigeons nos demandes excessives d'enfant et délaissons le besoin de contrôle et de possession complète de la mère aimante. Nous en venons à accepter que nous ne possédons que nous-mêmes. Personne ne nous doit ni amour, ni attention, ni admiration, ni quoi que ce soit. Désormais nous ne sommes plus des enfants dépendants et impuissants et nous pouvons maintenant voir la vie du point de vue indépendant de l'adulte. » (Gould, 1978, p. 38, traduction libre.)

Gould nous fait saisir d'une manière bien vivante comment le processus transformatif agit à travers les cinq phases de vie. Nous verrons cela de plus près immédiatement après avoir considéré comment se transforme notre *sens du temps*.

6.2   *LA MODIFICATION DU SENS DU TEMPS*

Voyons d'abord les images du temps selon l'âge, puis les relations que Gould établit entre l'anxiété de séparation et le sens du temps ; nous ferons une brève conclusion après avoir apporté un point de vue critique.

6.2.1   *Les images du temps selon l'âge*

Gould, principalement dans son article de 1981, nous propose des descriptions qualitatives de notre sens du temps selon la tranche de vie où nous nous trouvons — ce que nous appelons les images du temps selon l'âge, que nous avons illustrées par un graphique. Le temps dont il est question ici concerne l'expérience subjective de notre durée et l'insertion de cette expérience en première personne dans un temps qui, lui, ne se conjugue pas.

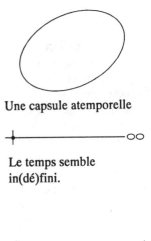

Avant de quitter la famille d'origine... aux alentours de 18 ans, c'est comme si nous vivions dans une capsule atemporelle (*a timeless capsule*, dit Gould). Le futur apparaît comme un espace fantaisiste qui pourrait éventuellement ne pas exister.

Une capsule atemporelle

En quittant la famille... c'est le début d'un voyage sans fin. On a l'impression qu'il y a une telle quantité de temps devant soi qu'elle semble in(dé)finie.

Le temps semble in(dé)fini.

Au cours de la vingtaine... à mesure que nous nous fixons des objectifs de vie, que nous prenons de nouvelles décisions et faisons de nouvelles expériences, bref que nous faisons des choix, nous développons un sens linéaire du temps analogue au mouvement le long du sentier choisi en vue d'atteindre une destination. Il peut arriver qu'on se sente pressé par la réussite, mais on a le sentiment d'avoir plein de temps devant soi. Un segment de droite illustre cette conception d'un temps linéaire et défini.

Un temps linéaire et défini

À la fin de la vingtaine... nous avons un passé d'adulte tout comme un futur, mais plusieurs voies s'offrent à nous et il est clair qu'il n'y a pas assez de temps pour choisir tous ces sentiers, ce qui est frustrant. La vision linéaire du temps est perdue à jamais. C'est comme si le temps bifurquait.

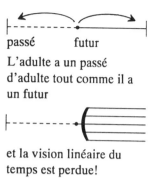

passé   futur

L'adulte a un passé d'adulte tout comme il a un futur

et la vision linéaire du temps est perdue!

Entre 35 et 45 ans... nous éprouvons un sentiment d'urgence temporelle conjuguée (à tous les temps, c'est le cas de le dire) à une prise de conscience de notre propre mortalité : « ma mort » apparaît comme étant quelque part dans le futur. Le temps file. Et l'urgence d'agir peut être boycottée par une mise en doute de la course dans laquelle chacun s'est engagé pour mettre en place son rêve de vie. Tout cela n'est-il qu'illusion ? D'où... le temps devient une denrée précieuse qui semble vouée au rationnement.

Devant l'éventualité de la mort, le temps devient important, ce qui crée un sentiment d'urgence d'agir.

Après 50 ans... Gould dit que c'est la mort (ou plutôt l'idée de notre mort et l'intégration que nous en faisons avec les bénéfices et coûts qui s'ensuivent) qui devient le principe organisateur du temps.

La mort est le principe organisateur du temps.

6.2.2 Le sens du temps et l'anxiété de séparation

Gould attribue au temps une place importante dans la transformation. S'inspirant de la théorie psychanalytique, il accorde au « sens du temps » dans la vie adulte une fonction analogue à celle jouée par l'anxiété de séparation au cours de l'enfance, en psychanalyse (Gould, 1981, p. 55).

Après avoir souligné que l'anxiété de séparation est le phénomène expliquant la (trans)formation au cours de l'enfance et que c'est le concept qui soutient l'hypothèse développementale maintenant les liens entre la théorie du *self* et de l'objet, les défenses, la formation de la structure de personnalité et la constellation œdipienne, Gould affirme que « le sens du temps, pendant la vie adulte, joue un rôle analogue à celui de l'anxiété de séparation pendant l'enfance et permet de distinguer les phases » (1981, p. 55, traduction libre). Il reconnaît cependant que l'anxiété de séparation continue de jouer un rôle.

6.2.3 Des points de vue critiques sur le sens du temps

L'hypothèse que le sens du temps joue au cours de la vie adulte une fonction analogue à celle de l'anxiété de séparation au cours de l'enfance, pour attrayante qu'elle soit, exigerait une analyse qu'on ne retrouve pas chez Gould. Il faudrait définir la notion d'anxiété de séparation, spécifier quelle est sa fonction (Gould parle de médiation à chaque pas de la formation de l'identité) et s'étendre sur l'analogie comme telle, ce qui est un travail d'importance quand on connaît l'étendue de la littérature psychanalytique.

Il faudrait également spécifier davantage ce qu'est le *sens du temps*, le temps étant une notion problème qui a produit une vaste littérature (des présocratiques à Augustin et son étonnement, de Kant qui en fait une structure a priori de la sensibilité à Bergson qui réfléchit sur la durée, de Husserl avec ses *Leçons pour une phénoménologie de la conscience intime du temps* à Heidegger qui a problématisé la temporalité et la finitude de l'être humain — ceci est un aperçu de ce qui existe du côté des philosophes, mais du côté de la physique et de l'astronomie, la littérature serait également volumineuse). L'intuition que le *sens du temps* joue un rôle dans la transformation de l'identité au cours de la vie adulte demande à être explicitée et fondée, d'autant qu'elle semble centrale pour comprendre comment l'adulte change. Il semble y avoir ici une piste de recherche passionnante.

En conclusion, l'apport de Gould sur la modification du sens du temps, malgré certaines faiblesses de l'analyse, est capital. Gould est le premier à décrire des images du temps selon l'âge. Après Neugarten, il a tenté de spécifier le rôle du temps dans le développement de l'adulte : c'est là un premier pas. Voyons maintenant comment il décrit les phases.

6.3 LES PHASES

Gould distingue cinq phases. Pour une vision globale de ces cinq phases, on se référera au tableau 6.1. C'est en démystifiant, à travers chaque phase de vie, les fausses prémisses sur lesquelles l'adulte appuie sa vision des choses, que sa conscience d'adulte se forme et se transforme. Ces fausses prémisses ne sont pas un produit de la génération spontanée. On se rappellera que Gould et son équipe les ont dégagées à partir de courbes selon l'âge établies pour chacun des 142 énoncés de leur questionnaire. Dans les pages qui suivent se trouve un résumé qui, tout en perdant la richesse des illustrations de Gould, en retient l'essentiel. Ce résumé s'inspire principalement de Gould (1978, 1981), et il sera suivi de brefs points de vue critiques.

6.3.1 La présentation des cinq phases

Phase I — Quitter le monde de ses parents (de 16 à 22 ans)

Jusqu'ici les parents ont été les producteurs, les directeurs et les scénaristes de nos vies ; nous en avons été seulement les acteurs, et encore, avec une possibilité limitée d'improvisation, nous dit Gould. Il constate que nous commençons à développer notre conscience d'adulte, mais que notre conscience d'enfant continue de déterminer la majorité de ce que nous pensons être nos droits. La fausse croyance majeure dont il faut se défaire est « j'appartiendrai toujours à mes parents et croirai toujours en leur conception du monde ». Gould la découpe en cinq composantes.

Composante n° 1 : Si je deviens indépendant, ce sera un désastre

Tout se passe comme si on oscillait entre deux pôles, et que, selon le magnétisme subi, on passait du sentiment d'être totalement libre à celui d'être totalement contrôlé. Le conflit relié à cet âge réside dans le fait que, tout en voulant devenir des adultes indépendants, on ne veut pas ressentir la souffrance de la séparation. Selon Gould, ce conflit peut revêtir la forme des trois peurs suivantes : je n'ai pas les outils nécessaires pour devenir adulte ; si je quitte le nid familial, mes parents vont divorcer (ce qui revêt un aspect différent quand on a affaire à des parents dépendants) ; si je montre vraiment qui je suis, personne ne m'aimera.

Cet enjeu se dénoue souvent autour du fait de quitter la maison familiale pour prendre son appartement. Gould nous dit qu'il importe de dépasser ces peurs et de découvrir 1) que nous avons les ressources nécessaires pour devenir autonomes, 2) que nous sommes engagés dans une aventure productrice (et non destructrice) et que le fait de partir de la maison ne fera mourir personne, et 3) que nous sommes uniques et que c'est à partir de cela que nous allons être aimés.

TABLEAU 6.1
Les phases de la vie selon Gould

PHASE	PRÉMISSE FAUSSE MAJEURE	ET SES COMPOSANTES
I — 16-22 ans Quitter le monde de ses parents	J'appartiendrai toujours à mes parents et croirai en leur conception du monde.	1. Si je deviens indépendant, ce sera un désastre. 2. Je ne peux voir le monde qu'à travers les idées de mes parents. 3. Seuls mes parents peuvent assurer ma sécurité. 4. Mes parents doivent être ma seule famille. 5. Mon corps ne m'appartient pas.
II — 22-28 ans Ne plus être l'enfant de personne	Faire les choses à la manière de mes parents, avec volonté et persévérance, amène à des résultats. Par contre, si je deviens frustré, confus ou ennuyé, ou que je suis simplement incapable de composer avec la réalité, ils interviendront et m'indiqueront la bonne manière de faire.	1. Les récompenses viendront automatiquement si nous faisons ce que nous devons faire. 2. Il n'existe qu'une seule bonne manière de faire les choses. 3. Ceux qui m'aiment peuvent faire pour moi ce que je ne suis pas capable de faire moi-même. 4. La raison, l'engagement et l'effort prévaudront toujours sur toutes les forces.

III — 28-34 ans S'ouvrir à ce qu'il y a à l'intérieur de soi	La vie est simple et contrôlable. Il n'y a pas de forces significatives contradictoires à l'intérieur de moi.	1. Ce que je sais intellectuellement, je le sais émotivement. 2. Je ne suis pas comme mes parents là où je ne veux pas l'être. 3. Je peux voir clairement la réalité de mes proches. 4. Les menaces à ma sécurité ne sont pas réelles.
IV — 35-45 ans La décennie du milieu de la vie	Il n'y a pas de méchanceté ou de mort dans le monde. Le danger a été détruit.	1. Les illusions de sécurité peuvent durer à jamais. 2. La mort, ce n'est pas pour moi. 3. Il est impossible de vivre sans un protecteur (cette idée est spécialement répandue chez les femmes). 4. Il n'y a pas de vie en dehors de cette famille. 5. Je suis innocent.
V Au-delà du milieu de la vie	Il n'y a pas de méchanceté ou de mort dans le monde. Le danger a été détruit : — finalement, c'est la vie dirigée de l'intérieur qui prévaut : je me possède moi-même ; — une façon de voir non compétitive se développe (comme l'expérience religieuse).	

Source : Tableau construit à partir de GOULD, 1978.

Composante n° 2 : Je ne peux voir le monde qu'à travers les idées de mes parents

Gould nous rappelle que toute famille est plus ou moins un monde en soi et que le mythe en jeu ici est celui de l'« esprit de famille » vu comme système de normes, de valeurs, de croyances, d'attitudes monolithiques. Dans tout processus de groupe, la divergence est un phénomène qui entraîne des punitions, et la famille ne fait pas exception.

Il y a mille et une façons de défier la vision du monde de nos parents. Pour l'un ce sera d'aller au collège, pour l'autre de ne pas y aller. Tout est contextuel. Par ailleurs, ce qui est commun, c'est le tiraillement qui apparaît lorsqu'on va voir nos parents. Ou on leur cache ce qu'on devient, ou on essaie de les changer pour qu'ils pensent comme nous. Ou on leur prouve qu'on pense par nous-mêmes tout en ayant un grand besoin d'être approuvé. Cela, souligne Gould, peut occasionner des argumentations ardues.

C'est souvent le temps des études universitaires. Et l'université, parce qu'elle nous met en contact avec les théories et les systèmes des grands penseurs du passé et du présent, permet de questionner la façon de voir des parents. À cet âge-là, la liberté de parole et la liberté de penser sont très importantes : nous y faisons l'acquisition de notre propre liberté de penser et recueillons des éléments de notre vision du monde.

Composante n° 3 : Seuls mes parents peuvent assurer ma sécurité

Adolescents, nous avons contesté les règles de prudence des parents. Il s'agit maintenant d'établir notre propre définition de ce qu'est un risque acceptable pour soi et que cette définition soit le produit de notre expérience. Être responsable de sa propre sécurité n'est-il pas un préalable pour être indépendant ?

Gould nous fait remarquer que prendre des risques excessifs pour prouver son invulnérabilité peut être une façon de déplacer l'omnipotence des parents sur le destin, ce qui a l'avantage de maintenir la sécurité absolue de l'enfance.

Composante n° 4 : Mes parents doivent être ma seule famille

À mesure que nous transférons des sentiments de famille sur d'autres personnes qui sont importantes pour nous, nous éprouvons un conflit de loyauté. Selon Gould, ce n'est pas pour rien que, lorsque nous amenons notre première « blonde » ou notre premier

« boy-friend » à la maison, nous souhaitons que nos parents et elle (ou lui) s'aiment réciproquement et quasi sur le coup.

Gould distingue deux sortes d'amitiés, celle entre inégaux et celle entre égaux. L'amitié entre inégaux, c'est en quelque sorte la vieille forme de la famille. L'amitié entre égaux est une nouvelle forme de communauté entre adultes où ne prévalent pas l'oubli de soi et l'amour inconditionnel. Nos dépendances parentales sont charriées d'une douzaine de manières dans nos amitiés. De plus, nos amis servent de groupe de soutien pour intégrer de nouvelles croyances comme part de nous-mêmes. Il arrive qu'on se promène entre la famille d'origine et les amis comme des balles de ping-pong. C'est là le rythme de l'émancipation.

Composante n° 5 : *Mon corps ne m'appartient pas*

Voici la description que Gould donne de cette composante. Avoir ses premières relations sexuelles implique qu'on s'affiche comme « propriétaire du terrain » et qu'on agisse contre l'autorité en faveur de l'intimité. Les relations sexuelles sont un lieu privilégié de résurgence des émotions infantiles, par exemple la jalousie, le besoin d'être aimé pour toujours. Par ailleurs, se retrouver en dehors de la vie de nos parents et en dehors de leur chambre à coucher est essentiellement une situation de séparation, nous dit Gould. C'est pourtant seulement quand on accepte d'être séparé et unique qu'on peut connaître une pleine intimité.

Souvent on confond une relation sexuelle et romantique — qui est une relation avec un égal — avec la vieille-amitié-entre-inégaux qu'on a connue auprès des parents. Les mariages prématurés peuvent constituer la combinaison idéale où est enrobée la peur de quitter les parents et où est satisfait le besoin de trouver de la sécurité. De plus, dans un mariage prématuré on s'attend souvent à ce que l'autre fasse notre émancipation parce qu'on a peur de la faire nous-mêmes, ce qui conduit directement à la dépendance, à la frustration et au désappointement.

Gould souligne que, entre 16 et 22 ans, c'est la phase de la formation de l'identité. Pas à pas, on élabore de nouvelles identités et on abandonne les modèles de nos parents. On défie les valeurs de nos parents pour forger les nôtres. On gagne son indépendance et on la partage avec un groupe ou parfois on la perd avec un partenaire dans une relation prématurée. Loin des parents, on se sent fort et solide ; quand on retourne chez eux, on se sent menacé. On échantillonne les intimités pour trouver la formule de liberté et de proximité qui nous convient. On se débat pour accéder aux plaisirs de notre corps. On apprend la différence entre les amis, les intimes, les parents.

Autour de 22 ans, il faut quitter le monde mi-adulte mi-enfant dans lequel il est possible d'être n'importe qui, pour devenir quelqu'un, nous dira Gould. C'est ainsi que, chaque fois qu'on remplace un morceau de conscience d'enfant par un morceau de conscience d'adulte, prend forme le complexe casse-tête de notre *self* adulte.

Phase II — Ne plus être l'enfant de personne (de 22 à 28 ans)

En tant qu'architectes de notre propre existence, nous devons accepter comme une réalité que nous sommes maintenant adultes, et assumer la responsabilité qui s'ensuit. C'est le moment des premières décisions qui concernent les entreprises adultes telles que le travail, le mariage, la famille. C'est, d'après Gould, l'occasion d'un pas en avant sur le sentier où l'on s'éloigne de l'illusion de sécurité absolue.

La fausse croyance qui nous anime est celle-ci : « Faire les choses comme mes parents, avec volonté et persévérance, donnera des résultats. Par contre si je deviens frustré, confus ou ennuyé, ou que je suis simplement incapable de composer avec la réalité, ils interviendront et m'indiqueront la bonne façon d'agir. » C'est là un code d'action pour faire face aux entreprises de cette phase, mais l'expérience se chargera bien de nous apprendre à le remettre en question.

Gould nous prévient que, pendant cette phase, un danger serait de nier notre nouveau statut de jeune adulte en attendant, par exemple, que quelqu'un (un amour, un mentor, un thérapeute, un ami, le destin) vienne à notre rescousse ; tant et aussi longtemps qu'on attend de la sorte quelqu'un, il est impossible d'échafauder un sentiment de confiance en soi-même et de devenir indépendant sur une base solide.

À mesure que nous démystifions les quatre composantes suivantes, s'installent notre confiance en nous, notre compétence et un sentiment bien légitime d'être adulte.

Composante n° 1 : Les récompenses viendront automatiquement si nous faisons ce que nous devons faire

Nous sommes prêts à nous sacrifier pour le futur parce que nous croyons dans un système de rétribution équitable. Au dire de Gould, c'est là une idée qu'il faut délaisser avant de pouvoir en arriver à faire quelque chose pour que notre rêve de vie se réalise. Le rêve de vie peut servir de guide utile, flexible : il faut alors se construire un style de vie sur la base de nos talents, ce qui demande du courage. Le plan de carrière rationnel se confronte aux intuitions qui surgissent à même l'expérience.

Composante n° 2 : *Il n'existe qu'une seule bonne manière de faire les choses*

Croire qu'il n'y a qu'une seule manière de faire les choses, c'est endosser une vision enfantine de la vie adulte ! Qui n'a pas cru, un jour, qu'un adulte connaît la bonne réponse, qu'un adulte sait ce qu'il faut faire, qu'un adulte ne doute pas, n'est pas ambivalent ? Or on se retrouve adulte... avec de multiples possibilités. Cette fausse prémisse affecte grandement notre façon de jouer de nouveaux rôles, que ce soit celui de conjoint, de père ou de mère, de jeune travailleur. Gould nous fait remarquer comment, pendant la vingtaine, les parents continuent d'animer notre existence ; si on fait comme eux, on a l'impression de capituler ; si on ne fait pas comme eux et que ça fonctionne bien, on se sent triomphant mais coupable en quelque sorte, et si c'est un échec, on se demande si finalement ils n'avaient pas raison. Les groupes de référence peuvent nous aider à apprendre qu'il y a différentes façons de jouer ces rôles.

Composante n° 3 : *Ceux qui m'aiment peuvent faire pour moi ce que je ne suis pas capable de faire moi-même*

Quand on croit à cette fausse prémisse, nous dit Gould, on attend une cure par l'amour et on forme avec l'être aimé une conspiration qui enraye le sentiment d'être inadéquat. Et si, par inadvertance, on éprouve ce sentiment, c'est que l'autre ne nous aime pas assez. Dans la mesure où on est dépendant de quelqu'un pour contrecarrer notre sentiment d'être inadéquat, cette autre personne est considérée comme supérieure.

Il existe plusieurs styles de vie (célibat, union de fait, divorce ou mariage, avec ou sans enfant, l'un des conjoints ou les deux poursuivant une carrière et il faudrait ajouter les familles monoparentales, les familles biparentales divorcées et les familles reconstituées). Mais la vie de couple est toujours complexe. De l'avis de Gould, cela est spécialement vrai dans la vingtaine car on se sert de cette relation pour s'émanciper de la conscience d'enfant, ce qui crée de l'interférence. Les conspirations prennent forme précisément pour cacher la présence d'interdits internes. Voici un exemple de conspiration (inconsciente, par définition) entre deux partenaires : « Tu ne peux pas être compétent intellectuellement à moins que je ne te soutienne. » Évidemment, cette conspiration entraîne le sentiment d'être contrôlé, sentiment qui reproduit la relation parent–enfant. Et on se retrouve dans un schème interactionnel de tyran et de victime. Le coût de la cure par l'amour, c'est le risque de cette dynamique interpersonnelle. Si nous risquons de participer à la conspiration et que nous avons une compréhension empathique des interdits internes de notre partenaire, nous approfondissons la relation.

Composante n° 4 :   La raison, l'engagement et l'effort prévaudront toujours sur toutes les forces

Que voilà une idée chère ! Voir la vie comme un processus de solution de problèmes où la raison a le premier rôle. De l'avis de Gould, c'est une façon de tenter de contrôler toute notre destinée et de fermer la porte à l'inconscient. Toutefois, la complexité de nos relations nous entraîne sur un terrain autre que rationnel car elles sont négociées sur un autre registre.

Ces quatre composantes occupent l'avant-scène de nos univers entre 22 et 28 ans. Elles sont à l'œuvre le reste de notre vie, mais moins actives et moins pertinentes à mesure que nous vieillissons, ce d'autant que nous avons acquis une certaine maîtrise sur elles. D'autres enjeux pointent déjà ! En résumé, pendant cette deuxième phase, il s'agit de devenir suffisamment indépendants pour mettre en place une structure de vie déterminée par soi-même.

Phase III — S'ouvrir à ce qu'il y a à l'intérieur de soi (de 28 à 34 ans)[5]

Quand on a réalisé la stratégie globale pour devenir indépendant de l'autorité parentale et arriver à acquérir de hauts degrés de compétence à travers les rôles et les tâches corollaires au fait d'être jeune adulte, une nouvelle conjoncture se dessine, celle de l'ouverture à soi. La prémisse fausse de cette tranche de vie consiste à croire que « la vie est simple et contrôlable et qu'il n'y a pas de forces significatives en contradiction à l'intérieur de moi ». Or, nous sommes sollicités par des parties de nous que nous avons mises en veilleuse et qui risquent d'être centrales dans un avenir plus ou moins lointain.

---

5. Pour avoir une idée plus concrète de cette phase, le lecteur pourra se référer à l'analyse de Diane à la sous-section « Les étudiants adultes s'expriment », à la fin de ce chapitre.

Même si la vie qu'on mène est en plein le genre de vie qu'on aime, on éprouve des sentiments inattendus et on ne sait pas si notre insatisfaction est un signe d'immaturité ou le début d'une nouvelle vision. Souvent cette phase comporte des éléments de désillusion, de confusion, de dépression drainés par cette question : Après tout, c'est quoi vivre ? Il est souvent douloureux de se rendre compte que la vie n'est pas telle qu'elle devrait être.

Il faut donc refaire son contrat par rapport à son rêve de vie ! Ce qui revient à dire que ce n'est plus du tout la composante de la vingtaine « Si je fais ce qu'il faut, mes rêves vont se réaliser » qui prévaut, mais bien plutôt ceci : « Je vais arriver à ce que je peux raisonnablement espérer atteindre sur la base de ce que j'ai fait. Mes rêves ne vont pas devenir réalité par la magie du désir. »

Gould affirme que, pour poursuivre notre croissance, il n'est pas nécessaire de traverser ni une dépression, ni un événement traumatique. (Son point de vue sur la crise se distingue donc de celui de Neugarten et de Levinson.) Pour plusieurs, cette ouverture à soi se fait progressivement en mettant à l'épreuve les quatre composantes suivantes.

Composante n° 1 : *Ce que je sais intellectuellement, je le sais émotivement*

Quelle façon d'ignorer la complexité intérieure ! Comme on peut se duper soi-même ! Mais d'après Gould, nous avons trois sources d'information pour déjouer l'autotromperie : ce que dit celui qui me connaît bien, mon comportement (par exemple un changement de ton ou de sujet de conversation, ou encore le besoin d'allumer une cigarette) et des pensées qui reviennent à la charge.

Il est important de découvrir que la vie psychique implique de la souffrance. Par ailleurs, les clichés tels « la vie est un combat », « tu es responsable de toi » prennent un autre sens.

Composante n° 2 : *Je ne suis pas comme mes parents là où je ne veux pas l'être*

À travers cette composante, nous devenons conscients de nos similarités et de nos identifications avec nos parents. Selon Gould, nous les oublions pendant la vingtaine pour pouvoir croire à notre indépendance. Maintenant nous reconnaissons tel geste ou telle réplique de nos parents chez soi : « Ça m'a fait un choc quand je me suis entendue dire à ma fille exactement la même phrase que me disait ma mère ! » Il est important de choisir, parmi les attitudes et les comportements de nos parents, ceux que nous voulons garder comme parts de notre personnalité adulte.

Composante n° 3 : *Je peux voir clairement la réalité de mes proches*

On croyait connaître l'autre. On croyait se connaître. Et voilà que tout est ébranlé. Cela vaut pour les relations de couple. Gould déclare que les trois conspirations fondamentales mises en place pendant la vingtaine doivent être ré-ouvertes. Nous avons des différences réelles à négocier et, qui plus est, il arrive fréquemment que notre partenaire ait une caractéristique de tempérament semblable à celle d'un parent avec lequel on est en conflit. On s'aperçoit qu'on a réinstallé dans notre couple des aspects du couple de nos parents ; on insiste sur l'unité, le partage. Durant cette phase, les conjoints ont tendance à se sentir trop dépendants l'un de l'autre ; les batailles entre les deux sont fréquentes et le fait que l'on surestime le pouvoir de l'autre et sous-estime son pouvoir jette de l'huile sur le feu.

Composante n° 4 : *Les menaces à ma sécurité ne sont pas réelles*

Nos insatisfactions pointent. On ne peut plus ne pas les voir. Même si on essaie, ça ne fonctionne plus. Gould montre comment elles surgissent sur divers plans : carrière, intimité et espace personnel, retour aux études, etc. Le célibataire se demande s'il ne devrait pas songer à s'attacher. Le couple, s'il ne devrait pas faire un enfant. Ou divorcer. L'être aimé peut apparaître comme un ennemi. « Le problème critique est de décider si l'ennemi apparent, c'est-à-dire le conjoint, est en réalité un ennemi de notre croissance ou une projection de nos interdits internes. » (Gould, 1981, p. 74, traduction libre.)

Phase IV — *La décennie du milieu de la vie (de 35 à 45 ans)*[6]

Gould soutient que c'est le moment du cycle de vie où l'on est au sommet de certains pouvoirs ; avec le pouvoir vient la responsabilité, qui consomme temps et énergie. On a atteint des positions qui devaient, croyions-nous dix ans plus tôt, nous satisfaire et nous apporter la maturité. Or...

---

6. Pour avoir une idée concrète de cette phase, le lecteur pourra se référer à l'analyse d'Hélène, à la sous-section « Les étudiants adultes s'expriment », à la fin de ce chapitre.

Gould dit que la fausse prémisse majeure qui éclaire cette période est celle-ci : « Il n'y a pas de méchanceté ni de mort dans le monde. Le danger a été écarté. » Pourtant, tout se conjugue pour dilapider cette idée-là. C'est plutôt la fin de la sécurité absolue. Encore ici, la croissance se fera par la correction de fausses idées.

Composante n⁰ 1 : *Les illusions de sécurité peuvent durer à jamais*

Toujours selon Gould, c'est l'époque où l'on découvre qu'on n'est plus jeune. L'échec, la maladie, la mort, une augmentation de poids, des cheveux blancs, le fait d'être « vu » par d'autres comme « vieux » concourent à nous faire toucher du doigt notre propre vulnérabilité. L'ordre des choses bascule en quelque sorte. Nos parents sont malades, nous consultent, deviennent dépendants de nous, ou encore il arrive qu'ils meurent. Nos enfants ne sont plus des enfants, ce sont des adolescents qui se confrontent avec nous et qui se séparent de nous ; ils sont déjà dans la première tranche de leur cycle de vie adulte. Enfin, le temps aussi bascule. À moitié derrière nous, à moitié devant nous, ainsi étalé, implacable, il crée chez nous un sentiment d'urgence : il est enfin venu le temps de faire quelque chose de définitif et d'important. Les questions fondamentales sur la vie qu'on s'était posées durant l'adolescence reviennent à la charge.

Composante n⁰ 2 : *La mort, ce n'est pas pour moi*

Or certains proches meurent. Notre propre mort n'est plus pure abstraction. Gould avance que cela entraîne une transformation du sens du travail. En effet, on dirait que de prendre conscience du fait qu'il va mourir — Gould souligne qu'il parle pour les hommes, ce qui est discutable dans la mesure où les femmes aussi peuvent s'y reconnaître — instaure une brèche dans le pacte d'immunité contracté entre l'homme et son travail, ce pacte consistant à croire que, s'il réussit, il ne se sentira plus jamais comme un petit garçon démuni. C'est ainsi qu'il se comporte comme s'il fallait plaire à des pères en colère, maîtriser ou contrôler (les situations, soi-même) et remplir des rôles plutôt que d'être lui-même. Entretemps, il devient conscient du prix payé pour cette immunité ; alors il est déprimé parce que ses réalisations ne rencontrent pas ses aspirations, et il cherche un meilleur ajustement de ses talents et de ses activités.

Composante n° 3 : *Il est impossible de vivre sans un protecteur*

Gould affirme que le pacte d'immunité pour les femmes ne se situe pas par rapport au travail mais par rapport à leur relation avec les hommes. Cette affirmation fournit une belle matière à discussion, mais limitons-nous pour l'instant à rendre compte de la pensée de Gould en notant au passage qu'il souligne que le mouvement féministe va à l'encontre de cette fausse idée.

Ou la femme dépend d'un homme, ou elle est sa propre protectrice et laisse tomber toute intimité avec un homme. La femme mariée qui ne peut travailler sans la permission de son mari, et la femme de carrière qui ne peut se marier sans risquer de perdre son autonomie illustrent ces deux extrêmes.

Quand cette fausse idée est mise en déroute, alors l'intimité, la douceur, l'affirmation de soi, la fermeté sans le sacrifice de soi ou la démission sont possibles. Le processus est difficile car le pouvoir qui a été donné doit être repris. Or, retrouver son pouvoir exige de délaisser les illusions de sécurité et de faire face aux questions existentielles. Parfois la bataille se déroule dans la mauvaise arène : ainsi le mari peut devenir l'ennemi, ce qui permet d'éviter la mère primitive jalouse (le premier protecteur). Aussi la femme peut-elle osciller entre l'homme-geôlier qui l'emprisonne et l'homme-petit-garçon qui va sombrer si elle devient indépendante.

Gould ajoute que, comme les hommes, les femmes cherchent l'authenticité et la plénitude qui ont manqué à leur vie jusqu'ici. C'est une période où homme et femme développent le pôle complémentaire[7] de leur androgynie.

Composante n° 4 : *Il n'y a pas de vie en dehors de cette famille*

Aussi longtemps qu'on adhère à cette composante, le partenaire doit porter le poids de tout ce qu'on lui apporte, explique Gould. Quand on la défie, il faut renégocier les ententes sexuelles et la relation. Souvent cela coïncide avec le questionnement suivant : Qu'est-ce que je serais devenu si je n'avais pas vécu avec *X* ? Comment serait-ce si je vivais seul ? avec quelqu'un d'autre ? Ne suis-je pas différent de ce que mon partenaire veut, pense, souhaite que je sois ? Il faut encore défaire des conspirations. Si cette fausse

---

7. Jung (*animus-anima*) et Levinson (polarité masculin-féminin) ont développé cette idée.

composante n'est pas renégociée, il y a un prix à payer : le ressentiment.

Composante n° 5 : *Je suis innocent*

On peut continuer d'adhérer à cette fausse prémisse parce qu'on a encore peur de notre « grosse méchanceté d'enfant » qui est démonique. Or avec le temps nous avons tous, un jour ou l'autre, reconnu ou entrevu notre avidité, notre envie, notre compétition, notre vengeance. Bref, nous avons perdu notre innocence.

Souvent le travail psychologique s'effectue par le biais d'un sentiment d'être inadéquat et une révision de nos « commandements » moraux. Gould nous prévient que les sentiments malvenus d'être inadéquat ne reflètent pas une inadéquation *per se* mais un jugement moral qu'on s'applique à soi-même quand une passion vitale essaie de se tailler une place dans nos vies. C'est plutôt un avertissement : N'est-il pas adéquat d'être ce qu'on croit capable d'être à ce moment-là ?

C'est pourquoi, poursuit Gould, il importe de réviser nos étiquettes morales : l'insatisfaction n'est pas synonyme d'avidité, la préoccupation de soi n'est pas l'égoïsme, la sensualité n'équivaut pas à la lascivité, ni le plaisir à l'irresponsabilité ; la curiosité n'a rien à voir avec quelque chose de défendu, la colère n'est pas assimilable à la destruction, et l'amour n'est pas à confondre avec la faiblesse. Toute imperfection n'est pas une faute. Et qui dit changement ne dit pas nécessairement danger. Il est donc capital de réinterpréter ou de réarticuler notre code moral à la lumière de la conscience adulte, ce qui, paradoxalement, exige que nous prenions contact avec ce qu'il y a en nous de noirceur, d'irrationnel. Cette recherche de vérité et de cohérence se fera concomitamment avec une révision d'images de soi négatives pour arriver à de nouveaux compromis.

En résumé, la phase du mitan de la vie est une période où le *self* adulte ne veut plus alterner entre des jugements de surface et des jugements qui viennent de plus profond, et où il devient impératif de trouver une posture médiane et des compromis plus satisfaisants. Cela donne lieu à un changement de stratégie de vie caractéristique du remue-ménage de cette phase.

Phase V — *Au-delà du mitan de la vie*

Gould note que cette transition de vie ne se produit pas carrément à l'âge de 45 ans ; les cycles du travail, de la famille et du mariage peuvent s'étendre jusque dans la cinquantaine. Mais il y a un renversement de la vapeur intense du mitan de la vie à une attitude post-mitan de la vie qui est plus calme, plus dégagée. Jusqu'à 50 ans, nous mettons beaucoup d'énergie à démanteler la conscience d'enfant à travers toutes ces fausses idées qu'il faut dissoudre les unes après les autres. Les événements nous aident à accepter qu'il n'y aura jamais aucun pouvoir magique qui saura plier le monde à notre volonté et le rendre conforme à notre désir. On arrive ainsi à faire le pas final sur le chemin qui va du « je suis à eux » (mes parents) à « je m'appartiens ». Gould pense que, finalement, c'est la vie dirigée de l'intérieur qui prévaut. Ce mouvement d'intériorité se dirige vers le véritable *self* intérieur qui n'est rien d'autre que le *centre* dont parle Jung (1961) : « Le *self* est le principe et l'archétype de l'orientation et de la signification », assure Gould.

Cela coïncide avec la formation d'un cadre de référence non compétitif qui prend parfois des accents d'expérience religieuse. On en vient à s'accepter davantage : « C'est ainsi que va le monde. Et me voilà tel que je suis ! » sans pointe de résignation, au contraire avec une reconnaissance positive : « C'est moi, ça ! », appuyée sur le sentiment que le sens que l'on donne aux choses réside à l'intérieur de nous-mêmes.

6.3.2 Des points de vue critiques sur les phases

☐ Toutes les phases de vie ne sont pas analysées avec autant d'attention. La cinquième phase est un parent pauvre. La composante majeure répète celle de la quatrième phase.

☐ La présentation de chacune par un découpage en fausse prémisse majeure et ses composantes a quelque chose de bien américain. Elle donne l'impression d'une longue recette à suivre pour devenir adulte... maturité garantie ! Une fois dépassée cette première impression, la finesse des analyses de Gould s'impose.

☐ Lorsqu'on se rend compte que le livre de Gould, *Transformations*, est structuré et architecturé autour des phases, il est facile de leur attribuer une importance capitale. Pourtant, Gould leur accorde une importance relative :

« Les phases et leurs énoncés constituent un cadre théorique et interprétatif important et, en cela, ils sont utiles mais ils doivent être reliés et subordonnés aux événements de vie. L'événement de vie est central. Il y a tout un enjeu dialectique autour de l'événement de vie. Par exemple, si quelqu'un est père à 55 ans, il a beaucoup en commun avec celui qui a 25 ans et qui est lui aussi père pour la première fois. Sauf qu'il a trente ans d'expérience de vie derrière lui qui changent sa façon d'être père. Voyez-vous, les processus sont beaucoup plus fluides que les phases de vie. »8

❏ Les propos de certaines composantes, plus spécialement les composantes 2 et 3 de la phase IV, qui portent sur les pactes d'immunité de l'homme avec son travail et de la femme avec sa relation avec les hommes, ont du sens dans une société où le travail est le lot des hommes et l'amour celui des femmes. Si on oublie de les rattacher à l'échantillon de Gould, si on néglige les nuances apportées par Gould lui-même et qu'on les généralise, il y a lieu de se demander si les phases et leurs composantes ont valeur universelle ou si elles ne décrivent pas davantage le vécu d'une cohorte : celle de la société nord-américaine d'après-guerre ?

❏ Pour ce qui est du tableau d'ensemble sur les phases, on n'insistera jamais suffisamment sur l'arbitraire de la division selon l'âge. Entre les deux échantillons de Gould, le découpage a changé et les résultats de la recherche s'appuient sur le deuxième. Analyser le contenu à partir d'autres divisions chronologiques entraînerait-il d'autres composantes ? d'autres fausses prémisses ?

Nous pouvons conclure brièvement cet exposé sur les phases en disant que, pour saisir la portée de l'analyse descriptive de Gould sur les phases, il faut les resituer par rapport à sa méthodologie, son référent sociologique et sa perspective psychanalytique.

Reprenons nos questions initiales : Est-ce à dire que l'éducateur d'adulte participe à la transformation de la conscience ? qu'il doit compter avec « le sens du temps » ? que les phases ont un effet sur le travail éducatif ? ou qu'il s'agit de réalités peu palpables dont il n'y a pas lieu de tenir compte ?

Le caractère interpersonnel du processus transformatif nous permet de comprendre que l'éducateur participe à la transformation de la conscience et que l'adulte demeure l'agent premier de sa transformation.

---

8. Entretien privé avec Gould, Santa Monica, novembre 1983.

Les images sur le temps peuvent nous permettre d'aborder l'adulte en tenant compte des métamorphoses qu'il vit par rapport à sa finitude : son projet éducatif s'inscrit dans un temps que la description des phases peut enrichir lorsqu'elle est utilisée comme « grille d'analyse » non normative et comportant ses limites.

Le modèle de Gould, comme celui de Levinson, suggère des phases mais, tandis que celui-là était plus « sociologisant », celui-ci est plus « psychanalysant ». Les prochains auteurs que nous étudierons se rattachent eux aussi à l'école psychanalytique.

LES ÉTUDIANTS ADULTES S'EXPRIMENT

Marcel, 36 ans

> *Un des grands malheurs de ceux qui vivent de telles difficultés (nous pensons à nous séparer), c'est de se croire seuls à vivre une telle situation. C'est pour ça que j'apprécie Gould. Cela m'a beaucoup soulagé de me rendre compte que la majorité des adultes de mon âge sont aux prises avec le même genre de remise en question.*

Louise, 32 ans

> *Une fois maîtrisées les fausses prémisses (il en faut du temps), l'enthousiasme succède à la peur. C'est pour avoir vécu ça que je me suis retrouvée en Gould.*

Sur la phase III, par Diane, 29 ans

> *La théorie de Gould me va comme un gant. J'en suis à un point de ma vie où il me semble que je ne dois plus me laisser dicter ma conduite par quiconque. Surtout pas par mon conjoint. C'est comme si je n'acceptais plus de céder. Comme si, jusque-là, j'avais contenu en moi une force qui soudain jaillit à tout propos, « incontrôlable ». Comme si, au fond, je n'acceptais plus (ou difficilement) les compromis qui faisaient que la vie était en harmonie autour de moi. Je voudrais garder cette harmonie pour garder la paix et la stabilité dans ma vie, mais, en même temps, je ne veux faire aucun effort pour arriver à ces fins si cela remet en question les besoins que je sens plus impérieux. Non, la vie n'est pas « simple et contrôlable ».*
>
> *Voici comment je vois les quatre composantes de la fausse prémisse majeure et comment je les vis :*
>
> *1. « Ce que je sais intellectuellement, je le sais émotivement. »*
>
> *Il y a chez moi une forte différence entre ce qu'intellectuellement je sais, et ce qu'émotivement je ressens. Par exemple, parfois je ne comprends pas que je réagisse de telle ou telle façon alors que, logiquement, je sais très bien*

que cette réaction n'a rien à voir avec la réalité que je
comprends. Il m'est très difficile d'expliquer ce phénomène.
Comme si en moi se dissociaient ma raison et mes émotions
et que j'avais une double vision des choses : une vision
des faits tels qu'ils sont, et une vision plus illusoire. Le
dilemme vient du fait que je reconnais qu'elle est illusoire,
mais que j'en tiens parfois autant compte que de la vision
logique que j'ai des choses.

2. « Je ne suis pas comme mes parents là où je ne veux pas
    l'être. »

Je ne pense pas m'être totalement débarrassée de cette
idée. Il me semble encore que je peux être ce que je veux
ou ce que je ne veux pas être, quand logiquement je sais
très bien que c'est assez impossible à réaliser (je note au
passage que cette façon d'envisager le problème est un
bon exemple de ce que j'essayais d'expliquer au point précédent). Si je me suis dissociée assez facilement de mes
parents, je ne suis pas très certaine de contrôler ce que
je suis par rapport à eux. Objectivement, pourtant, je crois
que je ressemble plus à mes parents que je ne le pense
ou ne le voudrais.

3. « Je peux voir clairement la vérité de mes proches. »

De moins en moins. Autant je me glorifiais de percevoir
de façon juste la personnalité des gens, autant je doute
maintenant de ce que reflète l'image des autres. Plus je
connais de gens, plus je m'aperçois qu'il est difficile d'en
saisir vraiment le portrait.

Mes proches n'échappent pas à cette réévaluation. Il semble
que je « rajuste mon tir », si je peux dire. Pour moi, la
question n'est pas que je puisse ou non « voir clairement
la réalité de ceux qui me sont proches », mais de mettre
en doute la perception claire que j'ai d'eux.

Je réalise que, puisque des changements s'effectuent en
moi et que je révise ma propre personnalité, les autres
peuvent changer aussi. Alors ma vision d'eux, qui était
peut-être juste, me semble remise en question.

4. « Les menaces à ma sécurité ne sont pas réelles. »

Au contraire, les menaces à ma sécurité, à mon confort,
à la place que je m'étais faite sont de plus en plus palpables.

Il y a deux ans, j'ai entrepris de compléter mes études, je ne travaille plus qu'à temps partiel et j'aurai bientôt deux enfants sous mon aile. Logiquement, en toute rationalité, je devrais m'accrocher à mon conjoint, faire en sorte qu'il sente son mariage solide, son foyer uni. Au lieu de ça, qu'est-ce que je fais ? Je ne rate aucune occasion de lui faire savoir qu'il n'est pas le maître de ma vie, qu'il n'a aucun mot à dire au sujet des décisions que je prends, et que, si la vie qu'il mène avec moi ne lui convient pas, il n'a qu'à faire ses valises ! Non seulement les menaces à ma sécurité sont-elles réelles, mais plus j'y pense, plus il m'apparaît clair que JE suis la plus grande menace à ma sécurité.

Sur la phase IV, par Hélène, 40 ans

Je suis une femme de 40 ans, mariée depuis 18 ans à un enseignant de cégep. Nous avons trois enfants. Voici comment je me situe par rapport à la phase IV de Gould dont la fausse prémisse est : « Il n'y a pas de méchanceté ou de mort dans le monde. Le danger a été détruit. »

1. *« Les illusions de sécurité peuvent durer à tout jamais. »*

   Lorsque je me suis mariée, il y a 18 ans, c'était en principe la sécurité affective et financière pour la vie. Marier un enseignant à l'époque signifiait une sécurité financière à toute épreuve une fois la permanence accordée, au bout de deux ans. Aujourd'hui, je réalise que ni le mariage ni l'enseignement n'ont une garantie à vie. Très peu de nos amis d'université demeurent toujours ensemble et, selon le bon vouloir du gouvernement, une discipline enseignée aujourd'hui peut très bien disparaître l'année suivante. Même le recyclage ne promet pas automatiquement un emploi au retour des études, après deux ans. Mon attitude face à la sécurité a donc beaucoup changé depuis dix ans.

   Un autre facteur influence mon attitude. Autrefois les enfants quittaient le nid familial entre 18 et 21 ans, mais à cause de la crise économique actuelle, on est peut-être pris à subvenir à leurs besoins plus longtemps qu'on ne l'avait envisagé à leur naissance.

   Le sentiment de sécurité que pouvaient me procurer mes parents a aussi beaucoup évolué. Il y a quelques années, je me disais qu'ils seraient toujours là pour me sortir d'embarras. Toutefois, à l'âge qu'ils ont maintenant, je ne voudrais pas les énerver avec mes problèmes. J'ai vraiment perdu, à 40 ans, mes illusions de petite fille sur une sécurité à toute épreuve. Cela a sans doute influencé mon choix de retourner aux études car la sécurité est plus que relative de nos jours.

2.   « *La mort, ce n'est pas pour moi.* »

Pour une fausse prémisse, celle-là est sans doute la plus fausse dans ma vie. La mort a si souvent frappé près de moi, depuis l'âge de 20 ans, que je commence à l'amadouer malgré moi. Mon attitude de vulnérabilité face à l'évidence de la mort a commencé à me troubler très jeune. En plus de vivre depuis l'âge de huit ans avec un père atteint gravement de maladie cardiaque et que j'ai vu à plusieurs reprises sur le point de mourir, plusieurs autres mortalités m'ont laissé des souvenirs plutôt amers.

3.   « *Il est impossible de vivre sans un protecteur.* »

Ayant passé la majeure partie de ma vie adulte à la maison, j'ai cru à cette fausse prémisse passablement longtemps. Je viens à peine, depuis environ trois ans, de m'en délivrer et de la transcender. Pour moi, j'ai passé d'un père super-protecteur à un mari protecteur. Depuis cinq ans environ, je me suis remise à m'affirmer, ce qui a eu pour conséquence que je fais maintenant les choses parce qu'elles doivent être faites et non pour faire plaisir à quelqu'un. Accomplissant les tâches uniquement pour faire plaisir à quelqu'un d'autre, j'étais constamment frustrée car je n'avais jamais le temps de faire des choses qui me plaisaient à moi et à moi seule.

Cette remise en question de ma vie m'a fait réaliser que je n'ai plus de temps à perdre et que je dois aussi jouir de la vie et de tout ce qui s'offre à moi. Il me semble que je suis devenue une personne entière et indépendante, pas complètement financièrement, mais cela aussi viendra sûrement, du moins dans mon esprit. Je suis maintenant une adulte et je n'ai plus de permission à demander à personne si je veux faire une action ou prendre une décision. Je sens que je peux enfin considérer mon mari et mes parents comme des personnes adultes égales à moi tout en étant différentes.

Je suis enfin passée d'une conscience d'enfant vis-à-vis de mon protecteur à une conscience pleinement adulte. Je réalise que, si quelque chose de dramatique arrivait à mon protecteur, la vie continuerait de tourner et je devrais y faire face. Maintenant, au lieu de me laisser aller, je retrousserais mes manches et je foncerais pour relever le défi.

4. « *Il n'y a pas de vie en dehors de cette famille.* »

Pendant les quinze premières années de mon mariage, j'aurais probablement dit que cette fausse prémisse était on ne peut plus vraie. Aujourd'hui je vois toutes sortes de possibilités en dehors de la famille. D'ailleurs les enfants accepteraient très bien que je décide de travailler à l'extérieur à plein temps. Ils y voient de nombreux avantages, surtout financiers, beaucoup plus d'argent à dépenser. Pour moi, je vois plusieurs possibilités et je n'hésiterais pas à retourner sur le marché du travail si la chance me souriait. Pour le moment, je donne des cours à l'occasion et je poursuis mes études sans me sentir coupable du tout de laisser la famille derrière, lors de certaines fins de semaine.

Quant aux enfants, contrairement à ce que j'aurais pensé il y a quelques années, je ne crains plus de les voir quitter le nid familial. Il me semble que j'aurai enfin l'occasion de faire encore plus de choses parce que, présentement, ils occupent encore beaucoup de mon temps et la petite est loin d'être élevée.

Pour ce qui est du mari, celui-ci aimerait pouvoir prendre enfin une année sabbatique ou plus et sortir de son rôle infernal de seul pourvoyeur de la famille. À 41 ans, il se sent quelque peu exploité depuis ces dernières années. Si je pouvais lui offrir ce luxe bien mérité en me trouvant un emploi à temps plein, je le ferais volontiers. Même un travail à temps partiel lui permettrait de se sentir moins serré financièrement. Le stress du travail serait alors plus acceptable. Ne travaillant que quelques semaines par année, ce n'est pas assez pour faire vivre une famille de cinq personnes qui ont de nombreuses activités sportives et culturelles.

5.   *« Je suis innocente. »*

Mon expression favorite va très bien démontrer où j'en suis rendue dans ma démarche face à cette composante de la quatrième prémisse : « Écoutez-moi bien : je ne suis pas responsable de tout ce qui se passe dans cette sainte maison ou de tout ce qui n'est pas fait adéquatement. » Par exemple si une paire de patins à roulettes traîne dans l'escalier, je crois sincèrement que c'est à la personne qui les aperçoit la première de les ramasser ou de le signaler à la propriétaire, au lieu de crier après moi qu'il y a un objet dangereux dans l'escalier. Pendant des années je me serais rendue coupable de ne pas les ramasser immédiatement pour éviter le pire. Clairement, j'affirme mon innocence mais pas dans un sens péjoratif et si je fais des erreurs, tant pis ! Je déclare souvent aussi qu'on ne peut manquer une tarte ou un gâteau si on l'achète tout fait au magasin. J'accepte mieux à 40 ans d'avouer mes erreurs, car j'ai au moins tenté de nouvelles expériences qui me profiteront sans doute plus tard.

Il me semble que je réalise maintenant que je peux commettre des erreurs comme adulte et que la terre n'arrêtera pas de tourner pour ça. Je n'ai plus, à 40 ans, à justifier mon innocence face à mon mari, mes enfants et mes parents. En un mot, je prends la pleine responsabilité de toutes mes erreurs et voilà.

Pour conclure, je dirai simplement que je suis plus ou moins d'accord avec les phases telles que décrites par Roger Gould. Personnellement, après avoir dépassé les cinq composantes de sa quatrième phase, en principe je devrais me situer à 40 ans dans la cinquième phase « Au-delà du milieu de la vie » et, franchement, je ne crois pas avoir complètement terminé la crise de la quarantaine. Toutefois, je passe présentement par une période de grande sérénité (si cela est possible avec deux adolescents) et j'ai enfin trouvé ma place dans ce labyrinthe qu'est la vie adulte. Issue d'un milieu bourgeois, je ne puis qu'être en accord avec Roger Gould sur l'importance de l'influence de la famille et de la société sur notre conscience de la réalité ou sur notre sens subjectif du monde qui nous entoure.

Je terminerai en disant que, tout en étant parvenue à cette « conscience d'adulte », c'est-à-dire à être un individu authentique et entier, je conserve et j'espère toujours garder le sens de l'humour et de l'émerveillement que possèdent les enfants dans leur conscience des choses qui les entourent. Je me suis donc donné à moi-même la liberté de continuer à évoluer par une plus grande tolérance envers moi-même et envers les autres, respectant ainsi les droits de chacun. Je suis ce que je suis, c'est-à-dire que si je me réfère aux théories de Roger Gould, je me situerais dans un mélange inégal entre trois phases (28-34, 35-45 et 45 +).

Si j'avais à dessiner ma vie présentement, je mettrais les phases en cercles entrecroisés. D'après moi, l'on ne termine pas nécessairement une phase, mais on la traîne quelques années et l'on embarque presque inconsciemment dans la phase suivante. C'est probablement ce qui nous cause tant de conflits intérieurs, familiaux et sociaux, toutes les personnes qui nous entourent passant elles aussi par plusieurs phases entrecroisées.

GOULD
Exercices et sujets de réflexion

1. Que pensez-vous de cette idée de Gould : « La conscience d'enfant consiste en l'intrusion, dans la vie adulte, d'états douloureux de l'enfance » ?

2. Existe-t-il d'autres sortes de transformations de la conscience ? Comparez-les à celles dont parle Gould.

3. Discutez de l'importance relative des phases et des événements de vie.

4. Comparez les phases de vie décrites par Levinson avec celles décrites par Gould.

5. Le pacte d'immunité (un autre stratagème protecteur) entre l'homme et son travail consiste pour l'homme à croire que s'il réussit il ne se sentira plus jamais comme un petit garçon démuni. Croyez-vous qu'un tel pacte existe vraiment pour les hommes ? pour les femmes ?

6. « Il est impossible de vivre sans un protecteur » serait le pacte d'immunité que les femmes font dans leur relation avec les hommes. Ce stratagème protecteur vous apparaît-il comme appartenant uniquement aux femmes ? comme un phénomène culturel ? Dites pourquoi.

7. Que pensez-vous du rôle attribué par Gould au sens du temps dans la vie adulte ? Discutez.

GOULD

	1	2	3	4	5	6	7	8	9	10	11	12	13	14	15	16
1													■			
2		■	■		■		■	■		■		■			■	
3		■										■				
4				■					■					■		
5			■									■	■			
6			■				■					■				
7							■		■							
8		■					■			■			■			
9							■		■			■				
10		■			■		■			■						
11			■				■			■					■	
12	■						■						■			
13					■								■			
14	■								■		■					
15			■					■	■		■				■	
16		■												■		

HORIZONTALEMENT

1. Terme utilisé par Gould pour désigner une interaction « liée » entre deux partenaires, qui est semblable au jeu chez Berne. — Bateau à fond plat servant à passer un cours d'eau.

2. Conjonction. — Exclamation enfantine. — Terminaison des verbes du 2e groupe.

3. Concept central de la théorie de l'auteur, c'est aussi le titre de son livre (sing.).

4. Abri aménagé pour recevoir les bateaux. — Liquide inodore, incolore, transparent. — Selon l'auteur, le sens que nous en avons change au cours de la vie adulte.

5. Risqua. — Réalité correspondant à la conscience d'adulte, selon Gould. — Et le reste. —

6. Monnaie du Japon. — Préparé pour le tissage. — Du verbe avoir.

7. Ville des Pays-Bas. — Note de la gamme. — Pronom personnel.

8. Vivant. — Selon l'auteur, c'est la situation spécifique de la vie adulte qui fait surgir la colère démonique.

9. Infusion. — À l'ouest du Viêt-nam. — Mille deux cents en chiffres romains.

10. Chef d'État. — Illusion absolue qu'on perd en vieillissant, selon l'auteur.
11. Pièce de tissu montée sur un cadre de bois et servant à passer diverses matières liquides. — Pronom personnel. — Préposition (anglais).
12. Tu te rends. — Note de la gamme. — L'une des deux règles de la conscience adulte, selon l'auteur.
13. Réseau de mailles pour capturer. — Ça n'arrive qu'à eux.
14. Réalité correspondant à la conscience d'enfant, selon l'auteur. — Avant-midi. — Possessif.
15. Pronom personnel. — Les verbes terminés ainsi doublent la consonne finale devant un e muet. — Légumineuse.
16. Épithète qui qualifie les règles (ou les stratagèmes) à l'intérieur desquelles nous nous enfermons, selon Gould.

VERTICALEMENT

1. Chaque fausse prémisse en comprend plusieurs, selon l'auteur. — Note de la gamme.
2. Conjonction. — Risques. — Immodérément désireux.
3. Qualifie la méthodologie utilisée par l'auteur.
4. Destin. — Deux voyelles. — Ce qu'il faut faire avant de récolter.
5. Caractérise souvent le processus transformatif, selon l'auteur. — Pou (argot).
6. Auberge (anglais). — Conjonction. — Conjonction. — Propre.
7. Personne ennuyante. — Caractéristique du processus transformatif qui signifie que l'adulte est le premier agent de son développement, selon l'auteur.
8. Maquillées.
9. Perçai. — Empreinte faite par le cachet officiel d'un souverain pour authentifier.
10. Nom donné à des plantes potagères cultivées pour leurs racines comestibles. — Pronom relatif.
11. Orchestre symphonique de Montréal. — Assassiner. — Note de la gamme. — Souri.
12. Association touristique de l'Estrie. — Débarquera sur la lune.
13. Allez (en latin). — Proféré. — Région latérale de la tête correspondant à la fosse temporale du crâne.
14. Soumet à des vexations. — Deuxième règle de la conscience adulte (un des deux mots seulement), selon l'auteur. — Chacune des pièces rigides d'un squelette.
15. Choisit. — Huit (préfixe). — Note de la gamme.
16. Ce sur quoi porte la transformation, selon l'auteur. — Il y en a cinq dans le modèle de l'auteur (sing.).

7

GEORGE E. VAILLANT
L'évolution des styles adaptatifs

Saviez-vous que les mécanismes d'adaptation — ou de défense — d'une personne évoluent au cours de sa vie adulte, et ce dans le sens d'une plus grande maturité ? Le vieux dicton comme quoi la sagesse vient avec l'âge aurait donc des fondements psychologiques ? Voilà une idée susceptible de rejoindre plusieurs personnes. Imaginez quelques instants que cette idée soit vraie. Cette thèse, loin d'être improvisée, est avancée — au terme d'une étude complexe et poussée, comme nous le verrons plus loin — par George E. Vaillant, un des théoriciens du développement psychosocial de l'adulte.

La recherche de Vaillant est fascinante, tant par sa méthodologie que par sa thèse centrale sur l'évolution des styles adaptatifs. C'est une des rares études longitudinales que nous ayons sur le développement adulte, étude fort systématique si on en juge par l'ensemble de ses interventions de recherches (tests, entrevues, questionnaires, etc.). Ses conclusions, si elles sont justes, apportent non seulement des informations nouvelles majeures sur le développement psychosocial de l'adulte, mais elles pourraient aussi colorer l'intervention médicale, psychiatrique, psychosociale et éducative auprès des adultes. Autrement dit, les retombées de la recherche de Vaillant sont multiples.

❐ Pour bien saisir la portée et les limites de l'analyse de Vaillant, il importe de connaître la méthodologie de recherche utilisée. C'est pourquoi, avant d'exposer sa théorie proprement dite et d'en décrire les effets sur le développement psychosocial de l'adulte, une première partie traitera de la méthodologie (échantillonnage et plan de recherche).

❑ Une deuxième partie portera sur la thèse centrale, à savoir comment Vaillant conçoit les mécanismes de défense, la santé mentale et l'évolution des mécanismes d'adaptation à partir de sa typologie.

❑ Enfin, une troisième partie présentera les retombées de cette thèse sur le développement adulte, sur les concepts centraux et sur les relations interpersonnelles.

7.1   LA MÉTHODOLOGIE

7.1.1   La description de l'échantillonnage

Les 95 sujets étudiés par Vaillant sont des Américains mâles de race blanche, tous nés après la Première Guerre mondiale. Ils ont été choisis parmi les 268 sujets du *Grant Study of Adult Development*. Disons quelques mots sur cette recherche. En 1937-1938, William T. Grant, M.D., Earl Bond et Arlie V. Bock, M.D., élaborent une recherche ayant pour but d'analyser le développement d'hommes choyés et doués. Leur équipe, aussi appelée le *Berkeley's Oakland Growth Study*, est multidisciplinaire. De 1938 à 1944, ils procèdent à la sélection des 268 sujets à partir des critères suivants : la possibilité de terminer leurs études collégiales, la supériorité quant à l'intelligence, la personnalité et la constitution physique, le niveau élevé de performance, la sécurité socio-économique et la stabilité de leur milieu familial d'origine.

Comme le souligne Vaillant, « les hommes du groupe de recherche *The Grant Study* étaient tous des travailleurs acharnés et ambitieux ; ils ont tous été choisis pour leur volonté, au cours de leur adolescence, d'investir dans leur propre croissance et leur propre développement» (Vaillant, 1977, p. 203, traduction libre) et sur la base de leur santé mentale. C'est dire que les sujets sélectionnés étaient fiers de faire partie de cette recherche et que cette participation a influencé de façon significative leur vie (effet Hawthorne).

Leur niveau socio-économique est légèrement plus élevé que la moyenne ; la moitié d'entre eux ont toutefois travaillé au cours de leurs études. Leur position dans leur famille d'origine se lit comme suit : 41 % sont des aînés, 11 % des enfants uniques, 22 % des cadets. À l'âge de 19 ans, 14 % ont un parent décédé et 7 % sont de familles séparées ou divorcées. Sur le plan physique, ils mesurent en moyenne 1,78 m et pèsent 72,7 kilos. Une particularité

— qui en est une de cohorte — attire l'attention : 230 des 268 personnes ont pris part à la Seconde Guerre mondiale.

7.1.2 La présentation du plan de recherche

L'étude du *Grant Study* couvre les années 1944 à 1969. Dans une étude longitudinale[1], on analyse certains aspects de la vie d'un même groupe de personnes à différents moments dans le temps, opérant une coupe diachronique (*dia*, en grec, signifie à travers et *chronos*, temps). On détermine alors un ensemble de sujets qu'on choisit de revoir à intervalles de temps X sur une durée de temps Y. L'étude du *Grant Study* est impressionnante par la quantité et la qualité des méthodologies utilisées. Chaque candidat a été soumis aux épreuves suivantes :

❏ Tests physique, physiologique et psychologique totalisant 20 heures, administrés au cours de leurs études collégiales, comprenant un examen médical et un examen effectué par un physiologiste.

❏ Autres tests :

– *Alpha Verbal* et *Alpha Numerical* (intelligence) ;

– *Rorschach* (version réduite) ;

– Batterie de tests portant sur la dextérité manuelle et la compréhension des relations spatiales ;

– *Scholastic Aptitude Test* (SAT) (presque tous les sujets) ;

– *Mathematical Attainments Test* (MAT) (presque tous les sujets).

---

1. Cette méthodologie de recherche a des avantages et des inconvénients. Comme elle exige beaucoup de temps, les difficultés s'entrevoient aisément. D'abord il est difficile de rejoindre les sujets : il faut compter avec les déménagements, les mortalités, les disparitions, bref avec ce qu'on appelle la mortalité expérimentale, qui fait que des sujets ne se présentent pas la fois suivante. Les résultats de recherche sont loin d'être immédiats et on a vu des chercheurs eux-mêmes être remplacés. De plus, ce genre de recherche exige une infrastructure coûteuse. Par ailleurs, il est facile d'attribuer à l'âge des changements imputables à une cohorte (par exemple, en observant que tous les garçons de 18 ans font leur service militaire, on pourrait conclure qu'il s'agit là d'une tâche développementale). En outre, comment savoir si les données qui décrivent une cohorte s'appliquent à une autre cohorte ? C'est dire que la validation externe est limitée. Enfin, entretemps, peuvent toujours surgir de nouvelles théories et de nouveaux instruments de recherche. Une approche dérivée de l'étude longitudinale est l'étude rétrospective. Un inconvénient important réside alors dans les biais instaurés par la mémoire (perte d'information, idéalisation des faits, etc.).

❑ Entrevues, au nombre de huit pour chacun des sujets, réalisées par un psychiatre et portant sur ces thèmes : famille, plan de carrière et système de valeurs.

❑ Histoire sociale construite à partir de rencontres avec toutes les mères des sujets, ces rencontres ayant lieu au domicile des parents.

❑ Questionnaire à questions fermées ou ouvertes sur ces thèmes : emploi, famille, santé, habitudes et loisirs (vacances, sports, usage de l'alcool et du tabac), politique, de la fin des études à 1955, tous les ans, et de 1955 à 1972, tous les deux ans.

❑ Questionnaire portant sur la situation maritale pour tous les sujets, en 1954, en 1967 et en 1972, et pour les conjointes des sujets, en 1967 et en 1975.

❑ Histoire du développement : de 1950 à 1952, tous les sujets furent interrogés à leur domicile par une anthropologue.

Les données furent colligées de 1944 à 1975. Dès 1950, *The Grant Study of Adult Development* devient *The Study of Adult Development*. En 1967, Vaillant se joint à l'équipe ; il publiera son livre *Adaptation to Life* en 1977.

Comment ont été sélectionnés les *95 sujets* étudiés par Vaillant ? Ils devaient avoir reçu un diplôme entre 1942 et 1944, ce qui en éliminait 66 ; chacun des 202 sujets restants s'est vu attribuer un numéro de 1 à 202, puis on a prélevé au hasard 5 chiffres entre 0 et 9 : les chiffres 1, 5, 6, 8 et 0 sont sortis. Tous les sujets dont le numéro se terminait par l'un de ces chiffres ont été retenus pour une entrevue. Deux d'entre eux s'étaient déjà retirés du projet Grant avant la remise des diplômes et cinq sont décédés avant 1968, ce qui donne 95 sujets. Un des 95 hommes est mort peu avant l'entrevue de Vaillant, mais comme ses amis avaient été questionnés, il est considéré comme inclus dans la recherche.

Avant de rencontrer chacun des sujets pour une entrevue semi-structurée de deux heures, Vaillant a revu les données cumulées sur chacun par la fondation Grant (des centaines de pages pour chaque homme). Vaillant utilise sa finesse et sa perspicacité de clinicien en cours d'entrevue et dans la description qu'il donne des sujets : « Avec certains, l'entrevue ressemblait à une consultation psychiatrique, avec d'autres à une interview journalistique, avec d'autres enfin à un entretien amical» (1977, p. 47, traduction libre). Afin de pondérer les données empiriques obtenues, les échelles graduées suivantes furent construites : *Adult Adjustment Scale* (Mesure de l'adaptation adulte) ; *Childhood Environment Scale* (Mesure de l'environnement de l'enfance) ; *Objective Phys-*

ical Health Scale (Mesure de santé physique objective) ; *Marital Happiness Scale* (Mesure de bonheur marital) ; *Maturity of Defenses Scale* (Mesure des défenses de la maturité) ; *Overall Outcome of Children Scale* (Mesure des résultats globaux de leurs enfants : 1) la proximité du père vis-à-vis de ses enfants ; 2) la réussite scolaire des enfants ; 3) l'adaptation sociale des enfants ; 4) l'adaptation émotionnelle des enfants).

Le but avoué de Vaillant était de décrire comment ces hommes s'étaient adaptés et s'adaptaient encore à leur vie. Il affirme accorder plus d'importance à ce que chaque homme a fait, c'est-à-dire à son comportement réel, qu'à ses aspirations ou à ses sentiments :

« Dans la mesure où j'analyse leur comportement, je sais peu de choses sur les rêves des sujets, sur leurs fantaisies inconscientes ou sur leurs lapsus, mais j'en connais beaucoup sur ce qu'ils ont fait de leur vie.» (1977, p. 10, traduction libre.)

Comme on le voit, l'étude est sérieuse et bien documentée. Elle s'étend sur plus de 30 ans (1944 à 1975). La thèse qu'elle avance mérite d'autant notre attention.

7.2   LA THÈSE CENTRALE

Que dit la thèse ? Elle pose qu'au cours de son évolution, l'adulte modifie son style adaptatif vers une plus grande maturité. S'appuyant sur une étude et une analyse serrée de l'évolution des styles adaptatifs de ces 95 hommes, Vaillant affirme que les mécanismes de défense évoluent : « La maturation des êtres humains s'accompagne de l'évolution de leurs processus adaptatifs.» (1977, p. 80, traduction libre.)

Cette thèse s'appuie sur trois points : une conception des mécanismes de défense, une vision de la santé mentale, une typologie des mécanismes d'adaptation. Nous traiterons successivement ces trois points.

7.2.1   La conception des mécanismes de défense

Une adaptation réussie ou efficace ne se caractérise pas par l'absence de problèmes, mais par la manière dont la personne les traite. Le concept de santé mentale et d'adaptation de Vaillant s'inspire de Hartmann[2]. Tout au long de son texte, Vaillant utilise plus

---

2. HARTMANN, H. (1958), *Ego Psychology and the Problem of Adaptation*, New York, International Universities Press.

souvent l'expression « mécanismes d'adaptation » que celle de
« mécanismes de défense» ; on sent clairement qu'il a une conception positive des défenses et qu'il les perçoit comme une réaction
de protection : « Souvent les défenses sont de santé plus que pathologiques.» (1977, p. 7, traduction libre.) « Elles présupposent un
processus dynamique de reconstruction et ne connotent pas quelque
chose d'anormal.» (1977, p. 9, traduction libre.) Il les décrit comme
suit :

> « Les mécanismes de défense de l'*ego* décrivent un pro-
> cessus mental inconscient et quelquefois pathologique que
> l'*ego* utilise pour résoudre un conflit entre quatre dimensions
> importantes de notre vie intérieure : les pulsions, le monde
> réel, les personnes importantes et les interdits intériorisés
> qui viennent de notre conscience et de notre culture.» (1977,
> p. 9, traduction libre.)

À quoi servent ces mécanismes de l'*ego* ? Vaillant leur reconnaît
cinq fonctions (1977, p. 10) :

☐ maintenir les affects à l'intérieur de limites supportables lors
   des crises soudaines de la vie (par exemple, à la suite d'un
   décès) ;

☐ rétablir un équilibre émotionnel en remettant à plus tard ou
   en canalisant les augmentations soudaines des pulsions biologiques (par exemple, à la puberté) ;

☐ obtenir un délai afin de maîtriser les changements d'images
   de soi (par exemple, à la suite d'une intervention chirurgicale
   ou d'une promotion inattendue) ;

☐ prendre en mains des conflits insolubles avec des personnes,
   vivantes ou mortes, dont il est intolérable de se séparer (un
   parent, un conjoint) ;

☐ survivre à des conflits majeurs avec lucidité (par exemple, le
   fait de tuer en temps de guerre, ou encore de « placer» ses
   parents dans une résidence pour personnes âgées).

Comment se caractérisent ces mécanismes ? Avec Freud, Vaillant reconnaît que les défenses possèdent les cinq propriétés suivantes : elles sont les principaux moyens de gérer la pulsion et
l'affect ; elles sont inconscientes ; il n'y a pas de continuité de
l'une à l'autre ; même si elles sont souvent le signe distinctif de
syndromes psychiatriques majeurs, les défenses sont dynamiques
et réversibles ; enfin, elles peuvent être adaptatives aussi bien que
pathologiques (1977, p. 77).

Comment savoir si un mécanisme est adaptatif ou pathologique ? Pour répondre à cette question, le contexte est capital. Il faut considérer les circonstances qui préludent à l'apparition du mécanisme et les effets de ce mécanisme sur les relations de l'individu avec les autres. Soulignons l'insistance que Vaillant met sur le contexte et les circonstances :

« ... Beaucoup de ce que nous appelons maladie mentale est, de fait, l'expression d'une réponse adaptative d'un individu. Ce ne sont pas les défenses en elles-mêmes qui sont pathologiques, mais les conflits et les événements déréglés qui les font surgir. Pour évaluer la signification d'une défense donnée, le contexte et la flexibilité deviennent extrêmement importants.» (1977, p. 85, traduction libre.)

Par exemple, un patient cancéreux en phase terminale pourrait rêver qu'il va bien (ce qui est une dénégation) et cela pourrait s'avérer relativement fonctionnel en lui permettant de vivre ses derniers jours dans une certaine paix.

Vaillant considère qu'une défense est pathologique plus qu'adaptative si elle est utilisée de façon rigide et inflexible, si elle est motivée davantage par des besoins passés plutôt que par la réalité présente ou future, si elle entraîne trop de distorsions dans la situation présente, si elle abolit les gratifications plutôt que de les limiter ou si elle condamne l'expression des sentiments plutôt que de leur permettre une nouvelle canalisation.

La défense adaptative va donc dans le sens de la souplesse, du présent, d'une gratification partielle (plutôt que rien) et d'une recanalisation des sentiments. Cela coïncide avec la santé mentale. Voyons maintenant comment Vaillant conçoit la santé mentale.

7.2.2 La vision de la santé mentale

Personne n'est immunisé contre l'anxiété et la dépression. Il faut concevoir la santé mentale sur un continuum et tenir compte des vicissitudes de la vie :

« La santé mentale n'est pas à l'abri de l'anxiété et de la dépression parce qu'une adaptation saine présuppose une perception adéquate de l'univers et qu'une perception adéquate suscite souvent de la souffrance.» (Vaillant, 1977, p. 25, traduction libre.)

Il ne faut donc pas confondre santé mentale et bonheur : « Le fait de ne pas être heureux montre une faille dans les mécanismes adaptatifs, il n'est pas en lui-même un indicateur d'une santé psychologique pauvre.» (Vaillant, 1977, p. 25, traduction libre.)

À partir de sa recherche, Vaillant énonce les cinq postulats suivants sur la santé mentale (1977, p. 29) :

❑ Ce n'est pas un traumatisme isolé de l'enfance qui façonne notre futur, mais bien la qualité des relations que nous entretenons avec des personnes importantes ;

❑ La vie change et le cours de la vie est rempli de discontinuités ; ce qui à un moment donné apparaît être de l'ordre de la maladie mentale peut, à un autre moment, sembler tout à fait adapté ;

❑ La clé qui donne du sens à la psychopathologie réside dans la compréhension des mécanismes adaptatifs car, très souvent, beaucoup de ce qui est sous-jacent à une psychopathologie reflète un processus de guérison. De tels mécanismes d'adaptation peuvent être différenciés les uns des autres et classés sur un continuum qui met en relation et la santé et la maturité. [...] Un style adaptatif peut se transformer dans un autre ; ainsi, toutes les personnalités sont dynamiques et le cours de la vie d'un individu ne suit pas une trajectoire prévisible ;

❑ Le développement de l'être humain se poursuivant tout au cours de la vie adulte, la vérité sur les vies demeure relative et ne peut être mise à jour que de façon longitudinale ;

❑ La santé mentale existe et on peut la définir opérationnellement dans des termes qui sont affranchis des biais moraux et culturels, du moins en partie.

La santé mentale est une notion dynamique liée à l'adaptation. C'est dans la mesure où un mécanisme laisse la voie ouverte pour une croissance ultérieure de la personne que Vaillant le considère comme réussi.

Rappelons que les hommes de la fondation Grant ont été choisis à partir d'un critère de santé mentale et que la découverte la plus étonnante de Vaillant fut de constater que les mécanismes d'adaptation des sujets se sont transformés au cours de leur vie respective dans le sens de mécanismes plus matures. Pour comprendre cela, voyons maintenant le classement des mécanismes d'adaptation selon Vaillant.

7.2.3 La typologie des mécanismes d'adaptation

Le classement de Vaillant est gradué du niveau I (moins mature) au niveau IV (plus mature) ; il est donc hiérarchisé selon une échelle de valeur basée sur une conception de la maturité et de l'adaptation. Autrement dit, la conception que Vaillant a de la santé mentale est sous-jacente à ce classement.

Avant d'étudier plus à fond sa typologie, une question préalable se pose : comment évoluent les mécanismes de défense ? Deux éléments sont nécessaires à leur maturation : il faut que le système nerveux lui-même mûrisse, il faut que la personne effectue des identifications réussies avec d'autres personnes. « Comme pour le développement de n'importe quelle habileté, la croissance des mécanismes de défense matures exige à la fois une maturation biologique et des modèles disponibles auxquels s'identifier.» (Vaillant, 1977, p. 89, traduction libre.) Un style adaptatif se métamorphose à mesure que les mécanismes de défense se modifient ; à ce qu'il semble, ceux-ci ne disparaissent pas, ils se transforment.

Vaillant distingue 18 mécanismes d'adaptation ; il les retient à partir des compilations différentes de Percival Symonds, d'Anna Freud, d'Arthur Valenstein, d'Elvin Semrad, d'Otto Fenichel et de Lawrence Kolb[3], en ayant soin de souligner qu'en 1932 Freud en dénombrait 4, tandis que Valenstein, pour sa part, en dénombre 44. Nous pourrions nous contenter d'une simple énumération des niveaux et des mécanismes ; par ailleurs, comme il est passionnant de comprendre les processus psychosociologiques à l'intérieur

---

3. Voici les références sur lesquelles s'appuie Vaillant (1977, p. 377) :
   SYMONDS, P.M. (1945), *Defenses : The Dynamics of Human Adjustment*, New York, Appleton-Century Crofts.
   FREUD, A. (1937), *The Ego and the Mechanisms of Defense*, London, Hogarth Press Ltd.
   BIBRING, G.L., T.F. DWYER, D.S. HUNTINGTON et A. VALENSTEIN (1961), « A Study of the Psychological Process in Pregnancy and of the Earliest Mother-Child Relationship : II. Methodological Considerations», *The Psychoanalytic Study of the Child*, 16, p. 25-72.
   SEMRAD, E. (1967), « The Organization of Ego Defenses and Object Loss», *in* D.M. MORIARITY (édit.), *The Loss of Loved Ones*, Springfield, Charles C. Thomas.
   FENICHEL, O. (1945), *The Psychoanalytical Theory of Neurosis*, New York, W.W. Norton & Co.
   KOLB, L.C. (1968), *Noyes' Modern Clinical Psychiatry*, Philadelphia, W.B. Saunders Co.

desquels se déroulent nos vies concrètes, singulières, nous avons choisi de présenter chacun de façon élémentaire et suffisante pour que le lecteur s'y retrouve. Le lecteur impatient pourra sauter quelques pages.

Dans le livre de Vaillant, deux chapitres (6 et 7) sont consacrés aux mécanismes matures, un (chapitre 8) aux mécanismes névrotiques, un (chapitre 9) aux mécanismes immatures, aucun (et pour cause, les sujets y ont eu peu recours) aux mécanismes dits « psychotiques ». Tous ces chapitres forment la partie II du livre, au titre révélateur, *Les styles d'adaptation de base* ; de plus, l'appendice A (1977, p. 383) contient un glossaire des mécanismes de défense. Que cette deuxième partie occupe plus de cent pages, avec de nombreux exemples à l'appui, confirme notre option.

Les mécanismes psychotiques

Au niveau I se trouvent les *mécanismes psychotiques* : la projection hallucinatoire, la dénégation psychotique et la distorsion. Ce sont trois façons de réarranger, de réorganiser la réalité extérieure, soit par une franche hallucination souvent de l'ordre de la persécution, soit par une négation (déni) littérale de cette réalité (ex. : les filles aussi ont des pénis), soit par une reconstruction distordue de cette réalité de manière qu'elle satisfasse les besoins intérieurs. Que le petit garçon de 3 ans imagine des dragons rouges et des loups-garous, c'est là une manière primitive de s'exprimer qui est dans l'ordre des choses. Cette modalité d'adaptation inhérente aux défenses psychotiques se retrouve ainsi chez les enfants en santé avant l'âge de 5 ans, chez les adultes dans les rêves et les fantaisies, rarement dans leur comportement éveillé. Les mécanismes psychotiques créent une sensation d'omnipuissance.

Les mécanismes immatures

Les *mécanismes immatures* (niveau II) sont des défenses sociales qui consistent dans les modes par lesquels nous composons avec des êtres insupportables ; c'est une « façon de faire une trêve avec des personnes avec lesquelles on ne peut ni vivre ni ne pas vivre» (Vaillant, 1977, p. 160, traduction libre). On les retrouve chez les individus en santé de 3 à 17 ans, dans les dépressions ou les « dépendances». Ils entraînent ce que les psychiatres appellent les désordres de caractère (narcissisme et dépendance passive) :

« Les sujets de la fondation Grant qui emploient des défenses immatures ont tendance à être les plus centrés sur eux-mêmes ; et les traits de passivité et de dépendance sont en corrélation significative avec chacun des styles adaptatifs immatures.» (Vaillant, 1977, p. 159, traduction libre.)

Est-il nécessaire de dire que les mécanismes immatures comportent une réelle souffrance humaine ? Pour celui qui utilise ce mode adaptatif, cela lui permet de modifier la détresse engendrée chez lui par la présence ou la perte de l'autre personne (peur de l'intimité, menace d'abandon). Vaillant décrit cinq mécanismes immatures : la projection, la fantaisie schizoïde, l'hypocondrie, le comportement passif-agressif et l'*acting out*.

Dans la *projection*, la personne attribue ses sentiments à l'autre (disant par exemple « il m'en veut», alors que c'est sa propre colère qu'elle déguise), ce qui lui permet de refuser la responsabilité de ses propres sentiments. Dans la *fantaisie schizoïde*, la personne a tendance à se réfugier dans la fantaisie pour résoudre un conflit et se gratifier (ex. : imaginer que l'on gagne la loto plutôt que de se chercher un emploi). L'*hypocondrie* implique une conversion de l'affect dans le corps (somatisation) ; le conflit interpersonnel ou le sentiment est déplacé (symbolisé) dans une partie du corps, ce qui permet d'accuser ou de punir *ouvertement* les autres ; en maintenant dans son corps un reproche qui s'adresse à quelqu'un d'autre, l'hypocondriaque apaise sa conscience ; il exagère aussi son affect. Le *comportement passif-agressif* est une agression déguisée qui devrait être adressée à une autre personne mais qui est dirigée contre soi, ou exprimée indirectement ou de façon passive ; par exemple, X se coupe les doigts avec la hache en fendant du bois au moment où il parlait de la femme qui vient de le laisser tomber. Enfin l'*acting out* consiste à mettre en acte son désir et sa pulsion tout en évitant de ressentir ou d'être conscient de l'affect qui l'accompagne.

Les mécanismes névrotiques

Au niveau III se retrouvent les *mécanismes névrotiques*. Tandis que les défenses immatures constituent une manière de composer avec des personnes insupportables, les défenses névrotiques apparaissent comme une façon de composer avec des pulsions insupportables (Vaillant, 1977, p. 160). Elles affectent l'intérieur de celui qui les utilise ; c'est en quelque sorte un méchant tour que la personne se joue à elle-même, car ces mécanismes modifient ses sentiments ou leur expression pulsionnelle en faisant faire un tour de passe-passe aux émotions et aux idées. La moitié des manœuvres défensives des hommes de la fondation Grant étaient des défenses névrotiques. Vaillant dénombre cinq mécanismes névrotiques : l'isolation, la répression, la formation réactionnelle, le déplacement et la dissociation.

Rappelons-nous qu'ils modifient l'intérieur de la personne. Ainsi, l'*isolation* (ou l'intellectualisation) laisse l'idée dans la conscience, mais coupe l'affect (ex. : je pense à le tuer, mais n'éprouve aucune colère) tandis que la *répression* fait l'inverse : elle laisse l'affect dans la conscience, mais dévêtu d'une idéation consciente de sorte que même l'objet demeure obscur (ex. : je me sens en colère aujourd'hui, mais je n'ai pas idée contre qui ni contre quoi). La *formation réactionnelle* (les mots le disent bien, « formé en réaction à») laisse et l'idée et l'affect dans la conscience, mais dans une forme diamétralement opposée à la pulsion qui est inacceptable (ex. : c'est mon devoir de chrétien de l'aimer», alors qu'en fait la personne éprouve des sentiments négatifs). Le *déplacement* permet de séparer l'affect ou l'émotion de l'objet en l'orientant sur un autre objet (l'exemple classique du mari qui s'en prend à sa femme au retour du bureau faute d'avoir liquidé sa colère avec un collègue) ; tout transfert implique un déplacement. Enfin la *dissociation* (synonyme de la dénégation névrotique) modifie et l'idée et l'affect, en éliminant carrément (dissociant) ce qui ne fait pas l'affaire ; elle permet ainsi à l'*ego* de modifier son état interne de sorte que la douleur conflictuelle devient non pertinente (ex. : enlève la dimension sexuelle à mon mariage et il est excellent) ; par la dissociation, l'anxiété est abolie tandis qu'avec la suppression elle sera seulement mitigée.

Les mécanismes matures

Au niveau IV, Vaillant identifie cinq *mécanismes matures*, soit la suppression, l'anticipation, l'altruisme, l'humour et la sublimation. La *suppression* consiste à ne pas porter attention dans l'immédiat à une pulsion ou à un conflit conscient, et ce d'une manière délibérée, ce qui veut dire que le sujet y repense par lui-même le lendemain (ex. : inutile de passer la nuit à jongler avec ce problème, je le réglerai demain matin en téléphonant à un expert), ce n'est donc pas de l'évitement. Le stoïcisme comporte une bonne part de suppression. De son côté, l'*anticipation* permet une planification et une organisation réaliste du présent en fonction du futur — autrement ce serait l'angoisse (ex. : si je ne commence pas à préparer mon examen dès aujourd'hui, je ne serai pas prêt). L'*altruisme* est une façon de prendre plaisir à donner aux autres ce qu'on aimerait recevoir soi-même ; c'est une caricature mineure de la formation réactionnelle, qui permet au moins une certaine gratification. L'*humour* est une expression manifeste de ses idées et de ses sentiments sans que le sujet soit mal à l'aise et sans que l'effet soit déplaisant pour les autres ; contrairement à la fantaisie schizoïde, l'humour n'exclut jamais les autres personnes. Enfin la *sublimation* présuppose une nouvelle canalisation des pulsions sans qu'il y ait une perte importante de plaisir : « La sublimation fait plus que de rendre l'instinct acceptable, elle rend aussi les idées plaisantes.» (Vaillant, 1977, p. 97.)

Vaillant constate que la suppression et l'anticipation sont les mécanismes le plus souvent associés avec la santé mentale, les relations humaines chaleureuses et les carrières réussies ; elles jouent un piètre rôle dans la vie des personnes pauvrement adaptées. Quant à la sublimation et à l'altruisme, elles se retrouvent aussi souvent chez les uns que chez les autres.

Reprenons maintenant la thèse centrale qui porte sur l'adaptation réussie : pour étudier le comportement des 95 hommes sur une période de 25 ans (de 1942 à 1967), Vaillant a mis au point un instrument, l'*Adult Adjustment Scale*, qui, à partir de 32 comportements spécifiques touchant leur carrière, leur santé mentale, psychologique et physique, permet de déterminer la maturation des sujets. Voici quelques exemples : le contact avec les membres vivants de la famille d'origine, le prestige aux yeux des autres quant à leur carrière, le recours à la consultation psychiatrique (plus de 10 visites), le temps consacré à une activité physique avec d'autres personnes (autres que les membres de la famille). Il accorde 1 point par item ; un total de moins de 7 points détermine les sujets les mieux adaptés, tandis qu'un total de 14 points ou plus désigne les sujets les moins bien adaptés. À l'aide de vignettes sur les comportements de chaque homme, il a analysé la nature des mécanismes d'adaptation utilisés et leur évolution dans le temps.

Trois types de conclusions ressortent :

☐ Il y a une différence significative dans l'utilisation des mécanismes de défense selon leur niveau (I, II, III, IV) lorsqu'on compare les 613 vignettes concernant les comportements des

30 hommes les moins bien adaptés avec les 514 vignettes des 30 hommes les mieux adaptés. La figure 7.1 le montre clairement. Il faut aussi souligner le nombre important de mécanismes névrotiques chez les mieux adaptés.

❑ Selon l'expression de Vaillant, il y a une « maturation de l'*ego*» au cours de la vie, c'est-à-dire qu'il y a un changement dans le genre de mécanismes de défense utilisés au cours du cycle de la vie adulte. Les résultats de la figure 7.2 ont été obtenus à partir de 2000 vignettes concernant les 95 hommes, classifiées suivant 3 groupes d'âge, soit de 12 à 19 ans, de 20 à 35 ans et de 36 à 50 ans. Ce changement va vers une utilisation plus grande des mécanismes matures. Il est à noter que cette conclusion vaut aussi pour les sept hommes les moins bien adaptés. Par ailleurs, Vaillant souligne que cette même conclusion ressort de l'étude de Norma Haan et de Jack Block, de l'Institut du développement humain de Berkeley, qui ont analysé des hommes et des femmes, de l'adolescence à 45 ans[4].

❑ Il existe une corrélation positive entre l'utilisation de mécanismes d'adaptation matures (niveau IV) et un franc succès dans différents aspects de la vie. Il n'y a donc pas deux critères de santé mentale, un pour l'homme privé et l'autre pour l'homme public. Au contraire, l'adaptation intérieure est concomitante de l'ajustement à l'environnement (Vaillant, 1977, p. 276). Comme le dit Vaillant, « même le bonheur était quatre fois plus présent parmi les hommes qui ont des défenses matures» (Vaillant, 1977, p. 86, traduction libre). Une comparaison entre les hommes qui utilisent des mécanismes d'adaptation matures et ceux qui utilisent des mécanismes d'adaptation immatures illustre cette conclusion (tableau 7.1).

En résumé, les personnes, en devenant plus adultes, font appel à des mécanismes d'adaptation plus matures. Voilà la thèse centrale de Vaillant. Voilà aussi une idée nouvelle en psychosociologie du développement adulte, et qui porte à conséquence. Nous allons maintenant nous pencher sur ces conséquences.

---

4. HAAN, N. (1972), « Personality Development from Adolescence to Adulthood in the Oakland Growth and Guidance Studies», *Seminars in Psychiatry*, 4, p. 399-414, cité par Vaillant, 1977, p. 330.

FIGURE 7.1
Distribution des vignettes décrivant les mécanismes de défense chez les sujets les moins bien adaptés et chez les sujets les mieux adaptés

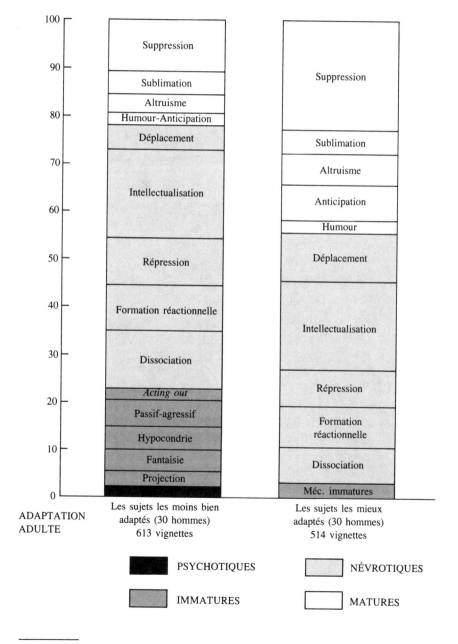

Source : Vaillant, 1977, p. 277, traduction libre.

FIGURE 7.2
Évolution des styles défensifs au cours du cycle de vie adulte

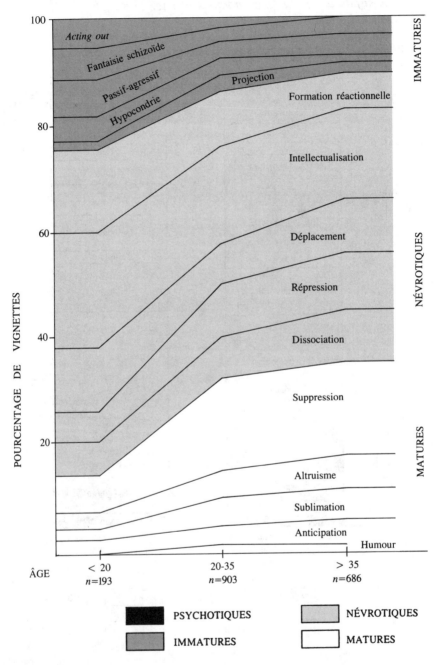

TABLEAU 7.1

Une comparaison entre les hommes qui utilisent des mécanismes d'adaptation matures et ceux qui utilisent des mécanismes d'adaptation immatures

	MATURES N=25	IMMATURES N=31	
ADAPTATION GLOBALE			
1) Le tiers supérieur en adaptation adulte	60 %	0 %	***
2) Le tiers inférieur en adaptation adulte	4 %	61 %	***
3) « Bonheur» (le tiers supérieur)	68 %	16 %	***
ADAPTATION PROFESSIONNELLE			
1) Revenu supérieur à 20 000 $ par année	88 %	48 %	**
2) Le travail répond à des ambitions personnelles	92 %	58 %	***
3) Engagements sociaux en dehors du travail	56 %	29 %	*
ADAPTATION SOCIALE			
1) Modèle (*pattern*) d'amitié fécond	64 %	6 %	***
2) Le quart des mariages les moins harmonieux ou divorcés	28 %	61 %	**
3) Modèle (*pattern*) d'amitié stérile	4 %	52 %	***
4) Aucun sport compétitif (âge 40-50 ans)	24 %	77 %	***
ADAPTATION PSYCHOLOGIQUE			
1) Dix visites psychiatriques ou plus	0 %	45 %	**
2) Déjà diagnostiqué comme mentalement malade	0 %	55 %	***
3) Problèmes émotionnels pendant l'enfance	20 %	45 %	*
4) Environnement malsain pendant l'enfance (le quart inférieur)	12 %	39 %	*
5) Ne réussit pas à prendre de vraies vacances	28 %	61 %	*
6) Capable d'être agressif avec les autres (le quart supérieur)	36 %	6 %	*
ADAPTATION MÉDICALE			
1) Quatre hospitalisations ou plus à l'âge adulte	8 %	26 %	
2) Cinq jours ou plus de congé de maladie	0 %	23 %	*
3) Santé pauvre lors d'un examen objectif récent	0 %	36 %	*
4) Santé subjective jugée généralement « excellente» depuis le collège	68 %	48 %	*

* Différence significative probable (p < 0,05).
** Différence significative (p < 0,01).
*** Différence très significative (p < 0,001 — une différence qui survient au hasard seulement une fois sur mille).

Source : Vaillant, 1977, p. 87, traduction libre.

7.3   *LES RETOMBÉES DE LA THÈSE CENTRALE*

Distinguons les conséquences qui portent sur certains concepts de base du développement adulte, soit le temps, les phases et les crises, de celles qui portent sur les relations interpersonnelles.

7.3.1   *Sur certains concepts-clefs*

Sur le temps

Certains phénomènes ne se comprennent pas transversalement ou synchroniquement ; par exemple, la capacité d'aimer semble exister sur un continuum : « Sur une base synchronique, les jugements sur la capacité d'aimer ne sont pas significatifs. [...] Examinées de façon diachronique, les vies des isolés et des socialement recherchés sont totalement différentes.» (Vaillant, 1977, p. 306, traduction libre.) D'où l'importance de points de vue qui tiennent compte du déroulement, de la durée.

> Tenir compte du temps nous rend relativistes et complémentaires :
> « Pour comprendre le cycle de la vie adulte, comme pour comprendre la physique moderne, nous devons être guidés par les concepts de relativité et de complémentarité, car tant et aussi longtemps que le temps fait partie d'une équation, les vieilles vérités newtoniennes ne tiennent pas. Les romanciers ont toujours su que le monde n'est pas le même pour la même personne, selon l'âge.» (Vaillant, 1977, p. 199, traduction libre.)

Sur les phases

Vaillant s'oppose à délimiter des phases par des âges précis :
> « Certainement, il n'y a rien de magique lié à un âge donné !
> Les 37 ans d'Eliott Jaque, la trentaine de Gail Sheehy ou
> les 40-42 ans de Levinson, toutes ces définitions de la crise
> du mitan de la vie sont aussi arbitraires que si on suggérait
> que la crise d'adolescence se produit à 16 ans !» (Vaillant,
> 1977, p. 223, traduction libre.)

Par delà le caractère arbitraire de ces phases, il en constate cependant le bien-fondé. Il reconnaît chez les hommes de la fondation Grant des enjeux semblables à ceux nommés par Erikson et propose d'ajouter, comme on le voit dans la figure 7.3, deux phases à celles d'Erikson. D'une part, la phase « consolidation de carrière VS autodestruction » s'intercale entre la phase d'intimité et celle de la générativité, au moment où l'homme investit d'une façon plus grande dans son travail et se sépare de son mentor (notez qu'une telle phase est nommément décrite par Levinson) ; d'autre part, la phase « maintien du sens (*keepers of the meaning*) VS rigidité» se situe entre la phase de la générativité et celle de l'intégrité.

FIGURE 7.3
Diagramme des stades d'Erikson dans la version modifiée de Vaillant

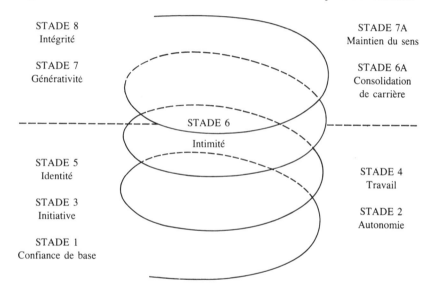

Source : Vaillant, 1980, p. 1349, traduction libre.

Sur les crises

Selon Vaillant, l'idée de crise paraît à l'encontre d'une conception de la croissance comme un processus continu de changement. Il reconnaît cependant que des événements difficiles peuvent survenir à différents moment d'une vie. Il reconnaît également que certains événements sont vécus subjectivement comme des crises. Sa pensée est beaucoup plus près de celle de Neugarten que de celle de Levinson : « Le divorce, le désenchantement par rapport à son travail, la dépression arrivent à une fréquence à peu près égale à travers le cycle de vie adulte.» (Vaillant, 1977, p. 223, traduction libre.) Il ne faut donc pas lier des événements à des moments pour en faire des crises car on risque dès lors de manquer le bateau. D'ailleurs, critique-t-il, le fait de vulgariser l'idée de « crise du milieu de la vie» ou crise de la quarantaine a donné lieu à des réductions malheureuses :

> « Le terme même de crise du milieu de la vie suggère à l'esprit différentes variations sur le thème du prêtre renégat qui laisse derrière lui quatre enfants qui l'aimaient et son ordre religieux pour filer dans une Porsche mauve avec une effeuilleuse de 25 ans !» (Vaillant, 1977, p. 222, traduction libre.)

7.3.2   Sur les relations interpersonnelles

Ayant étudié la façon dont l'enfance des 95 sujets a influencé leur vie d'adulte, Vaillant dégage quatre effets de l'enfance sur l'ajustement du milieu de la vie (1977, p. 285). Voici ses prédictions : les enfants qui ont eu une enfance malheureuse seront incapables de jouer ; ils seront dépendants et manqueront de confiance dans l'univers ; ils auront plus de risques d'être étiquetés comme mentalement malades ; ils seront sans amis.

Par ailleurs, Vaillant remarque que, dans l'étude de la fondation Grant, « les carrières réussies et les mariages satisfaisants sont relativement indépendants d'enfances malheureuses» (1977, p. 300, traduction libre). Ces deux propos peuvent sembler contradictoires ; ils ne le sont pas. Il n'y a pas de corrélation entre enfance malheureuse et vie d'adulte satisfaisante ; il arrive même que des mariages ainsi que des carrières réussis se produisent chez des personnes qui ont connu une enfance difficile.

Là où la relation est dramatique, c'est lorsqu'on compare les enfants des deux sous-groupes (les 30 hommes les mieux adaptés : groupe A versus les 30 moins bien adaptés : groupe B). La moitié des enfants du groupe A contre le 1/5 de ceux du groupe B accèdent au *High School* ; les 2/3 des enfants du groupe A contre le 1/3 des enfants du groupe B réussissent émotivement et socialement ; enfin, 1/7 des enfants du groupe A sont insatisfaits et malheureux comparativement à la moitié des enfants du groupe B. Vaillant en conclut que c'est difficile de grandir sans amour.

La capacité d'aimer est centrale. Vaillant l'a constaté chez les 95 hommes, à partir de 3 éléments : son impression clinique pendant l'entrevue, le jugement d'arbitres extérieurs sur 6 tâches et une base non synchronique mais longitudinale. La capacité d'aimer est un indice de santé mentale. D'ailleurs, il conclut qu'un des signes les plus clairs pour prédire la santé mentale chez ses sujets est la capacité de demeurer heureusement marié à travers le temps. Je cite, car ce propos peut faire sursauter : « Il n'y a probablement aucune variable longitudinale isolée qui prédit aussi clairement la santé mentale que la capacité d'un homme à rester heureusement marié dans le temps.» (Vaillant, 1977, p. 320, traduction libre.) Mais il importe de rappeler le statut du mariage pour cette cohorte ; Vaillant reconnaît lui-même que cette conclusion paraît terriblement désuète et anachronique (il publie en 1977).

Il faut surtout savoir quelle place nodale Vaillant accorde aux relations interpersonnelles significatives dans le déploiement d'une vie. En effet, notre vie intérieure est enrichie par les personnes auxquelles nous permettons de nous toucher tout au cours de notre vie. Même si les facteurs sociologiques sont fort importants, l'importance des personnes que chacun intériorise semble les contre-balancer, à ses yeux :

> · « En somme, il apparaît que ce sont les relations intimes
> et non notre culture qui sculptent nos ressources adaptatives.
> En retour, une bonne adaptation améliore les relations in-
> times.» (1977, p. 71, traduction libre.)

La qualité des environnements communicationnels de chacun s'avère donc de première importance.

Si nous sortons de la théorie de Vaillant pour en voir la portée, que se passe-t-il ? D'abord, disons-le, la thèse est alléchante. Sans doute que chacun aimerait bien croire qu'il risque d'être de mieux en mieux adapté à mesure qu'il vieillit ! Par ailleurs cette thèse, reliée à son contexte d'analyse, comporte — un peu comme le QI qui mesure l'intelligence, l'intelligence étant ce qui est défini par le QI dans cette culture donnée — une saveur tautologique. L'adaptation « efficace» est celle des gens qui ont été choisis à partir de caractéristiques de « vies réussies», dans une société don-née. Sous un autre angle, cette idée s'apparente à la thèse de l'ac-tualisation de soi — centrale en psychologie phénoménologique — et peut en être une illustration.

Deuxièmement, la hiérarchisation des mécanismes de défense peut être utile aux intervenants et aux thérapeutes qui, de par leur travail, cherchent à favoriser l'apparition des mécanismes d'adap-tation matures chez les personnes.

Enfin, la conception de la santé mentale, parce qu'elle met l'accent sur la continuité entre le normal et le pathologique, parce qu'elle met en relief l'importance de l'environnement relationnel dans le développement de la personne, parce qu'elle « lit» tout geste en fonction de son contexte, parce qu'elle insiste sur la fonction adaptative des mécanismes de défense, est relativiste, optimiste et écologique avant l'heure.

VAILLANT
Exercices et sujets de réflexion

1. NOTE : L'exercice qui suit ne fera pas de vous un diagnosticien ni un clinicien — cela exige plusieurs années de formation — et n'a d'autre prétention que de vous aider à intégrer, sur le plan notionnel, les différents mécanismes de défense tels que définis par Vaillant.

Vous savez que l'équipe de Vaillant a élaboré, pour chaque sujet, une vingtaine de vignettes décrivant son comportement en temps de crise et de conflit (Vaillant, 1977, p. 393) et a demandé à des « juges» d'identifier le mécanisme de défense correspondant. Groupez-vous par trois. Imaginez que vous êtes les trois juges. Votre tâche est de dire, d'après vous, quel est ou quels sont le ou les mécanismes de défense qu'emploie le lieutenant Keats (j'emprunte l'exemple de Vaillant lui-même, Vaillant, 1977, p. 393-394, traduction libre). Deux styles adaptatifs vous seront présentés. Pour le premier, les juges ont donné une seule et même réponse. Pour le deuxième, ils ont donné trois réponses divergentes. Voyez si vos réponses convergent avec les leurs.

Au cours de sa vie, le lieutenant Keats a manifesté deux manières distinctes de composer avec ses conflits. Vous trouverez ci-dessous une brève description du résumé remis à chaque juge.

PREMIÈRE MANIÈRE

« Le premier style se retrouve à travers toute la vie de Keats. Sa mère avait dit à notre équipe que Keats étant enfant avait eu une période où il se comportait comme un clown, mais que cela avait passé. À 20 ans, Keats considère ses erreurs comme étant drôles et il croit que son défaut principal est de remettre les choses au lendemain. L'équipe du *Grant Study* note qu'il est systématiquement en retard aux entrevues, mais que personne ne semble s'en soucier. À 30 ans, au moment où il commence à dire à l'équipe qu'il découvre ses hostilités cachées, il écrit : "J'avais l'habitude d'être fier de n'en avoir aucune." Il a aussi laissé son questionnaire au professeur de psychologie, évitant ainsi de le remplir. Deux ans plus tard, il écrit à l'équipe du *Grant Study* : "Désolé pour le questionnaire, je ne m'y suis jamais attardé !" Même s'il n'a jamais retourné un autre questionnaire, en septembre 1967, il pouvait écrire : "Votre belle lettre de mai dernier a été livrée dans l'Est, et je n'ai pu y répondre avant maintenant. Je vais essayer de vous retourner le questionnaire." Ce qu'il ne fit pas. À 47 ans, il est séparé de son épouse depuis plusieurs années, mais sans admettre de conflit ouvert avec elle et sans jamais avoir divorcé. Il a passé sept ans à suivre des études supérieures, mais travaille encore à la thèse, à 47 ans. Son activité politique principale consiste à participer à des *sit-in*.»

*Réponse :
Sublimation, intellectualisation et déplacement.*

DEUXIÈME MANIÈRE

« La deuxième manière est évidente, sur une courte période de la vie de Keats. À l'adolescence, bien qu'il trouve le corps humain non attirant, il est fasciné par son fonctionnement et se passionne pour la sculpture, spécialement celle du corps féminin. Shelley, Keats et Wordsworth sont ses poètes préférés. Il est resté vierge jusqu'à l'âge de 30 ans. Comme il trouvait le football trop agressif, même s'il y excellait, il se mit à faire du pilotage d'avions. Il écrit : "Être dans les airs est tout simplement formidable. Deux choses me fascinent : viser une cible, et manœuvrer un petit avion à volonté." À 23 ans, il envoie chez lui des lettres passionnées sur le pilotage de bombardiers contre les Nazis. Méprisant la violence des combats corps à corps, il obtient un haut grade d'officier et gagne trois médailles pour des combats aériens. Il réalise toutefois que, si les Allemands n'étaient pas des ennemis significatifs, il considérerait ce plaisir suffisant par lui-même.»

*Réponse :
Les trois juges se sont entendus sur le comportement passif-agressif.*

2. On dit parfois que le fait que Vaillant ait choisi comme sujets 95 personnes douées et en bonne santé invalide les résultats de sa recherche. Qu'en pensez-vous ?

3. Quelle image de la maturité se dégage de la théorie de Vaillant, à votre avis ?

4. Vaillant affirme : « Il apparaît que ce sont les relations intimes et non notre culture qui sculptent nos ressources adaptatives.» (1977, p. 71, traduction libre.) Êtes-vous d'accord avec Vaillant ? Dites pourquoi.

5. Comparez les phases de Vaillant et celles de Gould.

6. Comparez les phases de Vaillant et celles de Levinson.

7. Critiquez la méthodologie de Vaillant.

VAILLANT

	1	2	3	4	5	6	7	8	9	10	11	12	13	14	15	16
1			■											■		
2												■				
3	■							■		■		■			■	
4				■		■			■							
5	■				■		■									
6				■					■							
7		■				■		■				■				
8												■				
9										■						
10			■			■									■	
11		■			■											■
12						■			■			■				
13																
14			■			■				■					■	
15	■													■		
16				■				■						■		

HORIZONTALEMENT

1. Interjection. — Notion centrale de la théorie de Vaillant dont Hartmann a parlé. — Quatre en chiffres romains.
2. Façon fonctionnelle de remettre à demain ce qu'on ne peut faire aujourd'hui, selon Vaillant. — Objet volant non identifié.
3. Épithète qui qualifie les mécanismes de défense de niveau IV (sing.).
4. Calme, pondéré. — Interjection qui marque le doute, l'embarras. — Relatif aux parlers français de langue d'oc.
5. Usage. — Ce que l'adulte consolide entre le stade de l'intimité et le stade de la générativité.
6. Austère, sérieux. — Ensemble des dialectes des régions de France situées approximativement au sud de la Loire. — Voyelles répétées. — Conjonction.
7. Office national du film. — Mille cinq cents, en chiffres romains. — Adverbe de quantité marquant l'intensité.
8. Mécanisme de défense qui intervient dans la planification de son temps, d'après la théorie de Vaillant. — Général qui s'est illustré pendant la guerre de Sécession.

9. Adjectif qui qualifie les mécanismes de défense du niveau III (sing.). — Onomatopée exprimant le scepticisme, la perplexité, la désapprobation.

10. Pronom personnel. — Terminaison des verbes du premier groupe. — Canaliser autrement ses pulsions sans qu'il y ait perte importante de plaisir.

11. Deux voyelles. — Enceinte, rempart.

12. Auteur dont Vaillant partage le modèle des stades qui décrivent le cycle de vie. — Du verbe avoir.

13. Gaspillage. — Processus central que Vaillant préfère concevoir comme servant à l'adaptation plutôt qu'à la défense.

14. Ensemble des dialectes des régions de France situées au sud de la Loire. — Douze mois. — Initiales du réalisateur de *Zazie dans le métro*.

15. Type d'approche utilisé dans la méthodologie de recherche de Vaillant.

16. Adjectif possessif. — Situation, manière d'être d'une personne. — Repas que Jésus prit avec ses apôtres la veille de la Passion et au cours duquel il institua l'Eucharistie.

VERTICALEMENT

1. Parties mobiles du squelette. — Nom de la fondation dont font partie les 95 sujets étudiés par Vaillant. — À ne pas confondre avec le *self*.

2. L'un des mécanismes de défense matures selon Vaillant. — Venue au monde. — Outil servant à racler.

3. Continua son chemin sans s'arrêter. — Télévision. — Son de l'horloge. — Squelette.

4. Habile. — Et même. — Titre que prenaient les souverains mongols, les chefs tartares, et qui passa dans l'Inde et jusqu'au Moyen-Orient.

5. Épais, serré, touffu. — Adverbe marquant une idée de répétition. — L'ancêtre de l'homme.

6. Où l'air circule. — Du verbe faire. — Signal d'appel au secours. — Cela (anglais).

7. Artificiel, faux. — Ce qu'il y a de plus mauvais. — Adjectif possessif.

8. Initiales du biologiste allemand à qui l'on doit la théorie cellulaire. — Coup donné avec le plat de la main. — Remue.

9. Du verbe avoir. — Instrument de musique.

10. Préposition anglaise. — Deux voyelles. — Production des abeilles. — Élégant.

11. À la mode. — Je crois (latin). — Relatif aux Incas. — Issu.

12. Irritant au goût. — Vocable servant à nommer une personne. — Douze mois.

13. Numéro. — Deux, en chiffres romains. — Recouvre d'émail.

14. Suffrage. — Mécanisme de défense mature qui consiste à prendre plaisir à donner aux autres ce qu'on aimerait recevoir soi-même.

15. Préfixe locatif. — Amphithéâtres romains.

16. Genre de fiches que Vaillant fait pour classer les comportements des hommes étudiés. — Entre le stade de la générativité et celui de l'intégrité, il y aurait un autre stade où il s'agit de le maintenir et le sauvegarder.

*C*ALVIN *C*OLARUSSO et *R*OBERT *N*EMIROFF
*L*a grille théorique

Sur la carte géographique du développement adulte, où plusieurs zones sont encore vierges, la contribution de Colarusso et Nemiroff est efficace dans la pure tradition américaine et séduisante à la manière californienne de laquelle se dégage autant de lumière que de chaleur.

Calvin Colarusso et Robert Nemiroff sont deux médecins psychanalystes de l'Université de Californie à San Diego. Leur volume intitulé *Adult Development*, paru en 1981, est un essai sur le développement de l'adulte qui prend ses sources dans la psychanalyse, la médecine, la littérature, l'histoire, la religion et leur expérience personnelle et professionnelle ; leurs données proviennent, de façon première mais non exclusive, de leurs patients. En continuité avec la pensée d'Erikson, ils appliquent, pour ainsi dire, certaines prémisses psychanalytiques au développement adulte en y ajoutant d'autres éléments, par exemple une analyse percutante du *self*. Le but de leur travail est d'élaborer une théorie du développement normal de l'adulte.

Leur conception du développement adulte est interactionnelle : « Notre définition énonce que le développement est le produit de l'interaction entre l'organisme et l'environnement. » (Colarusso et Nemiroff, 1981, p. 174, traduction libre.) Cette définition implique trois éléments : l'interaction, l'organisme, l'environnement. Ce travail d'interaction, on peut mieux le saisir à travers leurs hypothèses de travail ; d'où notre première partie. L'élément organisme sera explicité par la transformation du *self* adulte où sont décrits « les éléments intrapsychiques » à la fois déterminant le développement et en résultant ; d'où notre deuxième partie. Enfin l'élément environnement sera repris en troisième partie grâce à l'analyse que font les auteurs des institutions sociales et des styles de vie alternatifs.

Nous retenons donc trois points de leur analyse :

- [ ] les hypothèses théoriques sur le développement adulte ;
- [ ] le rôle du narcissisme dans le développement du *self* adulte ;
- [ ] les institutions sociales et les structures de vie de remplacement.

Le texte qui suit a des limites. C'est pourquoi la partie passionnante du livre qui porte sur les applications de cette théorie a été délibérément écartée pour privilégier un point de vue théorique ; c'est pourquoi également les phases de vie auxquelles les auteurs renvoient comme à une notion acquise prennent peu de place dans cet exposé, ce qui n'occulte en rien leur place dans l'expérience de l'adulte.

8.1 LES HYPOTHÈSES DE TRAVAIL

Colarusso et Nemiroff formulent sept hypothèses sur le développement au cours de la vie adulte :

1) La nature du processus de développement est fondamentalement la même chez l'adulte et chez l'enfant.

2) Le développement chez l'adulte est un processus continu et dynamique.

3) Alors que le développement de l'enfant porte fondamentalement sur la formation de la structure psychique, le développement de l'adulte concerne l'évolution de la structure existante et son fonctionnement.

4) Les enjeux fondamentaux du développement de l'enfant se poursuivent en tant qu'aspects centraux de la vie adulte, mais dans des formes modifiées.

5) Les processus de développement de la vie adulte sont autant influencés par le passé adulte que par le passé de l'enfance.

6) Tout comme au cours de l'enfance, le développement au cours de la vie adulte est profondément affecté par les changements corporels et physiques.

7) Un thème central de la vie adulte — c'est aussi une phase — est la crise normative où le fait de reconnaître la finitude temporelle et d'accepter sa propre mort comme inévitable agit comme catalyseur.

La **première hypothèse** est en continuité avec le concept de développement de Spitz (1965) et avec le concept d'adaptation et d'intériorisation de Hartmann (1958)[1] ; selon cette hypothèse :

> « Les échanges entre l'organisme et l'environnement ont lieu de la naissance à la mort et produisent un effet continu sur le développement psychique. L'adulte n'est pas un produit isolé de l'environnement mais il est, tout comme l'enfant, dans un état de tension dynamique qui l'affecte et le modifie constamment. » (Colarusso et Nemiroff, 1981, p. 63, traduction libre.)

Autrement dit, l'adulte aussi dépend de son environnement, même si les parents sont en quelque sorte remplacés par le conjoint et les enfants, et que le travail supplante — pour une bonne part — le jeu. Le sens de cette première hypothèse est donc d'affirmer l'identité de nature du processus de développement chez l'adulte et l'enfant :

> « L'identification avec les objets originaux permet à l'enfant de construire sa structure psychique et de devenir adulte, tandis que les identifications ultérieures pourvoient à la spécificité de la personnalité de l'adulte. » (Colarusso et Nemiroff, 1981, p. 66, traduction libre.)

La **deuxième hypothèse** pose que la continuité et le dynamisme caractérisent ce processus de développement. Concevoir que l'adulte n'est pas un produit statique et achevé mais un être en changement perpétuel entraîne deux ordres de conséquences. D'un côté les événements de vie tels que le mariage, la venue d'un enfant, le divorce, la retraite, la mort sont importants en eux-mêmes parce qu'ils constituent des occasions de développement *per se*. Jusqu'ici la psychanalyse avait reconnu leur importance, mais en tant que faisant partie d'expériences ou de conflits passés ; désormais ils apparaissent comme des expériences de croissance[2], ce qui laisse croire à des « crises créatrices »[3]. D'un autre côté — et nous sommes ici dans un second ordre de conséquence — il importe de comprendre que

---

1. Colarusso et Nemiroff font référence à SPITZ, R. (1965), *The First Year of Life*, New York, International Press, et à HARTMANN, H. (1958), *Ego Psychology and the Problem of Adaptation*, New York, International Universities Press, (1re éd., 1939).

2. Le titre du livre de Kubbler-Ross sur la mort en est un exemple, *La mort, une expérience de croissance*.

3. Ce terme n'est pas de Colarusso et Nemiroff, mais de nous. La question devient dès lors : Comment se fait-il que certains individus sortent de ces crises plus vivants et plus forts, tandis que d'autres ne parviennent pas à les intégrer ?

l'adulte se développe en fonction de la perception de sa réalité présente, future et passée, et non uniquement en référence à son passé comme on l'a souvent supposé. En ce sens, la perspective développementale se différencie d'un point de vue génétique souvent prédominant en psychanalyse car elle ne se contente pas du retour en arrière.

Ce processus — c'est le contenu de l'*hypothèse trois* — possède des caractéristiques différentes chez l'adulte et chez l'enfant : il concerne l'évolution et le fonctionnement de la structure psychique chez l'adulte, tandis qu'il porte fondamentalement sur la formation de cette structure au cours de l'enfance. À titre d'illustration, considérons le processus d'identification. L'identité de l'adulte n'est jamais faite une fois pour toutes ; selon la riche expression du philosophe Paul Ricœur, c'est « une tâche, non une donnée ». Colarusso et Nemiroff décrivent comment le processus d'identité continue de progresser, par exemple à travers la relation avec un mentor, et comment il n'est pas pure réplique de la relation parent-enfant.

La *quatrième hypothèse* affirme que les enjeux fondamentaux du développement de l'enfant se poursuivent en tant qu'aspects centraux de la vie adulte, mais dans des formes modifiées. C'est souligner à la fois la similitude et la différence du processus de développement chez l'adulte et l'enfant. Le processus de séparation-individuation[4], qui est celui par lequel l'enfant émerge graduellement comme un être distinct et séparé, conscient de sa propre existence et de la nature de ses relations avec les autres, dure toute la vie à cause de la menace de perte inhérente à toute phase pour conquérir son indépendance. La dépendance absolue de l'enfant à la mère qui est caractéristique de l'enfance devient une dépendance relative. La maturité implique de reconnaître que soi et l'être aimé sont des êtres autonomes ; elle exige un réajustement des relations significatives au fur et à mesure. Voici un autre exemple de la poursuite d'enjeu semblable sous une forme altérée : la mort d'un père ou d'une mère peut fort bien réactiver des dimensions du complexe d'Œdipe en touchant au désir inconscient de supplanter le parent du même sexe.

La *cinquième hypothèse*, qui veut que les processus de développement de la vie adulte soient influencés autant par le passé adulte que par le passé de l'enfance, implique qu'il faut dépasser

---

4. Colarusso et Nemiroff font référence à MAHLER, M., F. PINE et A. BERGMANN (1975), *The Psychological Birth of the Human Infant*, New York, Basic Books.

une perspective génétique : les nouvelles expériences de chaque phase de vie doivent être intégrées tout au long de la vie. Ainsi, la façon de réagir d'une personne donnée à sa ménopause ou à son andropause ne s'explique pas seulement à partir des facteurs de son enfance ; son expérience d'intimité et sa façon d'être comme femme ou comme homme au cours de sa vie adulte sont tout aussi déterminantes. Remarquons que cette hypothèse, loin d'être en rupture avec la théorie psychodynamique du développement de l'enfant, souligne l'importance de l'histoire personnelle dans le développement.

Avec la *sixième hypothèse*, nous abordons la question des relations de l'esprit et du corps. Reconnaissons que, pour l'essentiel, les données biologiques existant sur la maturation physique n'ont pas été intégrées à la pensée psychodynamique ; Colarusso et Nemiroff constatent que, pour l'âge adulte, nous sommes loin d'une théorie des relations corps–esprit. La littérature biologique et psychologique sur le corps et le cerveau adultes présuppose, la plupart du temps, une structure stable ou encore un processus de rétrogression physiologique. Or il appert, nous disent Colarusso et Nemiroff, que des études récentes en neurologie portant sur les processus biologiques normaux dans le cerveau tendent à affirmer qu'il y a une « réorganisation de la structure neurologique existante [laissant place à une] croissance neurale » (1981, p. 73, traduction libre). Le concept de plasticité neurale[5] permet d'entrevoir la possibilité de changement de structure dans le cerveau car il y aurait formation de nouvelles synapses. Notez que cette sixième hypothèse demeure fort conservatrice en se contentant de souligner que « tout comme au cours de l'enfance, le développement est profondément affecté par les changements corporels et physiques » (Colarusso et Nemiroff, 1981, p. 71) ; elle est par contre novatrice en tenant compte de la sorte des découvertes récentes en biologie et en neurologie.

L'*hypothèse sept* reprend une idée très répandue en développement adulte. Déjà Neugarten avait mis en relief le changement qui se produit au fil des ans dans la perception subjective du temps, de sa propre durée pourrait-on dire. Colarusso et Nemiroff en font un thème central, plus, une phase qui donne lieu à une crise des valeurs — c'est dans son sens étymologique qu'il faut comprendre l'utilisation des mots crise normative. Le fait de reconnaître sa

---

5. Colarusso et Nemiroff, 1981, p. 113, font référence pour le concept de plasticité neurale à LUNDT (1978), *Development and Plasticity of the Brain*, New York, Oxford University Press.

propre finitude temporelle et d'accepter sa propre mort comme inévitable agit, au milieu de la vie adulte, comme un catalyseur qui conduit à une profonde remise en question. Cette hypothèse s'appuie sur une idée bien existentialiste — on se souviendra du titre de Heidegger *Sein und Zeit* — qui veut que l'être humain se définisse par sa temporalité et son insertion dans le temps. On pourrait aussi voir là une convergence entre la pensée psychanalytique et la pensée phénoménologique existentielle en psychologie.

8.2 LE RÔLE DU NARCISSISME DANS LE DÉVELOPPEMENT DU SELF ADULTE

Nous connaissons encore mal comment les événements biologiques qui surviennent au cours de la vie adulte affectent le développement. Colarusso et Nemiroff soulignent que les nouveaux développements en neurologie pourraient transformer notre conception du cerveau ; ils insistent sur l'importance des relations esprit–corps (leur *hypothèse six*) et s'attardent à dénoncer les mythes sur le corps vieillissant. C'est un mythe de penser que le syndrome de la ménopause est dû à une déficience d'œstrogène ; c'est un mythe de croire qu'après sa ménopause la femme n'éprouve plus de plaisir sexuel ; c'est un mythe de supposer que l'intelligence atteint son *summum* dans la vingtaine et qu'elle diminue progressivement par la suite, que le cerveau perd du poids et des neurones, enfin que le cerveau adulte est un produit fini, incapable de changements structuraux. Bref nous risquons de nous méprendre sur les capacités mentales et sexuelles des adultes. Il semble donc qu'il y ait encore beaucoup à découvrir de ce côté-là.

Nous connaissons encore peu les mécanismes de transactions, d'échanges et d'interaction entre la personne adulte et son environnement d'une manière qui nous permettrait de savoir comment agit ou procède le processus global du développement psychosocial de l'adulte. Ici, imaginer que toute personne est analogue à un mélangeur ou à un malaxeur qui broie, digère, intègre partiellement et de manière unique un environnement qui le constitue et qu'il constitue peut suggérer la complexité du problème.

L'apport de Colarusso et Nemiroff est précieux à ce chapitre. Comme on le verra, leur analyse du narcissisme et du développement du *self* adulte, en montrant en quoi consiste la tâche principale du développement adulte et en décrivant différents sous-processus, permet de comprendre en quoi consiste le processus global du développement adulte. Colarusso et Nemiroff ne renvoient ni à un processus global ni à des sous-processus mais ils parlent constamment d'un côté comme de l'autre simplement de processus. Or il est clair que les uns sont là pour expliquer les autres, c'est-à-dire ce processus continu et dynamique désigné par l'*hypothèse deux*. Nous les suivrons donc dans leur langage et dans les articulations de leur analyse au plus serré avant de dire ce qui s'en dégage. Voici donc les trois grandes lignes de leur analyse :

❐ en quoi consiste le *self* et comment le narcissisme contribue à son évolution ;

❐ comment l'authenticité est la tâche centrale du développement adulte et en quoi elle consiste ;

❐ comment le corps et les relations d'objet sont deux coupes privilégiées pour analyser la complexe transformation de la psyché adulte.

8.2.1 Le narcissisme et le self

Le *self* demeure une notion difficile à cerner. Il importe de ne pas le confondre avec l'*ego*. Cette expression désigne le sentiment et l'expérience subjective que chacun éprouve en tant qu'il est sujet de son action, centre de sa vie. Ce « je », Saperstein et Gaines le décrivent comme la « conscience expérientielle de son unicité en tant que créateur de signification »[6].

Le *self* devient cohésif — c'est la théorie de Lichtenberg[7] — par l'interaction et l'intégration continue de trois groupes d'images : les images de soi basées sur les expériences corporelles liées à la satisfaction des besoins pulsionnels ; les images de soi qui émergent comme des entités ayant une différenciation discrète à partir des autres ; les images de soi qui, par la vertu de l'idéalisation, conservent un sens de la grandeur et de l'omnipotence partagée avec une personne idéalisée telle la mère.

Colarusso et Nemiroff nous expliquent que, au cours de la vie adulte, les gratifications narcissiques normales augmentent l'estime de soi ; de telles gratifications sont liées aux relations interpersonnelles, au travail et à la créativité. Elles sont en quelque sorte le combustible des forces qui modifient le *self* adulte : font

6. SAPERSTEIN, J.L. et J. GAINES (1973), « Metapsychological Considerations of the Self », *International Journal of Psycho-Analysis*, 54, p. 415, cité par Colarusso et Nemiroff, 1981, p. 84, traduction libre.

7. LICHTENBERG, J.D. (1975), « The Development of the Sense of Self, *Journal of the American Psycho-Analytic Association*, 23, p. 453, cité par Colarusso et Nemiroff, 1981, p. 84, traduction libre.

partie des gratifications les fantaisies qui alimentent le *self* ; chez la personne intégrée, elles sont suffisamment proches de la réalité pour conduire à une action réaliste. Ce processus, Colarusso et Nemiroff l'appellent le *healthy self-aggrandizement* (1981, p. 85, traduction libre), ce que nous traduirons par un « sain élargissement du *self* ». En contrepartie, les désappointements narcissiques peuvent affecter positivement l'évolution du *self* dans la mesure où les idéalisations sont distinguées de la réalité.

8.2.2 L'authenticité comme tâche centrale

L'authenticité — il est à remarquer que le concept n'a pas la même acception que chez Carl Rogers — est la tâche centrale du développement adulte ; elle suppose « la capacité d'évaluer et d'accepter ce qui est réel tant dans le monde extérieur que dans le monde intérieur, sans égard à l'injure narcissique impliquée » (Colarusso et Nemiroff, 1981, p. 86, traduction libre).

Chez l'adulte en santé, ce processus inclut le conflit intrapsychique et normatif où sont aux prises des tendances opposées qui contribuent à une inflation et/ou à une déflation irréaliste du *self*. Être authentique consiste donc en un interminable travail d'ajustement à soi-même, aux autres et au monde, qui se réalise : par un abandon graduel du *self* grandiose (Kohut, 1971)[8] (nous constatons que c'est aussi le soi omnipotent de Gould) ; par une acceptation progressive de ses propres limites et de ses imperfections ; et par un processus normal de deuil (Pollock, 1961)[9] à l'égard de ce qu'on n'est pas ou de ce qu'on n'est plus. Il devient de plus en plus possible à la personne de fonctionner seule, c'est-à-dire en étant psychologiquement séparée de ses parents, et ce à l'intérieur d'un monde imparfait, partiellement gratifiant et quelquefois hostile. Ce travail psychique peut donner lieu à une restructuration du *self* :

> « D'abord source d'insulte narcissique, la reconnaissance des limites externes et internes devient graduellement une source de plaisir et de force dans la mesure où le *self* accepte et développe la capacité d'agir d'une façon indépendante

---

8. Colarusso et Nemiroff, 1981, p. 99, font référence à KOHUT, H. (1971), *The Analysis of the Self*, New York, International Universities Press.

9. Colarusso et Nemiroff, 1981, p. 86, font référence à POLLOCK, G.H. (1961), « Mourning and Adaptation », *International Journal of Psycho-Analysis*, 42, p. 341.

à l'intérieur des conditions imposées par la condition humaine. » (Colarusso et Nemiroff, 1981, p. 86, traduction libre.)

C'est ainsi que l'adulte pourra travailler activement à trouver de nouveaux mécanismes adaptés à son nouvel âge pour obtenir des gratifications — cela par opposition à des résolutions insatisfaisantes du conflit, par exemple une forme pathologique de deuil qui conduirait à un chagrin inachevé et qui entraverait le développement ultérieur. C'est ainsi qu'être adulte consiste, si l'on peut dire, à lentement quitter son enfance dans la mesure où les conceptions idéalistes, fantaisistes ou négativement distordues de l'enfance, de l'adolescence, puis de la période jeune adulte vont perdre de leur pouvoir.

8.2.3 Applications diverses

Au corps

Devant son corps qui vieillit, il y a conflit inévitable entre le désir de nier les processus de vieillissement et l'acceptation de la perte de sa jeunesse. Une saine résolution du conflit entraîne le remodelage de l'image corporelle, une évaluation plus réaliste du corps de 40 ans et un sens accru des plaisirs que le corps procure lorsque ses activités sont appropriées. Rien de commun avec les tentatives pour « réparer son corps » par la chirurgie ou les régimes amaigrissants, ou pour chercher, par fusion ou par emprunt, un nouveau corps ou des parties d'un nouveau corps, par exemple dans une relation sexuelle avec un partenaire beaucoup plus jeune, ou encore en substituant au corps qui tel voilier, qui tel passe-temps.

Évidemment il y a des effets majeurs sur le plan sexuel. Une heureuse résolution du conflit par rapport au corps risque de favoriser une sexualité plus libre où le plaisir sexuel et l'intimité deviennent une expression importante d'un *self* adulte authentique et intégré.

Aux relations d'objet

« Chaque phase de la vie adulte peut être comprise comme ayant ses tâches et ses buts intrinsèques, conduisant à une différenciation plus raffinée du *self* avec les autres et à de nouveaux aspects de l'identité. » (Colarusso et Nemiroff, 1981, p. 90, traduction libre.)

Mahler (1973) applique le processus de séparation–individuation à la maturité et à la vieillesse : « Tout le cycle de vie constitue un processus plus ou moins réussi de distanciation et d'introjection de la mère symbiotique perdue. »[10] Par conséquent, la quête pour une différenciation claire entre le *self* et les autres ne prend fin qu'avec la mort biologique. C'est dans ce contexte que se situe la description de Colarusso et Nemiroff des effets des relations interpersonnelles sur l'émergence du *self* adulte.

Le changement est une donnée de base de la vie adulte ; sur le plan des relations interpersonnelles, cela signifie un ajustement et un réajustement continuels :

> « Une dimension de base de ce changement réside dans la nature mouvante des relations émotionnelles significatives. L'engagement de l'adulte avec les êtres qu'il aime (enfants, parents, collègues et amis) est en ré-alignement constant. Ces liens continuent à changer de registre au mitan de la vie — lorsque les mariages sains gagnent en profondeur tandis que d'autres prennent fin, lorsque les parents meurent ou deviennent dépendants, lorsque les enfants grandissent et partent, lorsque les amis deviennent plus importants. [...] Nous sentons que ces relations mouvantes sont des stimuli majeurs qui influencent le changement du *self* à travers un processus croissant d'individuation psychologique. Une fonction du *self* authentique est la réaffirmation de ce que quelqu'un *est* comparé à ce qu'il *fut*. » (Colarusso et Nemiroff, 1981, p. 90, traduction libre.)

Comment cela se fait-il ? D'une double manière : c'est en se basant de moins en moins sur des relations passées et de plus en plus sur des relations présentes, tantôt gratifiantes tantôt difficiles, que l'adulte façonne son identité. Pour cela, il importe de reconnaître l'interdépendance qui existe entre tous les humains. Les parents ont besoin des enfants pour confirmer leur sexualité et pour réaliser leur générativité et ainsi de suite. Considérons maintenant l'enjeu de relations spécifiques.

---

10. MAHLER, M. et M. WINESTINE (1973), « The Experience of Separation–Individuation... Through the Course of Life : Infancy and Childhood (Panel Report) », *Journal of the American Psycho-Analytic Association*, 21, cité par Colarusso et Nemiroff, 1981, p. 89, traduction libre.

Par rapport à ses parents et à ses grands-parents

« La dépendance accrue des parents et leur mort éventuelle minent les représentations mentales naïves et infantiles des parents comme omnipotents, et accentuent la vulnérabilité du *self*. » (Colarusso et Nemiroff, 1981, p. 91, traduction libre.) Devant ses parents qui vieillissent, son sens du temps est modifié. Devant ses parents qui disparaissent, le complexe d'Œdipe est réactivé. En effet, selon Colarusso et Nemiroff, « une tâche normale du développement adulte est de composer avec la "victoire" œdipienne dans la mesure où les désirs infantiles de dominer et de remplacer les parents sont réalisés » (1981, p. 92, traduction libre).

Par rapport au conjoint

Le processus de séparation–individuation est capital dans la relation conjugale. À la fin de l'adolescence et en rapport avec ce processus, chaque personne élabore une construction mentale du partenaire idéalisé ; cette construction se développe à l'intérieur du *self* comme le résultat d'une séparation psychologique d'avec les parents durant l'adolescence, et elle s'enracine à la fois dans les relations avec les parents au cours de l'enfance et dans l'expérience de la sexualité faite pendant l'adolescence. C'est dire que, avec la formation de cette image idéalisée du conjoint, quelques-uns des investissements narcissiques dans les représentations mentales des parents de l'enfance sont reportés dans la représentation idéalisée du partenaire.

Être amoureux, c'est souvent dans un premier temps investir (revêtir) une personne de ses propres rêves pour progressivement apprendre dans un second temps à l'aimer pour ce qu'elle est (à la dé-vêtir de ses rêves). Le passage de la représentation idéalisée du conjoint à une représentation plus réelle est nécessaire à l'apparition d'un amour adulte. Colarusso et Nemiroff distinguent quatre enjeux : initialement, la séparation du jeune adulte de ses parents ; le transfert narcissique et la construction de la représentation du conjoint idéal ; le conflit entre la représentation du conjoint idéal et le conjoint réel ; l'abandon graduel du « conjoint idéal » et une plus grande acceptation du conjoint réel. Accepter le conjoint tel qu'il est et accepter le conjoint en train de vieillir sont deux tâches importantes.

Selon Colarusso et Nemiroff :

« L'appréciation et la valorisation d'une relation à long terme, par opposition aux gratifications liées à un corps plus jeune et à une sexualité non relationnelle, sont une caractéristique du *self* adulte et un pas majeur du milieu de la vie dans le développement. » (1981, p. 93, traduction libre.)

Par rapport aux enfants

Après avoir mentionné à quel point le fait d'éduquer des enfants peut être une source de gratifications ou de désappointements narcissiques, Colarusso et Nemiroff rappellent que les expériences narcissiques ont une influence majeure sur l'interaction avec l'enfant. Le parent en santé, en grande partie, accepte calmement l'identité émergente de son enfant sans l'écraser ou sans l'exagérer. Il est un gouvernail vers un *self* réaliste, ce qui constitue une partie importante de la tâche parentale. Toutefois, quand les parents sont liés à leurs enfants comme à une extension de leur *self*, le risque d'une inflation ou d'une déflation non réaliste de l'image de leur enfant est plus grand.

La paternité est conçue comme une tâche développementale qui s'étend et s'affine tout au cours du cycle de vie. Tout un chapitre porte sur la crise de l'identité paternelle. Devenir père est une transition psychologique importante qui réactive le processus de séparation–individuation et les enjeux impliqués dans la résolution de son complexe d'Œdipe. La relation mère–fille se comprend davantage lorsqu'on se réfère au processus d'individuation–séparation.

Par rapport au mentor

« Devenir mentor est une tâche importante du milieu de la vie — elle appartient à la "générativité" d'Erikson. Les mentors sont les personnes à travers lesquelles les jeunes adultes développent de nouveaux aspects de leur identité dans le choix de leur carrière. Ces identifications à un mentor permettent la spécification de la personnalité adulte. Même s'il est en partie basé sur les identifications infantiles, ce processus n'est pas une reproduction de la relation enfant–parent. » (Colarusso et Nemiroff, 1981, p. 98, traduction libre.)

La relation au mentor comprend trois phases : une fusion initiale avec le mentor ; une phase médiane où, grâce à des identifications partielles, des aspects du mentor sont intériorisés et font désormais partie du *self* ; et une phase de séparation — où la souffrance peut être considérable — qui conduit à une plus grande individuation et à un *self* plus fort.

La relation de supervision et la relation de formation où peut émerger la relation de mentor ont avantage à tenir compte des hypothèses et des processus de développement adulte. Le corps qui vieillit, les relations significatives qui s'ébranlent ou se réajustent, la conscience aiguë de l'eau passée sous le pont, les implications de son rôle de mentor sont, pour la personne, autant d'occasions d'une plus grande individuation. Bien sûr, le soi grandiose est appelé à revenir à la charge, et Colarusso et Nemiroff font l'hypothèse qu'il y a émergence d'aspects du narcissisme infantile, mais cela fait partie intégrante du développement de l'adulte.

En résumé, les gratifications comme les déceptions narcissiques affectent l'évolution du *self* grâce au processus de sain élargissement du *self*. L'authenticité est conçue comme la tâche centrale du développement adulte et elle implique un ajustement du *self* à soi, aux autres et au monde ; cet ajustement s'accomplit grâce au processus de deuil normal. Les relations d'objet, en constant changement, sont des stimuli majeurs dans la restructuration ou la consolidation du *self* : ici le processus de séparation–individuation est central. Enfin, le soi grandiose revient à la charge tout au cours de la vie adulte, laissant émerger des aspects du narcissisme infantile qui pourront être éliminés, ce qui donne lieu à une plus grande intégration du *self*.

Sur le plan relationnel, c'est en mettant l'accent sur ce qu'il est par opposition à ce qu'il fut, sur ses relations actuelles par opposition à ses relations passées, en devenant de plus en plus capable d'autonomie et d'interdépendance, en faisant de plus en plus de place au partenaire réel et à l'enfant réel par opposition au partenaire idéal et à l'enfant souhaité, que l'adulte se développe.

À travers leur analyse du *self* et du narcissisme, Colarusso et Nemiroff postulent l'existence d'un processus continu et dynamique de développement au cours de toute la vie adulte. C'est ce que nous appelons le processus global du développement adulte. La tâche centrale de la vie adulte réside dans l'authenticité. Pour devenir authentique, différents sous-processus sont en jeu : le sain élargissement du *self*, le processus de deuil normal, le processus de séparation–individuation et le retour du soi grandiose. Il importe donc de comprendre que ces sous-processus sont à l'œuvre de façon concomitante. À travers diverses tâches développementales plus spécifiques, grâce à ces sous-processus, on peut comprendre comment s'effectuent les échanges entre l'organisme et l'environnement. Par ailleurs, tout au cours de leur analyse, les auteurs se réfèrent souvent à des phases du cycle de vie et le lecteur en arrive à se demander s'ils adoptent la grille d'Erikson, de Levinson ou de Gould. La question reste posée.

Passons maintenant aux analyses que font Colarusso et Nemiroff des institutions sociales et des styles alternatifs de vie.

8.3   LES INSTITUTIONS SOCIALES ET LES STYLES DE VIE ALTERNATIFS

Les processus psychiques de développement ne s'effectuent pas *in vitro*. L'effet de l'environnement est majeur. Colarusso et Nemiroff pensent, à la suite des travaux de Van Gennep, de Benedict, de Sapir, de Mead et de Bateson, que le développement de l'adulte est un phénomène universel. Or, « s'il est clair qu'il y a des expériences de développement universelles qui transcendent les barrières culturelles, il est tout aussi apparent que les effets sociétaux sur le développement produisent une spécificité culturelle » (1981, p. 171, traduction libre).

Les processus de développement adulte formulés comme hypothèses de travail et décrits dans la transformation du *self* adulte agissent dans le cadre de la situation, et « ... l'une des deux forces majeures qui façonne le développement, l'environnement, connaît des changements significatifs » (Colarusso et Nemiroff, 1981, p. 174, traduction libre). D'où l'importance de tenir compte des changements dans les institutions sociales du mariage et de la famille et dans les structures alternatives de vie telles que le célibat, le divorce, le veuvage et l'homosexualité.

L'évolution de la famille est visible dans les nouvelles structures familiales (la famille monoparentale, la famille reconstituée, la famille homosexuelle, c'est-à-dire à partenaires homosexuels dont l'un est déjà parent) et dans la plus grande longévité qu'elle connaît, attribuable aux changements démographiques et sociaux, ce qui donne lieu à un cycle de développement de la famille. La transformation des buts du mariage en un lieu de gratification émotionnelle et d'actualisation de soi et le mouvement des femmes ont fait que le célibat est vu comme un style de vie pouvant favoriser la créativité, l'élaboration de liens interpersonnels satisfaisants et un sain narcissisme.

La séparation et le divorce demeurent des événements qui génèrent un stress majeur ; ils entraînent des changements dans la structure de vie et une réorganisation intrapsychique qui affecte l'identité de la personne. Comme la plupart des événements de vie, ils peuvent être des occasions de fixation ou de progression. Le veuvage comporte les tâches développementales suivantes : faire le deuil du partenaire, développer de nouveaux modes d'être par rapport au travail et aux activités, créer des liens avec de nouvelles personnes et, possiblement, se remarier. Colarusso et Nemiroff posent l'hypothèse que le processus de deuil est plus long et plus complexe lorsqu'il se produit à la fin de la vie adulte plutôt qu'au début, cela pouvant s'expliquer par une moins grande flexibilité et par un sentiment de plus grande perte.

Leurs considérations sur l'homosexualité permettent d'apprécier l'articulation qu'ils font entre les processus de développement et les changements sociaux. Jusqu'ici « on croyait généralement que les adultes qui s'engageaient dans des comportements homosexuels étaient nécessairement émotionnellement troublés ou moins bien ajustés que les hétérosexuels » (Colarusso et Nemiroff, 1981, p. 179, traduction libre). À mesure que l'homosexualité est plus acceptée dans notre culture, on voit davantage d'homosexuels relativement heureux, accomplis. Le résultat le plus intéressant de la recherche de Bell et Weinberg[11] a été de démontrer l'existence de sous-groupes d'homosexuels variés qui connaissent des degrés de maturité diversifiés par rapport aux lignes de développement : les couples fermés, les couples ouverts, l'homosexuel fonctionnel, le dysfonctionnel et la personne asexuelle ; l'étude note qu'il y a plus de couples du côté des femmes que du côté des hommes et que leurs relations sont plus stables.

Les changements dans les institutions sociales sont importants pour comprendre plus concrètement comment s'effectue le processus global de développement adulte.

Pour conclure, il faut souligner que la contribution de Colarusso et Nemiroff est importante, surtout par cet effort pour décrire les processus de développement au cours de la vie adulte. Comme

11. BELL, A.P. et M. WEINBERG (1978), *Homosexualities : A Study of Diversity among Men and Women*, New York, (Touchstone) Simon and Schuster, cités par Colarusso et Nemiroff, 1981, p. 181.

on l'a vu, leur cadre de référence, nettement psychanalytique, intègre une lecture des institutions sociales.

Comment cette théorie peut-elle être pertinente pour ceux qui travaillent avec des adultes ? D'un côté, les sept hypothèses apparaissent comme autant de clefs théoriques pouvant assister tant l'adulte aidé que celui qui lui facilite l'appropriation de son expérience de vie. En effet, penser que, tout au cours de sa vie adulte, chaque individu poursuit son développement selon un processus continu et dynamique, que sa structure psychique évolue, qu'il retrouve les enjeux fondamentaux de l'enfance sous des formes modifiées, que son passé adulte l'affecte comme son passé d'enfant... voilà autant d'idées qui conduisent l'adulte à entrevoir différemment son présent. De plus, faisant une place aux changements corporels et reconnaissant comment il perçoit subjectivement son temps et ses limites d'une nouvelle manière, l'adulte comprendra le pouvoir relatif mais non moins réel qu'il a sur sa vie.

D'un autre côté, de connaître comment évolue le *self* et quels rôles y jouent le narcissisme, l'authenticité et les relations qu'il entretient avec les personnes qui lui sont significatives, tout en tenant compte des situations précises et des contextes sociaux dans lesquels il a vécu, peut être une façon de saisir la complexité de son cheminement, dans le concret et le singulier de son expérience.

Tout en n'étant pas basée sur une recherche empirique — et en ce sens elle relève de l'essai —, l'analyse faite par Colarusso et Nemiroff pour décrire les processus de développement psychosocial de l'adulte, et pour redonner aux événements, aux structures sociales et à la culture leur place et leur importance paraît efficace et séduisante ; elle peut être un atout important pour tout adulte qui cherche à se comprendre. À condition d'être considérée comme une grille théorique. Rien de plus. Rien de moins.

COLARUSSO ET NEMIROFF
Exercices et sujets de réflexion

1. Comparez les sept hypothèses sur le développement adulte de Colarusso et Nemiroff avec les idées de Gould sur la transformation.

2. Comment les idées de Colarusso et Nemiroff complètent-elles celles de Levinson sur le mentor ?

3. Le « soi grandiose » ressemble à la conscience d'enfant (chez Gould) omnipuissante, au premier coup d'œil. Poursuivez la comparaison.

4. Que pensez-vous de l'analyse que font Colarusso et Nemiroff des institutions sociales ? Croyez-vous qu'elle permet de saisir plus clairement le processus développemental ?

5. Possédez-vous des informations scientifiques sur la maturation physiologique, sur le vieillissement des cellules, qui permettraient d'alimenter la sixième hypothèse, à savoir que : « Tout comme au cours de l'enfance, le développement est, au cours de la vie adulte, profondément affecté par les changements corporels et physiques » ?

COLARUSSO ET NEMIROFF

HORIZONTALEMENT

1. Capacité d'évaluer et d'accepter ce qui est réel tant dans le monde extérieur que dans le monde intérieur, sans égard à l'injure narcissique impliquée, selon les auteurs. — Lettre de l'alphabet grec.

2. Article indéfini. — Deux voyelles. — Terres entourées d'eau. — Note de la gamme.

3. Fera passer par le tamis. — Ce qui retient.

4. Douze mois. — S'écarte de ce que stipule une loi. — Qui appartient au dos.

5. Conjonction. — Les auteurs disent que le développement adulte concerne celle de la structure psychique. — Particule interrogative du langage populaire.

6. Télé-Métropole. — Aptitude supérieure de l'esprit qui élève un être humain au-dessus de la commune mesure. — Dont la simplicité va jusqu'à la bêtise (fém.).

7. Électroencéphalographie. — Faisceau de crin passé sous la peau, utilisé pour assurer un drainage continu. — Et le reste.

8. République (abrév.). — Notre-Seigneur. — Qui est bien pourvue.

9. De rire. — Petits mammifères rongeurs. — Conjonction.
10. Personne avec laquelle on est lié d'amitié. — Adjectif possessif. — Ville de Californie où travaillent Colarusso et Nemiroff (sur 2 espaces).
11. Selon Colarusso et Nemiroff, il contribue à l'évolution du *self*. — Article indéfini.
12. Directeur général. — Homonyme de laize. — Métal blanc grisâtre (Sn).
13. Deux en chiffres romains. — Équidé plus petit que le cheval. — À ne pas confondre avec l'*ego*. — Les changements que l'on identifie pour comprendre le développement de l'adulte y sont souvent reliés.
14. Racontar (pas de case pour le trait d'union). — Au cours de l'enfance, il y a... de la structure psychique.
15. Pronom personnel. — Deux premières lettres seulement de « Réponse s'il vous plaît » (abrév.). — Deux voyelles. — Squelette.
16. Anneau de cordage. — À la suite de Van Gennep, de Mead, Colarusso et Nemiroff affirment que le développement adulte est un phénomène...

VERTICALEMENT

1. Selon les auteurs, le passé adulte est... important que le passé de l'enfance pour saisir le développement de la personne. — Qualificatif donné au *self* par Kohut.
2. De même avis. — Se représenter dans l'esprit.
3. Terminaison des verbes du premier groupe. — Terminaison des verbes du deuxième groupe.
4. Auteur de *Sein und Zeit*. — Pas sombre.
5. Recommence à couler au printemps. — Les données de Colarusso et Nemiroff proviennent d'eux, entre autres.
6. Démentirons. — Récipient pour boire.
7. D'une région d'Autriche (masc. plur.). — Pronom personnel. — Personne qui se comporte d'une manière déraisonnable, extravagante.
8. Affût. — Note de la gamme. — Préoccupation.
9. Pronom démonstratif. — Conjonction. — Se dit d'une surface de laquelle rien ne dépasse. — Terminaison des verbes du premier groupe.
10. Terre entourée d'eau. — Consonne répétée. — Deux consonnes. — Initiales du réalisateur de *La Petite*.
11. Celui d'Achille est célèbre. — Carte à jouer. — Flétri.
12. Langue finno-ougrienne.
13. Route rurale. — Touché.
14. Elle est neurale, reprennent Colarusso et Nemiroff. — Trois voyelles.
15. Connaissais. — Marionnette sans fil animée par les doigts de l'opérateur.
16. Article espagnol. — Conjonction. — Offre.

9

Quelques modèles complémentaires des modèles séquentiels de la vie adulte

Pourquoi faudrait-il que toutes les vies suivent un même créneau, endiguées dans les rails schématiques des phases de vie ? Qui ne connaît pas un homme de 55 ans, père pour la première fois ? Ne semble-t-il pas que, de l'intérieur du cycle de vie biologique, il n'y ait pas un âge précis pour être mère dans notre société nord-américaine ? Ne voit-on pas alterner, chez une même personne, des tranches de vie de célibataire et des tranches de vie de couple ? La place et le sens du travail ne sont-ils pas en voie de métamorphose, tant chez l'homme que chez la femme, ce qui donne lieu à un cycle de vie professionnelle qui ressemble plus à un méandre qu'à une roue ? Et que dire des réseaux interpersonnels : n'en sommes-nous pas encore à constater qu'ils se font et se défont et à commencer à décrire cette transformation ? Enfin, les rôles traditionnellement masculins et féminins ne sont-ils pas chambardés de part et d'autre ?

Les existences concrètes et singulières constituent le plus grand défi à nos constructions théoriques. L'espace d'être adulte... le temps d'une vie, la sienne, paraît plus vaste, plus malléable, en quelque sorte plus riche pour nous qu'il ne le fut peut-être pour nos grands-parents. Et dès lors, il importe que les modèles de développement adulte qui expliquent le changement à travers une séquence élargissent leur cadre conceptuel de manière que la théorie soit apte à décrire l'évolution du cycle de vie à l'intérieur de paramètres qui postulent la fluidité des sociétés et l'impondérable imprévisibilité des existences singulières.

Les théories des stades font l'objet de diverses critiques. Tantôt on dit qu'une définition linéaire et monolithique est restrictive et inappropriée pour décrire le développement humain (entre autres, Baltes, Reese et Lipsitt, 1980) et qu'il faut penser autrement, concevoir différemment le développement de l'adulte de manière à rendre compte de la diversité des rythmes, des directions, de l'intensité, bref de la plasticité et de l'unicité des vies[1]. Tantôt on dit que ces théories se réfèrent à une société où les rôles relatifs à l'âge étaient relativement clairs (entre autres Stein et Etzkowitz, 1978, Giele, 1980) et que telle n'est plus la société dans laquelle nous évoluons : à la place d'une société où les rôles sont balisés par l'âge émerge une société sans âge. Dès lors il faut penser autrement le développement de l'adulte.

Dans la prolifération des modèles pour expliquer le développement adulte dans la perspective du cycle de vie, certains sont nés du besoin de rendre compte de la variété des cycles individuels où les rôles ne surviennent pas selon un ordre et où les enjeux développementaux peuvent apparaître et réapparaître en tout temps. Nous en avons relevé quatre :

◻ le modèle de la spirale de vie (Stein et Etzkowitz, 1978) ;

◻ le modèle de croisement (Giele, 1980) ;

◻ le modèle du cycle des tâches de croissance (Weick, 1983) ;

◻ le modèle des aires de vie (Wortley et Amatea, 1982).

Les trois premiers s'appuient sur une critique de la théorie des stades et remédient aux lacunes des stades par une solution alternative, le dernier constitue une synthèse sur un plan différent des modèles des stades. Ils ont été choisis à partir de leurs affinités et de leur proximité, selon un pôle négatif ou un pôle positif, avec les théories des stades. Dans le cas de ces quatre modèles, la solution qu'ils proposent permet de comprendre les multiples formes (styles ou structures de vie) que revêtent les existences concrètes dans une société hautement diversifiée.

---

1. Vaillant (1977) lui-même s'est enquis de la portée de sa théorie en se demandant jusqu'où sa conception de la santé mentale et de l'adaptation s'appliquait aux artistes créateurs. Constatant que, d'après ses critères, Allan Poe se situait dans le cinquième inférieur de la santé mentale, il a rencontré ce dernier, lui a soumis des parties de son livre. Dans le chapitre 16 de son livre, un chapitre magnifique pour quiconque se passionne pour le relief des vies, Vaillant nous parle de leur rencontre, des remarques de Poe, et nous livre leurs réflexions. Poe renchérit sur ce que Vaillant appelle le sens de la célébration : « C'est une composante importante du processus d'adaptation dans sa totalité. La vie a besoin d'être célébrée. » (« Life needs to be enjoyed », lettre de Poe à Vaillant, citée par Vaillant, 1977, p. 357, traduction libre.)

9.1 PETER STEIN ET HENRY ETZKOWITZ : LE MODÈLE DE LA SPIRALE DE VIE

Stein et Etzkowitz (1978) critiquent les théories des stades (Erikson, Levinson, Gould) en disant qu'elles véhiculent une conception hiérarchique et cumulative du développement qui procède selon une séquence temporelle. C'est non seulement la démarcation des stades qui leur paraît discutable, mais également le fait que tout adulte doive passer à travers les stades et résoudre une phase avec succès avant de passer à la suivante. Or ils constatent qu'il existe des « sentiers alternatifs à l'intérieur de la société américaine » (Stein et Etzkowitz, 1978, p. 14-15, traduction libre), et que des rôles considérés jusqu'ici comme alternatifs ou déviants (par exemple être parent unique, ou cohabiter sans être marié) émergent à côté des rôles plus traditionnels. En vue de rendre compte de la production et de la reproduction des rôles et de l'apparition de rôles alternatifs et en vue de diminuer l'importance de l'âge chronologique, Stein et Etzkowitz s'inscrivent en faux contre les modèles développementaux trop normatifs, et ils affirment que « la vie adulte est qualitativement différente de l'enfance et ne consiste pas en une séquence innée de stades développementaux » (Stein et Etzkowitz, 1978, p. 2-3, traduction libre).

Partant de l'hypothèse qu'il n'y a pas un schème développemental unique ainsi que l'affirme Levinson, Stein et Etzkowitz ont fait une recherche auprès de 60 célibataires (hommes et femmes) âgés entre 25 et 45 ans, dont 90 % détenaient un baccalauréat ès arts (B.A.) ; l'intérêt de leur échantillon réside précisément dans le fait qu'il est composé de personnes jouant des rôles émergents et diversifiés. Constatant que ces rôles adviennent selon un ordre varié, dans des séquences différentes, qu'ils sont multiples et de durée diverse selon les personnes, ils proposent le modèle de la spirale de vie.

Selon ce modèle, il est possible de changer de rôle et d'arriver à de nouvelles résolutions d'enjeux précédemment résolus, tandis que, d'après la théorie des stades, il n'y a pas de retour au stade précédent pour résoudre de nouveaux enjeux. De plus, le modèle de la spirale de vie rend possible l'existence de schèmes temporels variés où les événements adviennent sans un ordre fixe et nécessaire, tandis que la théorie des stades requiert un schème temporel invariable et une séquence de phases selon une progression fixe. Enfin la théorie de la spirale de vie est à l'opposé d'une séquence des rôles graduée selon l'âge, cependant que la théorie développementale s'appuie sur l'hypothèse que l'âge détermine la séquence des phases adultes.

Ce modèle s'appuie sur une théorie des besoins : les besoins humains peuvent être satisfaits par le biais des rôles, traditionnels ou alternatifs, émergents ou institutionnalisés, et les enjeux sont des besoins humains qui réapparaissent au cours du cycle de vie. De l'avis des auteurs, seul un tel modèle peut rendre compte de la production de rôles alternatifs et de la diversité des cycles de vie dans la société américaine.

En résumé, Stein et Etzkowitz proposent un modèle à schèmes temporels variés[2] où les rôles peuvent se produire à divers moments sur l'échelle des âges et où les tâches développementales peuvent resurgir selon les besoins (d'intimité, de générativité, d'intégrité) sans être liées à une saison de la vie : tel est le modèle de la spirale de vie.

9.2 JANET GIELE : LE MODÈLE DU CROISEMENT

Selon Janet Giele (1980), tous les modèles avec stades ou phases comportent deux thèmes : ils conçoivent la vie adulte comme divisée en phases discrètes auxquelles sont associées des tâches développementales spécifiques ; ils supposent un ordre chronologique

---

2. D'autres auteurs soucieux de considérer la vie adulte dans son ensemble ont élaboré des modèles qui rejettent une conception linéaire du changement. Baltes, Reese et Lipsitt (1980) proposent une approche pluraliste du développement adulte. Ni le développement de l'intelligence, ni la socialisation, ni l'attachement ne procèdent de façon linéaire. C'est ainsi que Baltes et ses collègues proposent le *modèle multi-causal et interactif* dont ils s'empressent de dire que ce « n'est pas une théorie, mais un paradigme méthodologique potentiellement utile pour comprendre les relations causales et les déterminants qui produisent la complexité du développement au cours de la vie adulte » (Baltes, Reese, Lipsitt, 1980, p. 75, traduction libre). Ils répertorient trois sources d'influence qui sont en interaction : les influences normatives qui relèvent d'une démarcation selon l'âge chronologique, les influences normatives qui relèvent de l'histoire et les événements de vie qui ne sont pas normatifs (ex. : déménagement, accident, changement d'emploi, divorce). Avec eux disparaît l'idée de séquence même si une perspective du cours de la vie (*life-span*) est maintenue. Le *modèle dialectique de Riegel* (1975) s'oppose également à une séquence temporelle unique : Riegel explique la complexité du développement en faisant appel à une séquence à temps multiple ; les quatre champs d'organisation qui interagissent simultanément sont la dimension intérieure biologique, la dimension individuelle psychologique, la dimension culturelle sociologique et la dimension extérieure physique ; le cycle de vie individuel s'explique par les interactions synchrones ou asynchrones de ces champs. Une conception dialectique du changement est implicite dans le modèle de Riegel.

dans la séquence des tâches qui est grosso modo reliée à l'âge. Sa critique prend la forme de deux questions et de deux constatations. Première question : les tâches développementales sont-elles spécifiques à chaque phase ? Deuxième question : surviennent-elles selon une séquence ordonnée en fonction de l'âge ? Enfin elle constate, avec Leonard Pearlin (1978), que les « enjeux développementaux » varient beaucoup selon le statut socio-économique de la personne et, citant à l'appui l'étude de Fiske et Lowenthal (1977) sur les Américains ordinaires, que la théorie des stades n'y trouve pas de confirmation.

Que conclure ? Sa conclusion est un bel exemple de raisonnement dialectique qui intègre dans une nouvelle synthèse la thèse et l'antithèse qui s'opposaient d'abord. Les théoriciens des stades et leurs critiques représentent deux aspects d'une même réalité : les théoriciens des stades mettent l'accent sur les pas qu'il faut franchir et ainsi sur la *différenciation* tandis que ceux qui nient l'existence des stades insistent sur l'unité de l'individu eu égard à la complexité sociale et sur son travail d'*intégration.* Ces deux thèmes opposés — stades distincts de développement versus ambiguïté et absence de schèmes clairs — représentent possiblement deux processus universels qui se produisent dans tout système vivant : la différenciation et l'intégration (Giele, 1980, p. 156).

Ainsi l'apprentissage implique un travail de différenciation tandis que l'achèvement de l'identité présuppose un travail d'intégration. Le développement de l'adulte est de nature duelle :

« Les deux thèmes de la croissance et de l'unification expriment la nature duelle du développement adulte. La croissance renvoie au processus adaptatif — la différenciation des parties et les nouveaux ajouts qui rendent la personne capable de faire face aux changements de l'environnement, à la maturation et au vieillissement. L'intégrité et l'unité, d'un autre côté, renvoient à la capacité de maintenir le *self*, à l'habileté de consolider croissance et changement de manière à tisser sur la trame d'une vie une pièce continue. » (Giele, 1980, p. 161, traduction libre.)

Pour Giele, le nouvel adulte qui se dessine — et qui, à mon avis, n'est pas loin de celui proposé par le courant de psychologie humaniste — est quelqu'un dont le *self* est en évolution constante vers son unification.

Toujours selon cette auteure, jusqu'à maintenant deux points semblaient immuables, soit l'âge et le sexe, mais cette caractéristique est remise en question. Le nouvel adulte transcende en quelque sorte l'âge et le sexe : il est possible d'être jeune et/ou d'être vieux, d'être masculin et/ou féminin dans différentes parties de son être, à différents moments de sa vie, parfois simultanément. Soulignons que le titre de l'article est fort révélateur : « Adulthood as Transcendance of Age and Sex » (La vie adulte comme transcendance de l'âge et du sexe). Voyons de plus près en quoi consiste ce modèle de croisement en regardant les deux leviers de ce modèle, l'âge et le sexe.

Le premier levier du modèle de croisement est l'*âge*. Plusieurs tâches développementales ne sont pas liées à l'âge mais en sont indépendantes. Comme le fait si judicieusement remarquer Giele, « la double vérité est que la société moderne met davantage l'accent sur l'âge tout en acceptant plus de déviations par rapport à des catégories de comportement caractéristiques d'un âge » (1980, p. 156, traduction libre). Un film comme *Harold et Maude*, qui raconte la rencontre d'une vieille femme et d'un jeune homme, illustre finement cela.

Le croisement est le résultat inévitable de la complexité sociétale. Il n'y a pas de « saisons de la vie » où des choses précises doivent inévitablement être apprises ; au contraire, il semble que le moment pour élaborer tel ou tel aspect de sa vie ne soit pas le même pour chacun. En outre, le comportement peut se modifier dans le sens de la régression et dans le sens de la progression. Ce modèle de la transcendance de l'âge se fonde sur le postulat suivant :

> « L'individu est capable d'autodirection et de choix, c'est-à-dire que le comportement change dans le temps, non seulement à cause du modelage de l'environnement mais aussi parce que les personnes interprètent leurs propres rôles et choisissent leurs futures situations. » (Giele, 1980, p. 159, traduction libre.)

Le deuxième levier de croisement est le *sexe*. Selon Giele, la nouvelle image que nous avons de la vie adulte s'enracine dans les changements sociaux et démographiques qui ont accompagné la révolution industrielle. En ce qui concerne l'individu, une plus grande longévité et une contraception efficace ont entraîné la séparation du cycle de vie biologique et du cycle de vie social, ce qui a eu de nettes conséquences sur les rôles sexuels. Pour ce qui est de la vie sociale, la rationalisation de la production a provoqué la différenciation de la vie de famille et de la vie au travail, ce qui a modifié les rôles sexuels ; on remarque même de nouvelles images populaires : l'autonomie n'est plus un attribut réservé aux hommes et la dépendance aux femmes. Ici aussi on constate un croisement : « Un nouveau motif émerge, basé sur l'entremêlement, l'interdépendance et l'échange. Le croisement est son emblème. » (Giele, 1980, p. 169, traduction libre.)

En résumé, Giele insiste sur la nature duelle du développement adulte ; elle met l'accent sur les multiples combinaisons du masculin et du féminin, de la jeunesse et de la vieillesse, qu'elle explique par son modèle du croisement. Un tel modèle fait écho à la complexité de la société nord-américaine. Préoccupée par les facteurs socio-économiques et par les variations culturelles, Giele est soucieuse d'affirmer la complexité (richesse, variations, différences individuelles) du développement adulte et tourne carrément le dos à l'idée de phases de développement.

Le rythme du raisonnement dialectique imprègne sa manière de penser : on l'a vu en ce qui concerne la nature duelle du développement adulte. Les mêmes pulsations de la pensée − si l'on peut dire − imbibent le croisement du masculin et du féminin, du jeune et du vieux : c'est presque une théorie des polarités, non sans ressemblances avec celle de Levinson, sans phases cependant.

9.3 ANN WEICK : LE MODÈLE DU CYCLE DES TÂCHES DE CROISSANCE

Ann Weick est professeure associée en travail social. Tout comme Giele, son point de départ est une critique de la théorie des stades et la solution de rechange qu'elle nous propose met l'accent sur le caractère idiosyncrasique du développement de la vie adulte. Voici les trois postulats qu'elle retrace dans les théories courantes.

Selon le *premier postulat*, les théories des stades posent que la croissance se fait de manière séquentielle à travers des phases ; Erikson, Vaillant sont de ceux-là. C'est une extrapolation à la vie adulte du postulat de la séquence développementale chez l'enfant. Or les changements physiologiques de l'adulte sont plus idiosyncrasiques, moins liés au sexe et moins prévisibles que chez l'enfant. Le changement au cours de la vie adulte devient, par conséquent, un processus infiniment plus complexe que les changements séquentiels démarqués au cours de l'enfance.

Selon le *deuxième postulat*, ces théories soutiennent que la croissance séquentielle est liée à des stades ou phases qui sont fonction de l'âge. Par exemple, dit Weick, Levinson distingue cinq phases où l'âge détermine le processus développemental. Or Neugarten nous avait déjà mis en garde contre cela : « Quand nous relions le changement adulte à l'âge chronologique, nous oublions que l'âge tend à interagir avec les rôles sociaux.» (Neugarten, 1979, citée par Weick, 1983, p. 132, traduction libre.) On peut penser que les attentes sociales voulant qu'une personne passe de tel rôle à tel autre rôle à tel ou tel âge sont un artefact socioculturel, et dès lors, et c'est la position de Weick, l'âge chronologique devient un facteur fort grossier du changement développemental.

Enfin, d'après le *troisième postulat*, les théories des stades conçoivent les rôles sociaux comme une occasion nécessaire au développement, d'où le caractère normatif de leur perspective. Ainsi, chez Levinson, les événements de vie sont vus comme des marqueurs. Or le divorce, la grossesse, la maladie peuvent être conçus comme des processus plutôt que comme des marqueurs, ce qui exige une saisie plus large du contexte de la personne, ce qui entraîne également que les rôles sociaux sont une occasion possible de développement plutôt qu'une nécessité. Le processus de développement n'est donc pas déterminé par les événements de vie et par les rôles sociaux. Il y a en effet un danger de penser que seul l'événement de vie ou la phase de vie est la clef du développement adulte.

À la séquence, Weick oppose la croissance qui se fonde sur le processus d'adaptation. Aux tâches développementales liées à l'âge ou à une phase, elle oppose un ensemble de tâches de croissance qui agissent de façon concomitante et cyclique. À la nécessité des rôles sociaux, elle oppose leur caractère d'occasion de croissance et montre qu'une telle séparation entre les rôles sociaux et le développement affirme la *fluidité* du processus de changement. Ainsi s'élabore son modèle «non normatif et alternatif» (tableau 9.1).

TABLEAU 9.1
La critique des théories des stades faite par Ann Weick

Weick critique les théories des stades qui affirment que	et suggère que
1) la croissance est une séquence	1) la croissance est adaptation (équilibre)
2) la séquence est liée à l'âge	2) il existe des tâches de croissance qui opèrent de façon concomitante et cyclique
3) les rôles sociaux sont nécessaires	3) les rôles sociaux sont une occasion de développement et qu'il y a des conséquences à séparer les rôles sociaux et le développement

Source : Tableau élaboré à partir du texte de Weick, 1983, traduction libre.

Encore ici, force nous est de remarquer les affinités de ce modèle avec le courant de psychologie humaniste, à tout le moins en ce qui a trait au principe de base sur lequel Weick s'appuie :

« En élaborant cette perspective alternative, nous devons commencer par une prémisse de base au sujet de la croissance, à savoir qu'il existe chez tous les êtres humains une inhérente "poussée pour croître", une force vitale commune. » (Weick, 1983, p. 133, traduction libre.)

Comment ne pas reconnaître là la tendance à l'actualisation désignée par les humanistes ?

Le *premier postulat* de Weick, croissance versus équilibre, se rapporte au processus d'adaptation. Notre habileté à composer avec la vie dépend de la manière dont nous comprenons ce qui nous arrive. Une saine adaptation exige d'établir des frontières mais aussi de concevoir ces frontières comme interchangeables. Une adaptation vraie exige que nous nous construisions un noyau central de significations — équivalent au *self*, à mon avis — et de stabilité mais que nous soyons prêts, en même temps, à des changements marginaux dans ce noyau central. Dans une telle perspective d'adaptation, le changement de la personne est modifié mais non déterminé ou contrôlé par les divers rôles sociaux.

Le *deuxième postulat* pose qu'il existe des tâches de croissance qui sont concomitantes et cycliques.

« Comme hypothèse-clef, cet article pose l'existence d'un ensemble de tâches développementales qui forment des thèmes cycliques dans la vie d'un individu. Cette hypothèse suggère que les comportements adultes peuvent être traduits dans un noyau de tâches avec lequel tout individu en santé se trouve aux prises pour grandir. » (Weick, 1983, p. 134, traduction libre.)

Les tâches de croissance gravitent autour des cinq thèmes suivants :

❐ la capacité d'intimité ;

❐ l'aptitude à nourrir et à éduquer ;

❐ l'engagement dans une activité productrice ;

❐ l'établissement d'un équilibre entre la dépendance et l'indépendance ;

❐ la sociabilité ou capacité de relations avec les autres.

Aucune de ces tâches n'est prioritaire par rapport à l'autre. C'est comme si le travail de croissance touchait tous les fronts à la fois. Non seulement n'existe-t-il pas une manière, la bonne, et surtout une manière définitive de résoudre chacune de ces thématiques, encore moins à un moment donné, mais chaque thème ne cesse d'évoluer et d'appeler de nouvelles transformations : « Ces thèmes sont en jeu à travers toutes les périodes de la vie, chaque nouveau défi exigeant une nouvelle définition et une modification de la résolution antérieure. » (Weick, 1983, p. 134, traduction libre.)

Weick pense que le changement se fait dans le sens du progrès et qu'il possède ainsi une certaine orientation, sans être aucunement linéaire pour autant. L'adaptation est un perpétuel (ré)ajustement.

Rappelons le *troisième postulat* : un tel changement axé autour de tâches de croissance plutôt qu'autour de rôles sociaux, d'âge chronologique ou de crises, possède comme caractéristique la fluidité. Séparer ainsi le développement adulte des rôles sociaux conduit à reconnaître la primauté du processus de croissance. Par ailleurs, cela entraîne diverses conséquences. Cela permet d'examiner l'interaction entre les sphères personnelles et les sphères sociétales, de reconnaître l'influence et l'importance du contexte physique et social (une approche environnementale s'avère essentielle pour celui qui œuvre en travail social, dit Weick, et l'on pourrait dire pour quiconque fait de l'intervention psychosociale). Cela permet aussi de tenir compte des différences dues au sexe dans le développement et de les noter, et enfin, cela renvoie aux différences relatives à la culture.

En résumé, le modèle alternatif et non normatif affirme la complexité du développement adulte : il n'y a pas une séquence de développement mais un processus d'adaptation constant. Cette adaptation se fait à travers cinq thèmes qui sont autant de tâches de croissance jamais achevées, toujours à faire ; sans être linéaire, le développement est orienté vers le progrès. L'adaptation se fait également à l'occasion de rôles sociaux et d'événements de vie qui sont vus non comme des marqueurs mais comme des processus. Au cœur d'un tel modèle s'impose la fluidité (notez l'antagonisme avec le caractère normatif de la séquence) du développement adulte, ce qui permet de justifier les formes nombreuses, complexes et variées de vie qui se retrouvent dans la société nord-américaine. On voit bien en quoi le modèle de Weick est une alternative à la théorie des stades. Il est nouveau lorsqu'il suggère que toute la vie adulte consiste à re-travailler les tâches de croissance ; il s'oppose au caractère normatif des phases de vie, ou des événements marquants, ou des crises ; enfin, et surtout, il réaffirme la fluidité du processus de développement.

9.4 DAVID WORTLEY ET ELLEN AMATEA : LE MODÈLE DES AIRES DE VIE

Wortley et Amatea (1982) font une synthèse intéressante des théories des stades. Tout en maintenant les phases de vie, ils font appel aux aires de vie pour expliquer la complexité des vies individuelles. Leur projet est de faire la cartographie du développement adulte comme l'indique le titre de leur article « Mapping Adult Life Changes : A Conceptual Framework for Organizing Adult Development Theory »[3]. À cette fin, ils divisent le cycle de vie en périodes de temps spécifiques, par décennies, sur l'axe horizontal, et sur l'axe vertical, en quatre aires de vie, soit la carrière, la famille, l'intimité et la vie intérieure (figure 9.1). Ils définissent l'aire de vie comme une « sphère d'intérêt ou d'activité reliée à un ensemble spécifique de besoins » (Wortley et Amatea, 1983, p. 478, traduction libre). Chaque aire correspond à un milieu à partir duquel s'organise un ensemble de tâches développementales.

Pour chaque aire, ils distinguent des changements extérieurs et des changements intérieurs, car ils croient que le changement est le résultat de facteurs externes et internes et qu'il n'est pas lié à l'âge biologique *per se*, mais à un complexe de facteurs environnementaux, interpersonnels et intrapersonnels. Un changement significatif dans une aire de vie se répercute dans les trois autres aires d'une manière systémique :

> « De telles relations entre les aires peuvent plus effectivement être conceptualisées d'une manière systémique ; un système est conçu comme un ensemble de choses ou de parties différentes reliées directement ou indirectement les unes aux autres par un réseau d'effets causals où chaque élément est relié à l'un ou à plusieurs autres éléments d'une manière telle que la soustraction ou l'addition de ces éléments entraîne un changement dans la structure et les processus globaux du système. » (Wortley et Amatea, 1983, p. 478, traduction libre.)

La figure 9.1 illustre les aires de vie telles que définies par Wortley et Amatea ; conjuguée à la lecture des phases de vie, elle permet de comprendre l'originalité de ce modèle.

---

3. Ce qu'on pourrait traduire par « Tracer la carte des changements de la vie adulte : un cadre conceptuel pour organiser la théorie du développement adulte ».

FIGURE 9.1
Le modèle des aires de vie de Wortley et Amatea

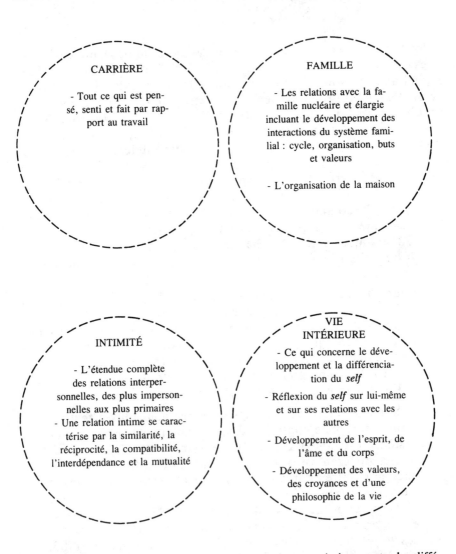

CARRIÈRE

- Tout ce qui est pensé, senti et fait par rapport au travail

FAMILLE

- Les relations avec la famille nucléaire et élargie incluant le développement des interactions du système familial : cycle, organisation, buts et valeurs

- L'organisation de la maison

INTIMITÉ

- L'étendue complète des relations interpersonnelles, des plus impersonnelles aux plus primaires
- Une relation intime se caractérise par la similarité, la réciprocité, la compatibilité, l'interdépendance et la mutualité

VIE INTÉRIEURE

- Ce qui concerne le développement et la différenciation du *self*
- Réflexion du *self* sur lui-même et sur ses relations avec les autres
- Développement de l'esprit, de l'âme et du corps
- Développement des valeurs, des croyances et d'une philosophie de la vie

N.B. Les lignes pointillées suggèrent les interrelations systémiques entre les différentes aires de vie.

Source : Figure élaborée à partir de Wortley et Amatea, 1982, p. 476-482, traduction libre.

Voici les quatre postulats implicites de leur modèle :

❑ il y a un ensemble de changements identifiables qui caractérisent les différents stades ou périodes de la vie adulte ;

❑ les changements et les processus développementaux chez l'adulte ne sont pas discrets mais plutôt interreliés d'une façon systémique ;

❑ le processus individuel qui consiste à gérer chaque changement de vie est influencé par la qualité de la gestion des changements et des transitions développementales antérieures, et par conséquent c'est un processus séquentiel et cumulatif ;

❑ les changements adultes ne sont pas rattachés au vieillissement biologique *per se*, mais à une complexité de multiples facteurs environnementaux, interpersonnels et intrapsychiques.

9.5 CONCLUSION

Pourquoi avoir retenu, dans l'ensemble de la littérature, les modèles de Stein et Etzkowitz, de Giele, de Weick et de Wortley et Amatea ? D'abord parce que ces quatre modèles étudient le développement adulte en adoptant la perspective du cours de la vie (*life-span*). Ensuite parce que tous les quatre s'appuient sur les théories des stades, les trois premiers pour en souligner certaines lacunes et apporter un nouvel élément de solution, qui la spirale de vie (Stein et Etzkowitz), qui le croisement et le dépassement de l'âge et du sexe (Giele), qui l'idée d'un cycle de tâches de croissance (Weick), et le dernier pour faire appel à un type d'explication systémique et tenter une synthèse des théories des stades en proposant le modèle des aires de vie (Wortley et Amatea). Enfin, parce que le projet plus ou moins avoué de ces quatre modèles est de rendre compte de la complexité et de la richesse des vies dans une société de plus en plus éclatée.

Avec Stein et Etzkowitz, l'idée de spirale supplante l'idée de séquence linéaire où les rôles étaient moulés sur une horloge sociale souvent rigidifiée. Avec Giele, transcender l'âge et le sexe et surtout les rôles qui leur sont liés conduit à délaisser les phases de développement au sens où en parlent Erikson, Levinson, Gould, Vaillant, Colarusso et Nemiroff. Avec Weick, non seulement la tâche développementale est-elle remplacée par un nouveau concept, celui de tâche de croissance, mais l'idée de cycle semble maintenue sans que soit retenue l'idée de séquence. Enfin, avec Wortley et Amatea, les aires de vie reliées de manière systémique constituent une synthèse, d'un autre point de vue, des théories des stades.

Les théories des stades cherchent à décrire le cycle de vie adulte au moyen d'une séquence développementale, disions-nous en introduction à ce livre. Et voilà que le cycle devient spirale, ou qu'il n'y a pas de séquence, ou que la séquence est décrite de façon moins linéaire par un cycle de tâches de croissance, ou par une conception systémique des aires de vie. Et voilà qu'on se demande si cette séquence temporelle ne devrait pas être à temps variés ou à temps multiples. Reconnaissons qu'il y a là de quoi rendre le lecteur perplexe. Le cycle de vie adulte prend-il nécessairement la forme d'une séquence ? Il faudra revenir sur les théories des stades, y réfléchir et les critiquer en cernant de plus près le paradigme développemental et ses principaux axiomes. Cela fera l'objet du chapitre 11. Auparavant et entretemps, il devient impératif de voir quelles sont les retombées pratiques des modèles discutés. D'où le titre du prochain chapitre : Perspectives pratiques.

MODÈLES COMPLÉMENTAIRES
Exercices et sujets de réflexion

1. Que pensez-vous des critiques faites par Stein et Etzkowitz sur la théorie des stades ?

2. Que pensez-vous du modèle de spirale de vie ?

3. Que pensez-vous de la critique faite par Giele sur la théorie des stades ?

4. Apportez des faits qui confirment ou infirment l'hypothèse du caractère interchangeable des rôles liés à l'âge et au sexe dans votre milieu.

5. Que pensez-vous de la critique faite par Weick sur les théories des stades ?

6. Comparez les cinq thèmes de Weick avec ceux de Neugarten, de Levinson, de Wortley et Amatea. Qu'en ressort-il ?

7. Croyez-vous qu'une approche systémique du développement adulte telle la synthèse de Wortley et Amatea soit compatible avec les théories des stades ?

Considérations diverses

10

Perspectives pratiques

Jusqu'ici nous avons présenté différents modèles qui décrivent, chacun à leur manière, les rythmes du changement dans le cycle de vie adulte : en première partie ceux des précurseurs, en deuxième ceux des contemporains. Cette troisième partie étudiera la valeur et la portée des théories sur le développement séquentiel de l'adulte, portée pratique dans le premier chapitre, réflexion critique dans le deuxième. On peut en effet se demander quelle(s) application(s) on peut faire de ces idées sur le plan pratique. On peut également revenir sur le paradigme développemental pour en saisir la valeur, considérant ses forces et ses limites. Cette troisième partie veut donc inscrire les théories du développement adulte plus avant dans ses aspects pratiques et théoriques. D'où son titre : Considérations diverses. Et d'où la division en deux chapitres correspondant à chacune de ces inscriptions : chapitre 10, Perspectives pratiques et chapitre 11, Perspectives critiques et réflexions.

De l'intervention éducative à l'intervention thérapeutique au-près des individus, des groupes, des communautés, les considéra-tions pratiques sur le développement adulte sont abondantes et risquent de le devenir davantage à mesure que les idées avancées seront connues et éprouvées. Comme il serait satisfaisant de pouvoir dire que telle idée ou telle approche ou telle technique proposée en développement adulte correspond à tel champ d'intervention ! Mais tel n'est pas le cas. De tels rapprochements, pour être clairs et satisfaisants, risqueraient de passer outre aux imprévisibles com-binaisons qui surgissent déjà et qui surgiront de l'expérience. Le défi consiste à décrire une réalité sans la cadastrer de façon pré-maturée. Faire des liens entre l'univers de la pratique et celui du développement adulte est un projet analogue à celui de construire un pont entre deux terres en mouvement. Faut-il questionner le projet de construire un pont ? Et pourquoi pas ? Pourquoi faudrait-il qu'il n'y ait qu'un seul pont ? Pourquoi pas des réseaux de ponts, un circuit de liens, comme autant de possibles ? Qui sait si, en lisant sur le cycle de vie adulte, l'intervenant auprès des mourants ne trouvera pas matière à réflexion et n'envisagera pas différemment la mort en fonction des phases de vie ? Qui sait si l'andragogue spécialisé dans la consultation pour le retour aux études n'utilisera pas le rêve dont parle Levinson dans ses entrevues ? Qui sait si l'intervenant psychosocial n'utilisera pas sa compréhension du cycle familial pour intervenir auprès d'une famille ?

Une fois évitée, ou à tout le moins dénoncée, la tentation de faire de chaque forêt (que sont le monde de l'intervention et l'univers du développement adulte) un jardin de Versailles où il y aurait une technique pour chaque approche et une place pour chaque chose, l'entreprise de ce chapitre sera de suggérer diverses applications du développement adulte, puis de voir à quelles conditions une intervention peut être dite développementale.

10.1 APPLICATIONS DIVERSES

Les applications possibles des idées avancées en développement adulte dépassent le champ de l'intervention, en ce sens qu'elles ne nécessitent pas toujours un intervenant et qu'elles sont susceptibles d'intéresser les adultes partisans de l'autoformation. Que ce soit par l'autodidaxie, par l'auto-analyse ou par l'autodéveloppement, les personnes qui cherchent à utiliser les événements de vie comme des occasions d'apprentissage et de développement trouveront sûrement là un écho à leurs préoccupations et à leur recherche personnelle. Par ailleurs, ces mêmes idées sont fécondes pour quiconque fait de l'intervention. Dans la perspective du cycle de vie, les questionnements de l'adulte, ses remises en question, ses insatisfactions, ses réajustements ne sont pas simplement tolérés : dans la mesure où ils sont l'expression d'un travail développemental, ils sont considérés comme des indices et des occasions de croissance. C'est donc par-delà la distinction avec ou sans intervenant que nous décrirons certaines applications d'une perspective de cycle de vie. À des fins de clarté, ces applications seront arbitrairement regroupées comme suit :

- ◻ par rapport à l'individu ;
- ◻ par rapport à la famille ;
- ◻ par rapport au travail ;
- ◻ par rapport au réseau interpersonnel.

Ce découpage a l'avantage de transgresser les difficiles distinctions entre formation, apprentissage, éducation, croissance et thérapie.

10.1.1 Applications à l'individu

Plusieurs auteurs reconnaissent qu'il est important de faire une place plus grande aux théories du développement adulte dans les secteurs de l'éducation et de l'intervention. Les recoupements paraissent nombreux et prometteurs. Soulevons quelques points de tangente.

Histoire de vie, bilan de vie, projet éducatif

Que ce soit au moyen du bilan de vie, de l'histoire de vie ou de l'autobiographie éducative, ou encore au moyen du journal intime à la manière de Progoff[1], l'adulte peut s'inspirer des concepts et des grilles d'analyse du développement adulte pour décrire l'évolution de son cycle de vie. Par exemple, les notions de rêve et de mentor, de crise et de transition se prêtent à des applications multiples, tels choix de carrière, retour aux études, développement de l'identité personnelle et professionnelle.

Comment ne pas voir que ce sont des intuitions précieuses ? On pourrait se servir du rêve pour faire des choix professionnels, pour réajuster son style de vie, pour évaluer ses satisfactions et ses insatisfactions à vivre, pour spécifier le sens d'un changement d'emploi, d'un retour aux études, d'une séparation ou d'un divorce. On pourrait souligner l'aspect tyrannique du rêve pour désamorcer des moments de dépression.

De même la notion de mentor, pour l'adulte qui veut reconstituer son histoire de vie, peut permettre de repérer les personnes-clés qui ont exercé une influence sur son développement. Pour le mentor lui-même, cette notion peut permettre de saisir la façon dont un jeune adulte l'investit, et d'aider ce dernier à construire son identité à travers cette relation. Le fait de savoir qu'il y a une phase d'idéalisation, suivie d'une phase de fusion, suivie elle-même d'une phase

---

1. Le lecteur pourra consulter DOMINICÉ, P. (1990), *L'histoire de vie comme processus de formation*, Paris, L'Harmattan, 175 pages. Également PINEAU, G. et Marie-Michèle (1983), *Produire sa vie : autoformation et autobiographie*, Montréal, Albert Saint-Martin. Sur l'utilisation du journal à des fins de développement, il pourra se référer à PROGOFF, I. (1984), *Le journal intime intensif*, Montréal, Éd. de l'Homme (la version américaine originale date de 1975).

de séparation peut aider à résoudre les enjeux de ce type de relation, à nommer ce qui se passe pour le jeune adulte et pour le mentor lui-même.

Il existe de nombreuses activités de formation où un superviseur de stage encadre un étudiant aux prises — souvent pour la première fois — avec le terrain. Comme stagiaire, le jeune adulte est en train d'acquérir son identité de futur professionnel, et on peut faire l'hypothèse que des éléments de la relation au mentor interviennent à l'occasion dans les relations de supervision ; dès lors, le superviseur pourrait les utiliser comme source d'apprentissage et de développement de l'identité professionnelle du jeune adulte. Les notions de périodes de crise ou de transition peuvent aider à comprendre la problématique des personnes qui consultent et à leur suggérer des prises de décisions plus pertinentes et plus efficaces.

Comment ne pas voir que cerner son rêve de vie, le démystifier, reconnaître son (ou ses) mentor(s) et la signification de son (leur) influence, identifier quels aspects de quelle phase il vit présentement, et dans quelle aire de vie il veut mettre des énergies, pourrait permettre à l'étudiant adulte de clarifier son projet éducatif ? Dans beaucoup de nos programmes d'éducation et d'intervention auprès des adultes (des trois crédits accordés par les universités pour des activités d'intégration dans un programme de baccalauréat ou de certificat, au groupe de soutien du quartier pour les chefs de famille monoparentale), on vise des objectifs de formation totale d'une personne où les informations sont intégrées à l'expérience de vie de la personne et réciproquement : les idées sur le cycle de vie sont susceptibles d'intéresser les uns comme les autres.

Croissance personnelle et développement adulte

Il semble que le fait de connaître le cycle de vie adulte facilite aux personnes la tâche de s'occuper de leur propre développement. À témoin, les réactions des étudiants adultes. À mesure qu'ils se familiarisent avec les théories sur le cycle de vie, sans pour autant les endosser entièrement et avec un esprit critique fort pertinent, plusieurs d'entre eux éprouvent qui du soulagement, qui une surprise comblée, qui l'impression de mieux respirer, qui l'expérience de se déculpabiliser, qui le sentiment de pouvoir un peu mieux se comprendre. Comme l'écrivait Monique, 20 ans : « Cela me donne des outils pour réfléchir sur moi-même. C'est comme si avant, il y avait un fossé entre ma vie et moi-même et que maintenant, un pont est en construction. »

Le fait de découvrir qu'il y a, d'une part, des crises à traverser et que ces crises sont normatives, et, d'autre part, des enjeux tels que l'identité, l'intimité, la générativité et l'intégrité qui ne sont jamais résolus définitivement, déclenche le sentiment de pouvoir faire quelque chose, de ne pas être le jouet du Destin. Le fait de comprendre que son rêve de vie est peut-être tyrannique, que le désillusionnement est sain, qu'il y a un temps pour avoir un mentor et un temps pour être mentor, que l'amour, la mort, le sens du temps, le travail sont des thèmes réactivés au fil des événements et qu'ils peuvent être réaménagés autrement, ainsi que le fait de saisir le rôle de l'horloge sociale, fournit une grille d'analyse pour se regarder, pour donner du sens à son existence et pour prendre du pouvoir sur sa vie.

Connaître la notion de crises développementales a un effet dédramatisant. L'adulte se rend compte qu'avoir des problèmes fait partie du jeu (de vivre et de mourir) ; il peut apprivoiser les enjeux du cycle de vie et les reconnaître lorsqu'ils surviennent. Découvrir qu'il n'est pas le seul à vivre ce qu'il vit et surtout que cela fait partie de la maturation que d'éprouver telle tension ou de vivre tel conflit, modifie sa façon de se comprendre et de composer avec ce qui lui arrive.

Sur la route du devenir adulte, il semble qu'il faille renoncer à beaucoup de choses. On a déjà parlé du prix à payer pour grandir, pour devenir adulte. Le thème est connu et, ma foi, plus que séculaire. Dans cette voie, Judith Viorst (1988), journaliste et psychanalyste, a écrit un très beau livre, *Les renoncements nécessaires*, où elle insiste non seulement sur le coût de la facture, mais surtout sur ce qu'il y a à gagner. L'accent est mis sur les corollaires de la perte, sur un parti pris de vivre empreint d'un réalisme qui ne va ni sans ténacité ni sans humour. Les différentes crises développementales sont présentées comme autant d'occasions de troquer, d'échanger : troquer la symbiose contre un *self* séparé et fiable ; troquer l'amour exclusif des parents contre la rivalité et la complicité de la relation fraternelle (l'amour entre égaux, dirait Aristote) ; troquer la tyrannie de l'idéal contre une attitude de collaboration active avec les limites et les contraintes de la réalité. Et ce jusqu'à son dernier soupir. Sans cesse et toujours, quitter quelque chose... pour trouver autre chose : quitter ses bébés pour trouver des adolescents, quitter son moi antérieur pour inventer son moi présent et faire place à d'autres parties de soi. En résumé, on n'en a jamais fini avec la perte !

Traverser les différentes étapes de la vie, de sa vie d'enfant, de sa vie d'adulte et de sa vie de personne âgée exige de faire l'expérience de perdre quelque chose, mais au terme de cette expérience de perte, il y a un gain possible. Perdre l'illusion de sécurité absolue que chacun connaît avec la mère permet de connaître les « glorieuses angoisses de l'autonomie ». Perdre l'amour exclusif des parents permet de vivre des relations avec des pairs, et ce jusqu'à la vieillesse. Perdre nos illusions sur nous-mêmes et sur les autres (ce que j'appelle le travail de désillusionnement créateur) permet d'ajuster nos rêves à ce que nous sommes et à ce que les autres sont. « Renoncer aux simplicités rassurantes d'un univers dissocié où le bien n'était que bien, le mal n'était que mal » (Viorst, 1988, p. 48) permet de pénétrer dans un monde de solitude, d'ambivalence, de nuance et d'ambiguïté. Faire le deuil de l'amour rêvé, des amitiés parfaites, du mariage impeccable, de la vie de famille idéale permet d'établir des connexions imparfaites et de célébrer « les imperfections savoureuses de ces rapports qui ne sont qu'humains » (Viorst, 1988, p. 346). Quitter de vieilles images de soi, rejeter des *self* virtuels, voilà autant de pertes nécessaires. Viorst ira même jusqu'à dire : « ... c'est l'attitude envers la perte qui détermine la façon dont on vivra [sa vieillesse] » (Viorst, 1988, p. 302).

Le mérite de Judith Viorst est de brosser un polyptyque des étapes de la vie humaine — de la naissance à l'abc de la mort — en éclairant, par un jeu de clair-obscur, ce qu'on trouve ou peut trouver, par-delà le renoncement. Non seulement elle nous aide à comprendre, mais surtout elle nous aide à composer avec les pertes nécessaires : « Car, dit-elle, comme nous le verrons, il y a une fin à nombre de choses auxquelles on tenait. Mais il y a aussi une fin au deuil. » (Viorst, 1988, p. 250.) Le modèle théorique de Viorst se rattache à l'école psychanalytique (le processus d'individuation–séparation y est central).

Ce livre de Viorst est un outil de référence majeur pour toute personne qui s'intéresse au développement adulte et à la croissance personnelle.

En lisant les diverses théories, il arrive que les adultes s'inquiètent d'être passés outre à tel enjeu ou d'avoir négligé telle tâche développementale. Il importe de se rappeler que les modèles théoriques existent pour nous aider à nous comprendre (et non l'inverse).

En effet, les connaissances sur le cycle de vie ont l'avantage de suggérer aux adultes une ou des grilles théoriques pour décoder leur expérience mais, en contrepartie, elles ont l'inconvénient d'apporter tantôt des précisions dont on peut contester l'existence, tantôt des exactitudes qui peuvent être comprises comme des normes. Ainsi est-il très possible qu'une personne n'ait jamais eu un mentor unique, mais qu'elle ait intériorisé des influences provenant de plusieurs personnes et qu'elle ait poursuivi son propre développement.

Parler de séquence développementale, est-ce affirmer l'existence d'un quelconque plan psychologique inné auquel se conformerait chaque existence individuelle ? Le danger est réel : il est possible que les modèles du cycle de vie proposant une séquence ordonnée des événements soient interprétés comme un « Tu dois » kantien et débouchent sur un moralisme du cycle de vie dans le sens où l'horloge sociale deviendrait une directive normative pour le comportement humain, la « table de temps » s'étant mutée en « table des lois ». Ce ne serait pas la première fois qu'une analyse psychologique se métamorphoserait en code moral. Il importe donc de prévenir une telle réduction et de voir que, par rapport à la croissance psychologique, les idées sur le cycle de vie peuvent être une arme à deux tranchants.

La philosophie du changement implicite en développement adulte, en reconnaissant les événements de vie, les personnes significatives et les phases comme catalyseurs de changement, confirme la primauté de la vie dans la grande course au changement (planifié ou non) et réinstalle l'intervention comme seconde. Cela aussi, les étudiants adultes l'ont perçu ; voyons ce que dit Colette, 45 ans :

« Je trouve réconfortant de découvrir qu'il y a chez l'être humain un cycle de vie avec des points de repère, des bornes du cours de la vie sensiblement les mêmes pour tous, qu'il y a des processus de changements inhérents à la condition humaine et que, pour les mettre en action, il n'est pas nécessaire de compter parmi quelques élus, d'avoir son chemin de Damas ou encore de faire une thérapie, mais qu'ils se produisent à travers la vie, le travail, les rencontres. Cette découverte renforce ma foi dans l'être humain et raffermit ma confiance qu'il a en lui-même tout ce dont il a besoin pour développer son potentiel. »

Se développer comme adulte est le lot de toute personne, et les psychothérapies ne détiennent pas le monopole du changement. Par ricochet, les idées véhiculées en développement psychosocial de l'adulte semblent avoir des retombées — sans doute moins sur les psychothérapies elles-mêmes que sur les images et les représentations que les gens s'en font. Ainsi que le disait Louis, 26 ans :

« J'ai bâti ma démarche d'adulte en pensant qu'avec quelques bonnes thérapies ou une psychothérapie de plus d'un an, je réglerais à jamais le problème des voix intérieures de mes parents qui me sous-estiment et m'empêchent de me sentir libre. »

Le fait de se rendre compte qu'il y a toujours du travail sur soi à faire circonscrit les pouvoirs de la psychothérapie. Les événements de vie, les enjeux de développement, les personnes significatives sont autant de catalyseurs qui aident l'adulte à consolider son identité. Vu sous un certain angle, cela peut avoir pour effet de « déprofessionnaliser » le travail de transformation psychologique. Mais qu'on se rassure, ce n'est pas là le monopole des théories sur le cycle de vie. On a fait une telle lecture bien avant ! Déjà, en 1942, Karen Horney écrivait :

« On déclare souvent, et l'opinion en est très largement répandue, que l'analyse est le seul moyen de poursuivre la croissance de la personnalité. Inutile de dire que c'est là une erreur. La vie même est l'instrument le plus efficace de notre développement. Les sacrifices qu'elle nous impose — nécessité de quitter son pays, maladie organique, périodes d'isolement — et ses dons aussi : amitié sincère, ou même simple contact avec un homme de valeur vraiment bon, travail de groupe en collaboration, tous ces facteurs peuvent nous aider à réaliser le meilleur de nos possibilités. »[2]

Voyons maintenant quelques autres applications.

10.1.2 *Applications à la famille*

Regardons brièvement trois points de tangente entre le développement adulte et la famille : le cycle familial, la relation de couple, la relation parents–enfants.

Le cycle familial

Voici les cinq phases du cycle familial :

La *phase d'établissement* coïncide avec la cohabitation. Elle dure jusqu'à la naissance du premier enfant. Les nouveaux conjoints doivent affronter plusieurs tâches : s'engager dans la relation et

---

2. HORNEY, K. (1953), *L'auto-analyse*, Paris, Stock Plus, p. 8 (édition originale, 1942).

se comprendre l'un l'autre, se socialiser dans de nouveaux rôles, développer de nouveaux comportements en vue d'une interaction sexuelle et d'une intimité satisfaisantes, devenir un *self* séparé. Les premières années de vie commune comportent tension et facilité. Il y a d'une part beaucoup de choses à apprendre : quand faire les choses et à quel rythme, comment partager les rôles, comment organiser son espace et son temps, comment exprimer ses insatisfactions. Par ailleurs, le travail de consolidation du *self* se poursuit à travers la relation amoureuse, et il est possible que la relation avec les parents d'origine interfère avec la relation conjugale. Erikson met en garde contre la pseudo-intimité, tandis que Gould dénonce les engagements prématurés où il y a un risque que le jeune adulte se libère de ses parents sans renoncer à la sécurité de l'appartenance. Il semble que beaucoup de divorces surviennent au cours des cinq premières années du mariage.

La *phase de nouveaux parents* commence avec la venue du premier enfant, qui déclenche une période d'ajustement vécue comme une transition par les uns, comme une crise par d'autres. Dans ce dernier cas, il semble que les futurs parents avaient une vision très romantique de la venue d'un enfant et/ou étaient mal préparés à leur rôle de parents.

La *phase de l'éducation des enfants* comporte des tâches pas toujours facilement conciliables, telles que maintenir une relation intime avec le conjoint, fournir l'espace et les ressources financières pour élever et éduquer les enfants, les socialiser, leur transmettre des valeurs.

La *phase post-parentale* correspond au moment où le dernier enfant quitte la maison. C'est une période de réorganisation pour le couple, qui doit souvent réaménager son espace (plusieurs déménagent dans une maison plus petite) et presque toujours réajuster les bases de sa relation. On a dit que cette période donnait lieu au syndrome du nid vide.

Bart (1973)[3] a fait une étude de la dépression des femmes au milieu de la vie adulte et il a conclu qu'elle était liée à la perte de rôles importants, dont le rôle maternel. En effet, plus une femme s'est sur-identifiée à son rôle de mère, plus elle risque d'éprouver des sentiments de vide. Il semble que, dans les cultures où le statut de la femme s'améliore avec l'âge et où la valeur de la

---

3. BART, P. (1973), « Portnoy's Mother's Complaint » *in* H.Z. LOPATA (édit.), *Marriages and Families*, New York, Van Nostrand Reinhold, cité par Santrock, 1983, p. 500.

femme n'est pas fonction de son rôle de mère, la dépression du milieu de la vie est beaucoup plus rare.

La **dernière phase du cycle familial** est celle où l'on perd son conjoint. Le veuvage a donné lieu à de nombreuses recherches sur les étapes de deuil ; il entraîne un changement de statut qui amène une resocialisation.

Tel qu'il est décrit, ce cycle de la famille s'explique à partir des faits sociaux suivants : un plus grand indice de longévité, une diminution du nombre d'enfants par famille. Jusqu'à récemment les enfants quittaient la famille plus tôt, mais il semble qu'actuellement ce n'est plus le cas, à cause de la difficulté des jeunes à se trouver du travail. Ce cycle reproduit les problèmes liés à une séquence trop spécifique : des événements tels que le veuvage ou la naissance d'un premier enfant peuvent se produire à différents moments du cycle. Par contre, il ne décrit pas le cycle des couples sans enfant.

La relation de couple

Sur la relation de couple, voici succinctement quelques pistes qui permettent de mettre en mots les tribulations de la vie à deux. Comment chaque partenaire possède un *animus* et un *anima* (Jung). Comment une intimité réelle exige de contourner l'isolement, la fausse intimité et d'être capable de fusion sans perdre son identité (Erikson). Comment, en vieillissant, il y a développement des pulsions agressives chez les femmes et des dimensions affectives chez les hommes (Neugarten). Comment il y a un risque d'être en relation avec la femme spéciale — ou l'homme — de notre rêve plutôt qu'avec notre conjoint réel ; et comment il est difficile de construire et de réaménager une structure de vie commune à deux rêves (Levinson). Comment chaque couple échafaude des conspirations où il s'enferme et s'étouffe et comment il est libérateur de les démasquer (Gould). Comment nos mécanismes de sécurité constituent aussi la sécurité du conjoint et comment le fait de les ébranler peut être menaçant pour le conjoint (Vaillant). Comment le processus de séparation–individuation est à l'œuvre dans un couple (Colarusso et Nemiroff). Enfin, comment la nouvelle société transcende et questionne les rôles liés au sexe (Giele et Weick).

Une autre hypothèse intéressante est celle du diamant sexuel dont parle Gail Sheehy : homme et femme seraient plus capables d'être proches l'un de l'autre au début et à la fin de la vie adulte ; entretemps, c'est comme si chacun disait à l'autre : « Ne me plonge pas dans ta crise, j'ai peine à surnager dans la mienne. » Globalement, une connaissance des enjeux de vie avec lesquels chacun est aux prises peut favoriser la compréhension mutuelle. D'autres pistes restent à explorer : constatant qu'il n'y a pas de base de compatibilité permanente, S. Baile (1978) demande s'il existe des crises prévisibles de la vie de couple. On peut aussi regarder la séparation et le divorce dans une perspective développementale.

La relation parent(s)–enfant(s)

Ici encore les phases peuvent permettre de comprendre ce que vit chacun des protagonistes. Un jeune adulte de 20 ans peut se confronter avec un parent dont le questionnement est celui de la quarantaine, de la cinquantaine ou de la préretraite. Par ailleurs, ces mêmes phases décrivent l'évolution du rôle parental à travers le temps. La générativité d'Erikson confère une nouvelle dimension à la relation parentale. L'analyse de la paternité au mitan de la vie faite par Colarusso et Nemiroff permet d'entrevoir comment devenir père est une transition psychologique importante qui réactive le processus de séparation–individuation (quel père ne fait pas tourner autour de son fils naissant ou adolescent l'essaim de ses propres rêves ?) et des enjeux impliqués dans la résolution de son complexe d'Œdipe. Un travail analogue existe dans la relation mère–fille.

La perspective du cycle de vie nous permet de comprendre que l'étude des relations parents–enfants implique de multiples développements individuels. Les changements développementaux affectent la façon dont la personne joue son rôle de parent et ont des répercussions sur la socialisation de l'enfant, et réciproquement. À la limite, on comprend davantage comment il se fait que frères et sœurs n'ont jamais véritablement les mêmes parents.

Les partenaires transitionnels

Dans la réalisation des diverses tâches développementales, certaines personnes peuvent jouer à l'égard de l'individu en transition un rôle particulier que Wadner (1981) désigne par le vocable partenaire transitionnel. Le souci de Wadner est de distinguer cette relation des autres catégories relationnelles en usage telles que l'amoureux, l'ami, le mentor, le conjoint, les possessions d'objet. En lui attribuant un nom développemental distinct à savoir, partenaire transitionnel ou relation transitionnelle, Wadner espère rendre clair « le besoin de reconnaître que [la] croissance significative du mitan et le développement ne se produisent pas *in vitro* » (1981, p. 337, traduction libre).

Par partenaire transitionnel, il faut entendre :

« [...] les individus ou objets qui, consciemment ou inconsciemment, desservent des fonctions d'empathie et de soutien
à l'intérieur d'une relation étroite de type symbiotique dont
le degré d'intimité varie et où il y a partage des aspects
du *self*. Leur première condition est d'aider la personne
du mitan à accomplir les tâches majeures de développement. »
(Wadner, 1981, p. 14, traduction libre.)

La magistrale thèse de Wadner porte spécifiquement sur le mitan
de la vie bien que, sur le plan théorique, les concepts de partenaire
transitionnel et de relation transitionnelle semblent transposables
et significatifs pour les diverses transitions de la vie adulte. Comme
beaucoup d'études qualitatives en développement adulte, son échantillon est restreint : dix hommes du mitan (interviews enregistrées,
d'une durée de six à sept heures, quelques-unes de douze à quatorze
heures, sur une période de trois à six mois, avec suivi auprès de
cinq de ces hommes un an plus tard).

Telle qu'appliquée au mitan de la vie adulte, l'hypothèse de
Wadner est la suivante :

« Une négociation réussie à travers la période du mitan,
au moyen d'une résolution et d'une adaptation progressives
aux précipitants et aux tâches majeures du développement
du mitan, est intimement reliée à l'identification et à l'utilisation des objets et des partenaires transitionnels. » (1981,
p. 17, traduction libre.)

L'importance de l'espace transitionnel et de l'objet transitionnel
dans le développement de l'enfant avait déjà été expliquée par
Winnicott[4]. Wadner pose l'hypothèse suivante :

« Les objets transitionnels changent de forme et de fonction
tout au cours de la vie adulte et peuvent représenter pour
l'individu une externalisation symbolique des processus
transitionnels et du conflit interne concomitant en vue de
s'adapter aux tâches et aux précipitants du changement développemental. » (1981, traduction libre.)

Les relations transitionnelles ont une fonction adaptative et
elles favorisent alors la croissance de l'individu en transition : « Un
fonctionnement adaptatif inclut les processus par lesquels l'individu

---

4. WINNICOTT, D.W. (1969), « Objets transitionnels et phénomènes transitionnels (1951-1953) », *De la pédiatrie à la psychanalyse*, Paris, PBP, p. 109-126.

se sert du partenaire pour apprendre ou pour intégrer une ou plusieurs tâches développementales. » (Wadner, 1981, p. 15-16, traduction libre.) Lorsque ces relations obéissent davantage à des blocages et desservent uniquement des fonctions défensives pour l'individu en transition, « particulièrement à des moments de stress interne et d'anxiété, avec peu de reconnaissance ou d'évidence qu'il en ressorte quelque changement substantiel ou quelque croissance ou compréhension » (Wadner, 1981), alors Wadner parle de relations dites « précurseurs » et non de relations transitionnelles. Il est facile ici d'évoquer les maîtresses ou les amants placebos, les conjoints, les amis, les parents avec lesquels on continue de rester, parfois même les emplois et les maisons que l'on conserve, plus par besoin défensif que par besoin de croissance. Toutefois, il arrive que des relations dites « précurseurs » évoluent en relations transitionnelles — comme cela se retrouve dans l'échantillon de Wadner —, par exemple dans le cas de relations qui « ont débuté uniquement à cause de leur caractère calmant, mais qui ont évolué vers une relation caractérisée par une intimité, un partage, une introspection et une croissance allant en augmentant » (Wadner, 1981, p. 15-16, traduction libre).

Comment distinguer le partenaire transitionnel des autres relations de rôle ? Par les fonctions qu'il remplit par rapport aux tâches développementales. « La catégorie de partenaire transitionnel se distingue des relations de rôle à cause du rôle développemental spécifique que cette relation joue dans la transition du mitan de l'individu. » (Wadner, 1981, p. 552, traduction libre.) De l'avis de Wadner :

« C'est par ce rôle informel primaire que cette relation se distingue des autres relations. La croissance développementale psychologique ne fait pas partie de la définition formelle des rôles d'amants, de conjoints, de mentor ou d'ami, même s'il y a des cas où ces relations remplissent ces fonctions (à ce moment-là on peut parler de partenaire transitionnel). Par ailleurs, les hommes de l'échantillon rapportent des exemples de relations avec un mentor, un ami, une épouse, une amante dans lesquelles un tel travail de croissance psychologique ne se produit pas ; ces relations remplissent d'autres fonctions : soutien, compagnonnage, enseignement occupationnel, sexe, ou distraction. » (1981, traduction libre.)

Dans la recherche menée par Wadner, il est arrivé que le thérapeute joue un rôle de partenaire transitionnel auprès des individus en transition. Toutefois, selon l'auteur, le rôle de thérapeute n'équivaut pas nécessairement à celui de partenaire transitionnel. La possibilité est là, mais ce n'est que dans la mesure où la relation thérapeutique joue aussi ce rôle développemental qu'elle est dite transitionnelle.

En ce qui concerne la pousse des plantes, on dit des personnes qui réussissent bien qu'elles ont le pouce vert. Il semble qu'il existe un phénomène analogue en ce qui concerne le développement des personnes : certaines seulement sont des catalyseurs de croissance. Toutes les relations interpersonnelles ne remplissent pas ces fonctions développementales. Toutefois, les relations quotidiennes peuvent, à l'occasion, recouper les fonctions des relations transitionnelles.

Les concepts de partenaires transitionnels et de relations transitionnelles esquissés ici ont le mérite d'affiner nos descripteurs et de nous permettre de mieux comprendre les phénomènes interpersonnels qui président au développement des adultes. C'est à ce titre qu'ils ont leur place ici.

10.1.3 Applications au travail

Pour satisfaire aux exigences de la logique, il faudrait traiter ici du rêve et du mentor qui occupent des fonctions importantes dans le développement de l'adulte au travail. Parce que le rêve et le mentor jouent un rôle dans la consolidation de l'identité personnelle *et* professionnelle, il est apparu préférable d'en parler à la section traitant de l'individu (10.1.1). La perspective du cours de la vie appliquée au travail a donné lieu à de nombreuses études. Comme exemple de théories du cycle de vie adulte au travail, nous avons choisi le modèle de Riverin-Simard (1984). En appliquant l'idée de phases et d'étapes au développement de l'adulte au travail, Riverin-Simard, à la suite d'une étude triennale auprès de 786 sujets de la région de Québec (âgés entre 23 et 67 ans en 1980-1981), a élaboré le modèle spatial du développement « vocationnel » de l'adulte.

Ce modèle souscrit à une vision évolutive du développement adulte et s'inscrit nettement à l'intérieur d'une perspective humaniste. Riverin-Simard essaie de décrire les contenus bio-occupationnels (analogues aux tâches développementales) des phases de développement. Le modèle spatial décrit deux transferts planétaires : de la planète école à la planète travail, puis de la planète travail à la planète retraite ; il dénombre neuf étapes, d'une durée approximative de cinq ans, que Riverin-Simard regroupe sous trois manœuvres :

❑ Une *circonvolution pédestre*, qui comprend :
- l'atterrissage sur la planète travail (23-27 ans) ;
- la recherche d'un chemin prometteur (28-32 ans) ;
- le débat avec une course occupationnelle (33-37 ans).

❑ Une *circonvolution orbitale*, qui comprend :
- l'essai de nouvelles lignes directrices (38-42 ans) ;
- la recherche du fil conducteur de son histoire (43-47 ans) ;
- la préparation d'une modification de trajectoire (48-52 ans).

❑ Un *transfert vers la planète retraite*, qui comprend :
- la recherche d'une sortie prometteuse (53-57 ans) ;
- le transfert de champ gravitationnel (58-62 ans) ;
- l'adaptation à la gravité vocationnelle de la planète retraite (63-67 ans).

Un tel cycle peut être utile, moins par le découpage des phases, qui reste discutable, que par les descriptions pour chaque phase du vécu professionnel relié à l'apprentissage. Il permet au conseiller d'orientation, à l'andragogue, à l'intervenant d'affiner son oreille empathique.

Les applications de la perspective du cycle de vie au travail sont variées. Ainsi, Spence et Lurie (*in* Lowenthal, Thurnher et Chiriboga, 1977) ont élaboré une typologie de styles de vie et de carrière (*life career style*) basée sur la configuration de carrière, où sont combinés les rôles et les activités : premièrement, le style *complexe* est le style de vie et de carrière où la personne a plusieurs rôles et un éventail d'activités diversifiées ; deuxièmement et à l'opposé, se trouve le style *simple* où la personne a peu de rôles et un éventail limité d'activités ; troisièmement, le style *diffus* consiste en la combinaison de peu de rôles et d'un éventail d'activités variées ; quatrièmement, enfin, le style *concentré* est celui d'une personne qui a plusieurs rôles et un éventail étroit d'activités. Par ailleurs, Kahn (1982) a utilisé le réseau de soutien pour faciliter les changements d'emploi, postulant que le stress lié au changement serait moins grand. Cela nous amène à parler du réseau personnel.

10.1.4 Applications au réseau personnel

L'idée de formuler un modèle développemental de socialisation a été explorée par différents auteurs ; elle soulève des obstacles majeurs. Looft (1973, p. 95) avait déjà souligné deux éléments lui faisant obstacle, soit d'un côté la tendance à expliquer presque tout changement de comportement en se référant à un changement biologique, et d'un autre la caractéristique sociétale qu'est la ségrégation par l'âge. Toutefois le projet n'a pas été mis de côté pour autant :

> « C'est seulement récemment qu'on en est venu à estimer que l'attachement ne se limite pas à l'enfance et au contexte parent–enfant, mais qu'il est saillant à travers toute la vie, ce qui implique la formation, le maintien et la dissolution des réseaux tardifs associés à l'amitié, au mariage, à la mort. [...] La recherche de séquences et de liens développementaux impliquant un comportement d'attachement ne fait que commencer. » (Baltes, Reese, Lipsitt, 1980, p. 96, traduction libre.)

Ainsi en est-on venu à appliquer le concept d'attachement aux « activités interpersonnelles qui se produisent au cours d'une vie dans des termes qui suggèrent sa quasi-équivalence avec le soutien social[5] dans les relations adultes » (Kahn et Antonucci, 1980, p. 257, traduction libre). C'est en appliquant la dimension temporelle au soutien social que Kahn et Antonucci ont élaboré un nouveau concept, celui de convoi :

> « En choisissant cette étiquette métaphorique, nous donnons à entendre que chaque personne se déplace à l'intérieur du cycle de sa vie, entourée par un ensemble de personnes auxquelles elle est reliée soit en donnant soit en recevant du soutien social. Par conséquent le convoi d'un individu, à tout point prélevé dans le temps, est constitué par l'ensemble de (ces) personnes. » (Kahn et Antonucci, 1980, p. 269, traduction libre.)

La notion de convoi permet d'avoir une lecture dynamique du réseau de soutien, en comparant les propriétés du réseau d'une personne à différents moments de son cycle de vie, par exemple avant son divorce, pendant son divorce et après son remariage, ou encore avant et après la naissance du premier enfant, avant et après le décès du conjoint. Le convoi, c'est « le réseau personnel en tant que structure à l'intérieur de laquelle le soutien social est donné et reçu » (Kahn et Antonucci, 1980, p. 255, traduction libre). Il s'agit donc du réseau personnel constitué par la famille, les amis et les autres personnes avec qui un individu est en interaction :

---

5. C'est le terme français pour traduire les mots *social support*.

« un tel réseau, vu dans la perspective du cours de la vie, voilà ce que nous appelons le convoi » (Kahn et Antonucci, 1980, p. 267, traduction libre). Kahn et Antonucci proposent de représenter le convoi sous la forme reproduite dans la figure 10.1.

Dans la zone C, la participation au convoi est directement reliée à une relation de rôle et plus susceptible de changement que dans les zones A et B. Ainsi en est-il de votre médecin, de votre avocat, de votre coiffeur, de vos patrons et de vos collègues de travail, de vos voisins.

FIGURE 10.1
Diagramme du convoi selon Kahn et Antonucci

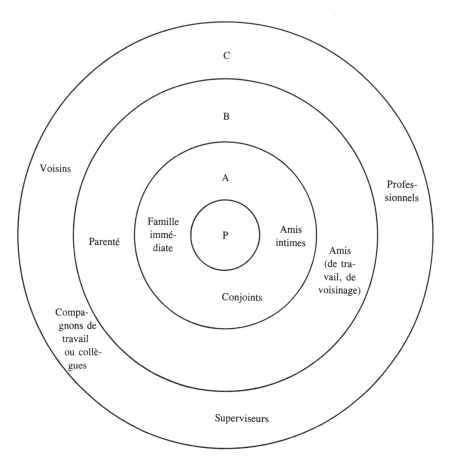

Source : Kahn et Antonucci, 1980, p. 273, traduction libre.

Dans la zone B, la participation au convoi est en partie reliée au rôle et partiellement changeante à travers le temps ; ce sont par exemple les amitiés de travail, de quartier, la parenté. Dans la zone A, la participation au convoi est stable dans le temps et indépendante du rôle ; ainsi en est-il de votre conjoint, de vos amis intimes et de votre famille immédiate. La zone P représente la personne centrale du réseau.

Le réseau social peut apparaître comme un lieu privilégié pour comprendre comment se modifie l'identité de l'adulte. N'y a-t-il pas en effet une correspondance entre la métamorphose du réseau personnel et la transformation de l'identité chez l'adulte ? Cela est particulièrement manifeste dans les grandes périodes de changement, par exemple à la suite d'un nouvel emploi, d'un retour aux études, de la perte d'un conjoint. Hirsch (1982) a tenté de formuler un modèle en vue d'établir des liens entre les réseaux sociaux, l'adaptation et le bien-être psychosocial. Il a insisté sur la nécessité d'adopter un point de vue diachronique sur les réseaux car, à son avis, le bien-être psychosocial est relié à la capacité de se construire un répertoire satisfaisant d'identités sociales à travers tout le cours de la vie. Cela impliquerait de comprendre, d'une part en quoi consiste un répertoire satisfaisant d'identités sociales à différents stades du cycle de vie, et d'autre part, de connaître le degré de satisfaction entre une structure d'identité et une communauté personnelle. Ce qu'il appelle « communauté personnelle » n'est rien d'autre que le réseau personnel d'un individu donné :

> « En exprimant et en tissant nos identités sociales dans un réseau social, nous faisons de notre réseau social une communauté personnelle. Ces communautés personnelles reflètent notre engagement dans les sphères majeures de la vie aussi bien que le degré et la manière dont ces sphères sont intégrées ou non. [...] Ces communautés personnelles reflètent aussi nos valeurs et nos choix. » (Hirsch, 1982, traduction libre.)

La perspective du cours de la vie appliquée au réseau personnel semble féconde quoique difficile sur le plan méthodologique. Comment change le réseau personnel d'un individu au cours de son existence ? Y a-t-il des liens à faire avec le développement, la consolidation de son identité ? Les transformations d'un réseau recoupent-elles les phases de vie ? Quel est le rôle des événements de vie (déménagement, changement d'emploi, naissance d'un enfant, perte du conjoint) dans la transformation du réseau ? Autant de questions qui sont autant de pistes de recherche.

À travers l'individu, la famille, le travail, le réseau, nous avons esquissé quelques applications possibles d'une perspective de cycle de vie sans égard au fait qu'elles requièrent ou non un intervenant. Voyons maintenant à quelles conditions on peut dire qu'une intervention est de type développemental.

10.2 POUR QU'UNE INTERVENTION SOIT DE TYPE DÉVELOPPEMENTAL

Spécifions d'abord que l'intervenant dont il est question peut être un travailleur social, un formateur d'adulte, un psychologue, un animateur, un infirmier, un psychosociologue, un éducateur. Déjà Neugarten écrivait :

> « Toute intervention qui utilise l'une ou l'autre des thérapies relationnelles aide le patient à mettre de la cohérence dans son histoire de vie et à en faire une histoire significative ; elle est alors inévitablement aux prises avec le temps, l'âge, le *timing* » (Neugarten, 1979, p. 839, traduction libre.)

Cela est-il suffisant pour décrire une intervention de type développemental ?

La condition de base pour qu'une intervention soit développementale est la *résonance développementale*, c'est-à-dire une attitude de l'intervenant qui consiste à saisir la personne de l'intérieur de son histoire, à la lumière du cycle de vie. Sans doute n'est-ce là qu'une modulation de l'attitude empathique qui consiste à saisir ce que vit la personne dans son cadre de référence à elle. Ce sont Colarusso et Nemiroff (1981) qui parlent de *résonance développementale* pour désigner cette habileté à faire écho au vécu de l'adulte en mettant l'accent sur un continuum développemental que tous deux, intervenant et client, partagent :

> « Le cadre développemental ajoute une nouvelle dimension à la signification de l'empathie en démontrant que patient et thérapeute sont semblables dans la mesure où ils partagent un même continuum développemental. Tous deux sont aux prises avec les mêmes thèmes de développement pendant l'enfance (sexualité infantile, séparation des parents, apprentissage, etc.) et pendant la vie adulte (sexualité adulte, travail, vieillissement, etc.). » (Colarusso et Nemiroff, 1981, p. 222, traduction libre.)

La congruence, l'empathie, l'authenticité — trois attitudes de base de la personne aidante, selon Carl Rogers — s'enrichissent de la résonance développementale. Celle-ci exige non seulement de tenir compte de l'âge de l'adulte auprès de qui on intervient tout comme du sien, mais surtout de comprendre qu'il y a un changement de tonalité dans la façon dont la personne nomme son expérience à mesure qu'elle vieillit. Il y a des zones de compatibilité entre la résonance développementale et l'approche rogérienne ; la première diffère de la deuxième toutefois par l'insistance mise sur la perspective du cycle de vie et des phases.

Dans les cas d'intervenants qui se réfèrent au cadre psychanalytique — c'est le cas entre autres de Colarusso et Nemiroff, de Gould, de Vaillant —, la résonance développementale colore les concepts majeurs de la psychanalyse, tels le complexe d'Œdipe, l'association libre, le transfert et le contre-transfert et la régression.

« À la lumière d'une perspective de *life-span*, ces concepts, prennent une consistance et une portée nouvelles. Ainsi la régression exige que l'on distingue le comportement approprié à l'âge du comportement qui ne l'est pas, ce qui est favorisé par une compréhension des phases du développement. Dans le même sens, la théorie du développement adulte implique la reconnaissance que le patient adulte peut investir le thérapeute comme « objet transférentiel » de manières qui n'étaient pas possibles dans l'enfance (Colarusso et Nemiroff, 1981, p. 233) et pose que le thérapeute lui-même traverse les différentes phases de vie. » (Houde, 1984, p. 172[6].)

Le sens des phases et du cycle de vie a des répercussions sur le *timing* (le moment opportun) de l'intervention. On dit souvent qu'une bonne intervention relève de l'art ; connaître les enjeux psychosociaux avec lesquels le client est aux prises peut rendre une intervention efficace.

La résonance développementale présuppose la capacité de faire une lecture des événements en relation avec la crise développementale. La crise développementale ou normative est celle qui déclenche un déséquilibre dont l'enjeu est de résoudre une tâche (développementale) à travers laquelle s'accomplit l'évolution de la personne. Une telle crise risque d'entraîner une consolidation de l'identité de l'adulte. Elle n'a rien à voir avec la crise psychotique ou névrotique.

---

6. HOUDE, R. (1984), « Compte rendu de lecture : Colarusso, C.A. et Nemiroff, R.A., Adult Development : A New Dimension in Psychodynamic Theory and Practice », *Revue québécoise de psychologie*, 5(2), New York, Plenum Press, 1981.

Il importe de distinguer la crise développementale de l'état subjectif dans lequel se retrouve l'adulte. D'une part, celui-ci peut en effet éprouver des sentiments de confusion et de bouleversement intérieur, une perte du sens de la direction, une impression de désorganisation personnelle, bref se retrouver en pleine crise psychologique (plus ou moins intense) ; d'autre part, il peut vivre cette même crise normative comme une transformation, une adaptation, sans ressentir un tel déséquilibre, avec un degré d'anxiété et de stress moins élevé, en conservant un sens de sa direction, bref comme une transition[7].

Sur le plan subjectif, l'adulte peut vivre la crise normative comme une expérience de crise ou comme une expérience de transition. En théorie, les tâches développementales donnent lieu, selon les modèles, à une phase de crise et/ou de transition. Pour Neugarten, c'est parce qu'un événement est asynchrone par rapport à l'horloge sociale et qu'en conséquence il n'est pas anticipé ni prévisible qu'il déclenche une crise. Pour Levinson, les tâches développementales liées à la transition de la trentaine et à celle de la quarantaine sont plus susceptibles d'entraîner un état de crise.

En réalité, les crises développementales seront vécues de multiples façons : pour les uns, elles deviendront des occasions de croissance ; pour les autres non. Chez les uns, elles se dérouleront en douceur, chez les autres encore, elles déclencheront un profond remue-ménage. Enfin, il est possible qu'une même personne puisse connaître des crises développementales tantôt douces, tantôt violentes, qu'une crise puisse favoriser l'apparition d'une grande maturité tandis qu'une autre se résoudra plus pauvrement. Comment expliquer cela ? En soi, un changement d'emploi, un divorce, la naissance d'un enfant ou la mort d'un proche n'ont pas le pouvoir de déclencher automatiquement une crise psychologique intense. D'autres facteurs interviennent, telles la signification que la personne donne à cet événement, la perception que la personne a de ses propres capacités d'adaptation et son histoire antérieure.

La pensée de Sherman, un clinicien qui travaille dans une perspective phénoménologique, est éclairante à ce chapitre. Notez que Sherman, dans son livre intitulé *Meanings in Mid-Life Transitions*, réfère spécifiquement à la période du mitan ; on peut toutefois poser l'hypothèse que ses considérations s'appliquent aux divers temps de la vie adulte.

---

7. Voir BÉDARD (1983), pour une comparaison des notions de crise et de transition.

La formule de Hill (1963), nous dit Edmund Sherman (1987, p. 218), permet de comprendre comment se détermine la crise. Cette formule est la suivante :

$$A \to B \to C \to X$$

où A (= un événement) $\to$ interagit avec B (= ressources de la personne ou de la famille qui fait face à l'événement) $\to$ interagissant avec C (= la définition de l'événement par la personne, c'est-à-dire la signification de l'événement pour cette personne) $\to$ produit X (la crise).

« Par conséquent, nous dit Sherman, même s'il pouvait y avoir dans la littérature sur le développement de l'adulte un consensus grossier sur les sortes d'événements et de développements (l'élément A dans la formule) qui semblent mener aux crises du mitan, il n'y a aucune garantie que ces événements seront définis comme des crises par les personnes du mitan qui y font face. Comme nous l'avons noté, ces événements peuvent être définis par certains comme des défis et des possibilités plutôt que des crises ou des catastrophes. La variation des définitions et des significations personnelles que chacun donne à ces événements est probablement très grande parmi les gens du mitan. Même l'élément B (les ressources pour faire face à la crise) est soumis à l'élément signification [élément C de la formule] d'une façon importante. L'une des ressources majeures pour faire face à la crise est la capacité d'adaptation (*coping capacity*) de l'individu, laquelle est fortement affectée par la perception que cet individu a de sa capacité d'adaptation. » (Sherman, 1987, p. 218, traduction libre.)

Sherman insiste sur le fait que la signification donnée est phénoménologiquement inséparable du *self* : « La phénoménologie, avec son concept de structure de l'expérience, identifie certainement le Self comme le centre de la Signification. » (1987, traduction libre.)

La nécessité, pour l'intervenant, de saisir ce que vit le client de l'intérieur de sa perspective s'impose d'autant.

L'intervenant saura donc faire une lecture de ce que vit l'adulte sur ces deux plans ; il saura considérer la dimension objective et la dimension subjective de la crise. La dimension subjective renvoie à la définition individuelle que l'adulte donne à sa situation, à son degré de préparation à l'événement et à ses habiletés à résoudre le problème. La dimension objective de la crise renvoie à la nature de la crise développementale (quels sont les enjeux psychosociaux ?) d'une part, et à la nature des événements impliqués d'autre part.

Différents événements de vie ont un rapport avec les quatre thèmes de la vie adulte : amour, travail, temps, mort. Brim et Ryff (1980) nous proposent une typologie des événements dans un article intitulé « On the Properties of Life Events ». Dans un premier temps, ils distinguent quatre sortes d'événements :

❏ les événements biologiques, qui concernent les changements dans la structure corporelle, dans le système endocrinien, dans le système nerveux central, par exemple la ménopause (progestérone, œstrogène), l'andropause (testostérone), la maladie ;

❏ les événements sociaux, qui sont reliés aux rôles sociaux, par exemple le mariage, la naissance d'un enfant, un nouvel emploi ou une promotion, etc. ;

❏ les événements liés au monde physique, tels un incendie, un tremblement de terre, un accident : ces événements sont imprévisibles ;

❏ les événements psychologiques, qui impliquent une expérience intérieure, par exemple une expérience spirituelle ou religieuse de conversion ou autre, une prise de conscience de la finitude du temps, une résolution de s'occuper de sa santé.

Les événements biologiques, sociaux et physiques déclenchent les événements psychologiques.

Dans un second temps, Brim et Ryff ont proposé de considérer les événements selon les trois caractéristiques suivantes : la probabilité d'occurrence pour une personne (est-ce que cela risque d'arriver ? souvent ?) ; la corrélation de l'événement avec l'âge chronologique ; la probabilité que l'événement se produise chez la plupart des personnes ou chez peu de personnes. D'où le tableau 10.1.

En outre les événements de vie sont plus ou moins causes de stress. Ainsi la mort du conjoint compte-t-elle parmi les événements les plus stressants, suivie de près par le divorce (Dohrenwend, 1973).

Faut-il pour autant parler d'une « intervention de crise » ? L'expression est utilisée par des intervenants qui travaillent avec des personnes vivant un événement ou une situation particulière (toxicomanes, femmes battues, jeunes suicidaires, etc.). Les théories sur le cycle de vie adulte apportent-elles un éclairage particulier sur la question ? Elles proposent une vision d'alternance entre des phases de stabilité et des phases de transition, les unes préparant les autres et réciproquement. Elles proposent une conception des événements de vie comme influençant le cycle de vie, certains étant idiosyncrasiques, d'autres pas, ce qui ne présume pas de la manière subjective dont ils sont vécus, qui diffère d'une personne à l'autre.

TABLEAU 10.1
Typologie des événements de Brim et Ryff

EXPÉRIMENTÉ PAR	plusieurs personnes		peu de personnes	
	PROBABILITÉ D'OCCURRENCE			
CORRÉLATION AVEC L'ÂGE	Forte	Faible	Forte	Faible
Forte	– Mariage	– Service militaire – Épidémie de poliomyélite	– Héritage à la majorité – Doctorat – Accession au trône à 18 ans	– Statut de vedette dans le domaine sportif
Faible	– Mort du conjoint – Mort du père	– Dépression économique – Guerre – Tremblement de terre	– Héritage – Accession à la richesse en devenant millionnaire	– Mort d'un enfant – Viol – Gain d'un gros lot – Accident

Source : Tableau élaboré à partir de Brim et Ryff, 1980, traduction libre.

Par rapport à la résonance développementale, savoir lire l'événement devient une ressource importante. Sensibilisé et attentif à la crise développementale, l'intervenant le sera aussi à l'événement de vie pour mieux composer avec les stratégies adaptatives de l'adulte et avec l'ensemble de son histoire de vie telle qu'appréhendée et vécue par celui-ci.

En conclusion, force nous est de constater que l'engouement pour le paradigme développemental a donné et donne présentement lieu à de multiples applications en recherche, en intervention ; énumérer quelques-unes de ces applications par rapport à l'individu, à la famille, au travail, au réseau a été une manière de donner un aperçu parmi une gamme de possibilités. La perspective développementale fournit moins une technologie d'intervention qu'une grille d'analyse à partir de laquelle est née la résonance développementale. Cela nous amène à examiner de plus près le paradigme développemental, qui constitue l'objet du prochain chapitre.

CHAPITRE

11

Perspectives critiques et réflexions

Nous sommes dans une société qui valorise le changement. De tout ordre. Plusieurs modèles de développement véhiculent, de façon plus ou moins explicite, une idéologie du progrès : nous changeons pour croître ; croître c'est s'actualiser ; nous nous développons vers un plus-être. Or changeons-nous tellement au cours d'une vie ? La question se pose. Et ce changement que nous valorisons tant, de quel ordre est-il ?

Le succès du paradigme développemental est sans doute en partie imputable au fait qu'il permet de décrire ce changement, en fournissant des mots pour nommer et donner du sens à ce que chacun vit. Il fait écho au besoin que chacun a de se comprendre, besoin d'autant plus aigu que les systèmes métaphysiques et religieux à partir desquels la signification s'imposait ont été plus ou moins mis au rancart d'une part, et que nous vivons plus longtemps d'autre part. Quelle est la valeur du paradigme développemental ?

On pourrait penser que ces idées n'ont aucune valeur scientifique et qu'elles sont à ranger dans l'amoncellement biodégradable de la psychologie populaire.

On pourrait penser aussi que ces idées ne sont rien d'autre qu'un « produit social », un peu dans la veine de Kearl et Hoag (1984) qui, uniquement sur la crise du mitan de la vie, ont analysé deux décennies d'articles populaires et scientifiques (où $n = 233$) dans une perspective de sociologie de la connaissance. Voici leur conclusion :

> « ... nous avons montré comment cette crise particulière de la vie peut être approchée d'une manière sociologique et comment elle pourrait être attribuée autant au temps socio-

historique qu'aux expériences personnelles liées au fait de vieillir. Cette génération particulière supposément atteinte de ce symptôme est l'une des premières à être élevée avec la perspective d'atteindre le vieil âge, et elle trouve peu de recettes lorsqu'elle s'approche de la phase ultime, dans un monde qui a peur de la vieillesse et qui est en plein changement social. Nous maintenons donc que la crise du milieu de la vie est autant un produit social que le résultat de changements psychodynamiques ou biologiques. » (Kearl et Hoag, 1984, p. 297, traduction libre.)

On pourrait voir dans l'hypothèse de passages transformatifs vers un plus-être une manière de mettre en sourdine une dégénérescence physique dont la victoire est assurée, et penser qu'il s'agit là d'une superbe rationalisation (au sens psychanalytique du mot) qui nous rend supportable le fait de mourir.

On pourrait penser qu'il s'agit là d'idées nettement nord-américaines et qu'elles sont difficilement exportables. On pourrait penser...

Ce chapitre veut simplement examiner la valeur et la portée du paradigme développemental. Qu'en reste-t-il lorsqu'on y jette un regard critique ? Pour ce faire, nous avons découpé le paradigme (ou le schème) développemental en cinq axiomes (ou hypothèses) qui constituent les articulations de ce chapitre.

☐ Il y a un schème inhérent au développement de tout adulte ;
☐ Ce schème est une séquence de type structural ou de type événementiel ;
☐ Cette séquence implique des phases ou des stades ;
☐ Cette séquence s'appuie sur des changements reliés à l'âge ;
☐ Le déroulement de la séquence est nécessaire.

11.1   IL Y A UN SCHÈME INHÉRENT AU DÉVELOPPEMENT DE TOUT ADULTE

Cette hypothèse soulève trois questions : S'agit-il là d'un mythe ou d'une réalité ? Ce schème est-il universel ? Postule-t-il ou non une idéologie du progrès ?

11.1.1   Un mythe ou une réalité

Les opinions sont partagées. Certains, comme nous l'avons vu, disent qu'un tel schème existe. D'autres disent que non. Reprenons trois argumentations.

La *première* : L'hypothèse développementale ne trouve pas de support empirique. Il n'y a pas de congruence entre ces modèles et la continuité qui se dégage de la vie quotidienne ; c'est ce qui ressort de la recherche faite par Lacy et Hendricks (1980, p. 106) auprès de 9100 répondants. Selon leurs conclusions, non seulement l'hypothèse qu'il existe des schèmes perceptuels et des schèmes d'attitudes reliés à l'âge n'est-elle pas confirmée, mais d'autres facteurs tels que le sexe, la race, la classe sociale, la période historique et les cohortes sont reliés de manière significative à ces attitudes et à ces perceptions.

La *deuxième* : Le pluralisme des vies adultes va à l'encontre d'une telle hypothèse (Brim et Kagan, 1980, et Côté, 1980, cités par Riverin-Simard, 1984). Le paradigme développemental postule une logique inhérente et nécessaire au processus de développement et suggère — à mauvais escient, le lecteur en conviendra — que le développement est un processus unitaire. La source de confusion est claire : que le schème soit un sur le plan explicatif ne conteste pas les variations multiples et infinies des vies. Bref, un tel schéma n'empêche pas que les vies soient hautement individualisées, complexes et différenciées.

La *troisième* : L'hypothèse développementale n'est pas scientifique. Pas scientifique parce qu'elle s'appuie sur des recherches dont l'échantillon est trop limité (par exemple, 40 chez Levinson, 514 chez Gould, 95 chez Vaillant). Pas scientifique parce que ces mêmes recherches ont souvent recours à des méthodologies cliniques (entrevue biographique) ou s'appuient sur des expériences cliniques ou sur une expérience générale de l'être humain, comme c'est le cas pour Jung, Gould, Colarusso et Nemiroff. Pas scientifique, enfin, parce que l'approche développementale est encore imprécise et que ses postulats ne sont pas suffisamment élucidés, aussi parce qu'elle est au carrefour de plusieurs disciplines. Les critères pour discriminer ce qui est science de ce qui ne l'est pas ont donné lieu, à travers l'histoire et en ce XXe siècle (Karl Popper, T.S. Kuhn, Edgar Morin), à des débats fort complexes et fort passionnants qu'il est impossible d'ignorer et qui ne rendent pas facile la tâche d'infirmer ou de confirmer que le paradigme développemental possède un caractère scientifique.

Compte tenu du fait que l'approche est en train de se préciser et les postulats d'être explicités, ne pourrait-on pas dire que, comme savoir, le développement adulte est au stade pré-paradigmatique ? Dans l'état actuel, l'hypothèse développementale n'appartient plus à l'ordre du mythe même si elle demande encore à être fondée davantage.

11.1.2   L'universalité du schème

Certains auteurs, dont Neugarten, Colarusso et Nemiroff, affirment que le schème développemental se retrouve chez tout adulte, quel que soit l'environnement historique, social, culturel et économique. Bref qu'il est universel. Les notions de maturité, les concepts de jeunesse, de vieillesse et d'âge mûr subissent des variations culturelles et sociologiques empiriques qu'il importe de clarifier pour mieux saisir l'universalité du processus développemental. Le danger de réduire la séquence développementale à l'horloge sociale d'un environnement donné est réel, et une telle séquence développementale risque de comporter une trop forte couleur locale ; les analyses de Levinson et de Gould tombent parfois dans ce piège.

Par ailleurs, pour que la séquence soit universelle, il faut qu'elle s'applique tant aux femmes qu'aux hommes. Nous avons déjà vu que les enjeux reliés à l'intimité et à la générativité ne se présentaient pas de la même manière chez les hommes et chez les femmes, et qu'à ce chapitre le modèle d'Erikson appelle non des nuances mais bien des ajustements et des raffinements théoriques. Nous avons vu également que, pour plusieurs auteurs (Jung, Levinson, Gould, Vaillant), le mitan de la vie est une occasion de réorganisation des énergies d'*animus* et d'*anima*, décrites tantôt par le continuum maîtrise versus passivité à l'égard de l'environnement, tantôt par le continuum centré sur l'affirmation de soi versus centré sur les relations interpersonnelles et les sentiments, ce qui laisse entendre des différences entre les hommes et les femmes, différences qui s'appuient bien entendu sur des stéréotypes culturels selon lesquels les hommes sont plus agressifs que les femmes et les femmes plus intuitives et plus près de leurs sentiments que les hommes. Par ailleurs, on a vu quelques tentatives d'analyse en ce sens, par exemple lorsque Gould décrit en les reliant au sexe la prémisse « Je peux vivre sans un Protecteur ». Toutefois, on attend toujours l'étude de Levinson sur les saisons de la vie d'une femme. On se rappellera enfin que Giele a mis en relief un changement culturel de première importance dans la société nord-américaine, à savoir que, tout comme l'âge, le sexe est une donnée qu'on transcende de plus en plus.

La séquence est-elle identique pour les hommes et les femmes ? La question est plus que légitime. Gilligan avance qu'il y a deux voix différentes qui font place à deux voies distinctes. À partir d'une recherche sur l'avortement, elle a en effet mis en relief que les femmes énonçaient des jugements moraux ancrés dans le réseau concret des relations interpersonnelles concernées et touchées par le dilemme, impliquant la responsabilité de chacun dans ce réseau, plutôt que des jugements basés sur des abstractions (jugements, valeurs) universelles. Rappelons que sa recherche prenait appui sur les stades de développement moral de Kohlberg. Cela l'a amenée à avancer l'énoncé suivant : dans le développement de la femme, depuis la petite fille bien entendu, le *self* est intimement entrelacé dans la trame d'autrui. De là, elle formule la critique suivante : plusieurs modèles de développement endossent le postulat qui décrit la maturité à l'intérieur du paramètre du processus individuation–séparation ; or ce postulat, à ses yeux, est profondément masculin. Un postulat plus féminin, et c'est là la manière de la voix différente, installe l'inter-relation comme primordiale et originaire et l'inter-dépendance comme constituante de la fille-femme de sorte que l'attachement joue en quelque sorte pour la fille-femme le rôle que la séparation joue pour le garçon-homme (pour la fille-femme, il ne s'agit plus de sortir de la symbiose du lien mère–enfant en vue de se constituer un *self* unique et indépendant). L'idée de construire un modèle théorique où l'individuation se fait par le biais de l'attachement (par l'élaboration, le maintien et l'entretien des liens interpersonnels plutôt qu'au moyen de la séparation et de la rupture), bref un modèle qui insiste sur la continuité plutôt que sur la discontinuité, est plus que stimulante. Une telle piste est, bien sûr, à suivre.

Sur l'universalité du processus développemental, il convient de dire trois choses : d'abord, que cela ne peut avoir de sens que si l'on insiste sur l'inscription du processus développemental dans la mouvance des changements de société ; ensuite, que la majorité des recherches que nous avons relevées ont été faites dans la société nord-américaine ; enfin, que les recherches ethno-psycho-sociologiques sont bien minces. La question de savoir si le schème développe-mental est universel ouvre une voie où il y a plus de questions que de certitudes.

11.1.3 L'idée de progrès

Le schème développemental postule-t-il une idéologie du progrès ? Les rythmes et les passages débouchent-ils sur un déclin (socio-bio-physio-psycho-)logique ou non ? Le modèle biologique de dé-veloppement qui assume le mouvement d'ascension, de sommet et de déclin de la courbe biologique ne va pas dans le même sens que le modèle évolutif qui présume une *évolution* constante, donc un progrès. Or le schème développemental ne souscrit pas toujours à cette idée de progrès. En examinant les modèles étudiés, il appert que certains (par exemple Bühler) endossent la courbe biologique, tandis que d'autres (par exemple Gould, Vaillant, Colarusso et Nemiroff) adoptent un modèle évolutif de développement. Quand le paradigme développemental suppose — et seulement quand il le suppose — que le passage à travers les phases conduit vers une plus grande actualisation de soi, alors il se rapproche de la psychologie humaniste[1].

Ces trois questions nous amènent à une question de fond : de quoi parle-t-on quand on postule l'existence d'un schème développemental ? Cette question pose le problème de la nature du schème, de l'existence des stades, de la nécessité de la séquence, qui constituent les autres points de ce chapitre. Voyons d'abord en quoi consiste ce schème. Ce qui nous conduit à l'axiome suivant.

11.2 LE SCHÈME EST UNE SÉQUENCE

Déjà Lacy et Hendricks avaient dit que « l'hypothèse de l'existence des stades pourrait être un problème conceptuel » (Lacy et Hendricks, 1980, p. 106, traduction libre). C'est en effet non seulement un problème conceptuel mais un problème théorique de fond que de comprendre cette notion de schème développemental. S'agit-il d'une structure au sens piagétien du terme ? ainsi que semble le penser Levinson, ce qui revient à se demander si le schème développemental postulé est de type structural ou de type événementiel. Jusqu'où intègre-t-il les facteurs sociaux ? A-t-il une valeur normative ou heuristique ? Voilà les trois points d'ancrage que nous prendrons pour cerner en quoi consiste ce schème.

11.2.1 Les deux types de séquence

Qui parle de séquence parle d'avant et d'après, d'une séquence temporelle dont on peut se demander si elle est de type structural ou de type événementiel. Une séquence développementale est de type structural quand le changement est tel qu'il est intégré par la structure (du *self*). C'est le cas d'Erikson et de son modèle épigénétique. C'est le cas de Gould, de Colarusso et Nemiroff et de leur modèle de transformation du *self*. À l'autre extrême, une séquence développementale est de type événementiel quand elle décrit les changements reliés au passage du temps en fonction d'une liste d'événements catalyseurs ; c'est le cas d'Havighurst et de Neugarten. Le problème consisterait donc à se demander si

---

1. Cette convergence est maximale chez Riverin-Simard (1984).

cette séquence est un effet de l'évolution personnelle ou une retombée du phénomène de socialisation.

Or il apparaît que c'est précisément de ce dilemme que veut sortir le paradigme développemental : chacun à leur manière, les auteurs étudiés veulent dépasser le psychologisme et le sociologisme, la plupart en insistant sur l'interaction entre l'organisme et l'environnement. Mais il n'est pas facile d'adopter une attitude psychosociologique, et on se rend compte qu'à l'intérieur de leur effort en ce sens, l'analyse de l'interaction organisme–environnement met l'accent tantôt sur les stades de l'*ego* (Erikson, Gould, Vaillant, Colarusso et Nemiroff), tantôt sur les changements reliés aux *rôles* (Levinson), tantôt sur les *événements de vie* (horloge sociale de Neugarten). On peut donc supposer (figure 11.1) un spectre dans les modèles séquentiels dont le continuum va du plus structural au plus événementiel, et où la séquence s'appuie sur des changements d'une sorte ou de l'autre ou sur un mélange des deux.

11.2.2   L'intégration inégale des facteurs sociaux

Une autre façon de lire la séquence consiste à regarder dans quelle mesure l'analyse de l'interaction entre l'individu et l'environnement intègre les facteurs sociaux. Dans chacun de ces modèles, il existe

FIGURE 11.1
Spectre dans les modèles séquentiels de développement selon un continuum qui va du structural à l'événementiel

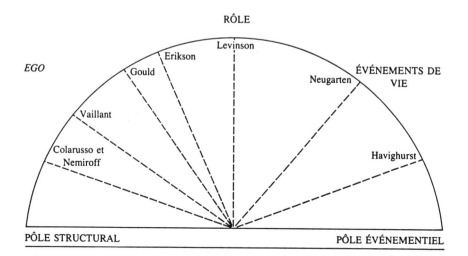

un effort pour intégrer les facteurs sociaux, mais cet effort est inégal. Havighurst décrit des changements basés sur des événements sociaux plutôt que sur une réorganisation de la personnalité. Neugarten ne cesse de préciser le rôle de l'horloge sociale dans le développement de l'adulte. Levinson insiste sur le triple aspect (*self*, rôle et environnement socioculturel) de la structure de vie à travers laquelle se concrétise l'insertion de l'adulte dans son environnement ; indirectement considéré (à travers la structure de vie), le rôle a une importance capitale dans le modèle de Levinson. On reconnaîtra ici deux auteurs qui mettent l'accent sur les rôles sociaux. Tout en maintenant ce même point de vue, Erikson ancre son modèle dans l'interaction entre l'individu et l'environnement social en décrivant les changements de l'*ego*.

Avec Gould, Vaillant et Colarusso et Nemiroff, l'importance des facteurs sociaux est posée et réaffirmée à maintes reprises, mais leur analyse est plutôt microsociologique ; par exemple, dans les descriptions de diverses interactions sociales, telles les « conspirations » entre conjoints ou entre parents et enfants, chez Gould, dans l'étude des mécanismes d'adaptation qui sont tantôt interpersonnels tantôt intrapersonnels, chez Vaillant, dans la démonstration du rôle du narcissisme dans l'évolution de l'adulte, chez Colarusso et Nemiroff. Il y a chez ces trois auteurs une intégration du cadre psychanalytique traditionnel mais aussi, à travers les idées qu'ils nous proposent pour décrire comment l'adulte évolue, un effort pour dépasser la seule analyse psychodynamique ; la réinsertion du social n'est peut-être pas aussi poussée qu'on le souhaiterait (il ne suffit pas de décrire les nouveaux styles de vie), mais elle est amorcée.

Sans doute y a-t-il place pour de nombreuses recherches en vue de mieux comprendre la qualité complexe de la croissance adulte (par exemple, des recherches sur l'importance de la structure sociale, sur l'organisation du travail et des loisirs). Une recherche sur la formation et la transformation des réseaux sociaux selon le passage du temps au cours de la vie adulte risquerait d'apporter un éclairage sur le type de séquence qu'il faut postuler en permettant une description, d'un ordre microsociologique, de l'interaction adulte–environnement. Mais une telle recherche pose de nombreux problèmes méthodologiques.

11.2.3   La valeur heuristique

Par ailleurs, il faut comprendre que la séquence développementale n'est pas normative, mais explicative. Dire qu'une telle séquence existe n'est pas postuler une programmation psychosociologique innée à laquelle devrait se conformer chaque existence individuelle. L'hypothèse développementale a une valeur heuristique et explicative.

En résumé, saisir l'hypothèse développementale, c'est comprendre que, selon les auteurs, la séquence proposée, bien que se voulant psychosociale, va du plus structural au plus événementiel (il n'y a pas de type pur) et qu'elle décrit les relations entre l'adulte et son environnement en intégrant de manières diverses les facteurs sociaux.

11.3 LA SÉQUENCE IMPLIQUE DES PHASES

11.3.1 Quelques confusions

Comme on l'a vu, ces phases sont tantôt explicites (Erikson, Levinson, Gould), tantôt implicites (Neugarten, Colarusso et Nemiroff) (tableau 0.1, p. 13). D'un auteur à l'autre, la terminologie varie. On parle de stades, de périodes, de phases, d'étapes, de passages, et le sens qu'on donne à ces portions de temps change également : crise, transition, transformation, stabilité, rites de passage. Le mot « saison » désigne, comme l'analogie le suggère, les quatre temps majeurs d'une vie, soit l'enfance, l'adolescence, l'âge adulte et la vieillesse. D'un modèle à l'autre, la durée des stades n'est pas la même. Goodman et Feldman (1975)[2] ont fait remarquer que les passages d'un stade à l'autre varient quant à leur caractère souhaitable ; on les considère inévitables, irréversibles ou répétitifs. Avec Rogers (1979), nous constatons que les stades ne possèdent ni la même clarté, ni la même importance, selon les modèles étudiés. En général, le terme « transitions de la vie adulte » me paraît le plus descriptif et le moins chargé sémantiquement. C'est pourquoi je le préfère.

Par-delà la diversité des terminologies, les différents auteurs reconnaissent des périodes que, avec Murray Stein (1983), j'aime bien décrire par leur caractère de liminalité. Ce mot, liminalité, Stein l'emprunte à l'anthropologue Van Gennep qui l'utilise afin de décrire les rites de passage. Rappelons que le mot latin *limen* signifie « seuil ». L'état psychologique de liminalité se caractérise

---

2. GOODMAN, N. et K.A. FELDMAN (1975), « Expectations, Ideals and Reality : Youth Enters College » *in* S.E. DRAGASTIN et G.H. ELDER (édit.), *Adolescence in the Life Cycle*, Washington, D.C., Hemisphere Publishing Corp., p. 147-170.

par un sens d'identité en suspension, par un degré de vulnérabilité accru et par un état de fluidité. « Dans l'état de liminalité, le "je" a l'impression d'être sans foyer (*homeless*), car le sens d'identité d'une personne est en suspens et le "Je" (*the "I"*) est trappé dans des patterns qu'il ne reconnaît pas comme siens. » (M. Stein, 1983, p. 8, traduction libre.) En même temps, les sentiments dominants sont des sentiments d'aliénation et de marginalité et la personne éprouve un degré inhabituel de vunérabilité. On pourrait dire qu'il y a un flottement de la conscience et que le sens de l'identité personnelle n'est pas au focus, car les structures psychiques sont fluides. La liminalité c'est l'espace de l'entre-deux, des frontières. La noirceur est souvent associée au monde de l'ambiguïté et des frontières non claires, nous dit encore Murray Stein (1983, p. 20), mais au total la liminalité, pour inconfortable qu'elle puisse être à l'occasion, est une phase pleine d'effervescence. Autrement dit, il n'y a pas de transitions sans expérience psychologique de liminalité. Le caractère plus ou moins dramatique de l'expérience de liminalité relève de la subjectivité de chaque personne.

Je préfère également parler de transitions de la vie adulte parce que cela permet de réserver le mot crise à l'expression « crise développementale ». Dans le contexte théorique du développement psychosocial de l'adulte, la notion de crise développementale est un concept extrêmement riche qui, comme nous l'avons vu, désigne de manière descriptive l'enjeu de croissance psychosociale relié à la transition. Artaud souligne avec justesse :

« [...] la signification précise qu'il [le mot crise] revêt dans le contexte de la psychologie du développement où les crises de croissance sont analysées à l'aide de concepts empruntés à l'approche structuraliste. Comme une structure ne peut se modifier par voie d'addition et de soustraction, mais par voie de désintégration et de restructuration, les éléments nouveaux que la maturation biologique [ici Artaud aurait dû dire bio-psycho-sociologique et non seulement biologique] fait apparaître dans la personnalité en croissance ne peuvent s'intégrer dans la structure existante sans la remanier profondément. La notion de crise désigne donc à la fois et ce moment de désintégration de la structure élaborée au stade antérieur et l'amorce d'un processus qui vise à intégrer les nouveaux acquis dans la nouvelle structure. Il va sans dire que ce processus peut se dérouler sans qu'apparaissent les bouleversements dramatiques que l'on a trop souvent associés au terme de crise. » (1989, p. 23, note *).

Notez que le mot crise n'a pu être rayé de l'expression « crise émotionnelle ou psychologique », où l'on se réfère à l'expérience subjective telle que vécue par l'adulte.

11.3.2 Une comparaison

Cependant, lorsqu'on tente de les comparer, par-delà une diversité apparente, des constances ressortent (tableau 11.1). Dans un premier découpage, la frontière entre le mitan de la vie et la vieillesse est plus démarquée et plus consensuelle que celle qui existe entre le stade du jeune adulte et le mitan de la vie. Dans le deuxième découpage, qui subdivise de l'intérieur les phases de jeune adulte et d'âge mûr, on retrouve encore une diversité d'un auteur à l'autre. Les stades ne commencent pas et ne finissent pas au même âge, et ils ne sont pas de même durée. Que penser de cela ? À travers les divergences pointent des convergences. Regardons de plus près comment le découpage de la séquence en phases s'appuie sur des changements reliés à l'âge.

11.4 LES PHASES REPOSENT SUR DES CHANGEMENTS RELIÉS À L'ÂGE

On a fait de l'âge chronologique un indicateur approximatif de développement, allant jusqu'à s'en servir, à la limite, pour prédire le comportement et pour découper les phases ou les stades. La plupart des auteurs ont insisté pour qu'on ne prenne jamais les indications d'âge à la lettre et pour qu'on les considère comme un indice. Trois confusions se sont glissées dans l'interprétation de ce que peut signifier un changement relié à l'âge, soit qu'on ait isolé la variable âge, soit qu'on en ait fait une variable causale, soit qu'on ait rigidifié l'horloge sociale.

11.4.1 L'âge, un facteur parmi tant d'autres

L'âge n'est pas le seul facteur de changement ; il n'est jamais un facteur exclusif mais il est toujours en interaction avec de multiples autres facteurs. Diverses recherches corroborent cela :

❑ Le sexe est un facteur aussi important que l'âge : la recherche transculturelle et longitudinale que Lowenthal et ses associés (1977) ont effectuée auprès de 216 hommes de San Francisco montre que les facteurs liés au sexe sont plus significatifs que ceux liés à l'âge ;

TABLEAU 11.1
Comparaison des phases du cycle de vie adulte selon les différents auteurs

Âge	Jung	Erikson	Bühler	Havighurst	Levinson	Gould	Vaillant
15			Expansion des buts (16-25)		Transition du jeune adulte (17-22)	Quitter le monde de ses parents (16-22)	
20	Jeunesse	Intimité VS isolement		Jeune adulte (18-30)	Entrée dans le monde adulte (22-28)	Ne plus être l'enfant de personne (22-28)	Intimité VS isolement
25			Culmination (26-40)		Transition de la trentaine (28-33)	S'ouvrir à ce qu'il y a à l'intérieur de soi (28-34)	
30				Mitan de la vie (30-55)	Établissement (33-40)		
35						La décennie du milieu de la vie (35-45)	Consolidation de carrière VS autodestruction

Maturité

Générativité
VS
stagnation

Générativité
VS
stagnation

Auto-évaluation
(40-65)

Transition
de la
quarantaine
(40-45)

Entrée
dans le mitan
de la vie adulte
(45-50)

Au-delà
du milieu de la
vie
(45 et plus)

Transition
de la
cinquantaine
(50-55)

Maintien
du sens
VS
rigidité

Point culminant
de la vie adulte
(55-60)

Vie adulte
avancée
(55 et plus)

Vieillesse

Intégrité
VS
désespoir

Transition
de la vieillesse
(60-65)

Intégrité
VS
désespoir

Satisfaction
de soi
ou sentiment
d'échec
(65 et plus)

40

45

50

55

60

65

❑ La race, le sexe, la génération, la classe sociale modifient considérablement la trajectoire développementale, selon la conclusion de Lacy et Hendricks (1980) ;

❑ Les différences dans l'adaptation sociale sont relativement indépendantes de l'âge chez les personnes entre 50 et 80 ans, selon Neugarten (1973) : la santé, les ressources financières, le statut professionnel et le statut matrimonial sont plus importants.

11.4.2   L'âge comme variable-indice

Quand l'âge est un facteur, il ne cause rien. L'âge n'est pas responsable des phases. Plusieurs malentendus proviennent de ce qu'on conçoit l'âge comme une variable déterminante plutôt que comme un indicateur préliminaire. Or il faut, selon l'expression de Riverin-Simard (1984, p. 164) considérer l'âge « comme une variable-indice et absolument pas comme une variable causale ». C'est moins l'âge qui explique les changements de l'adulte que sa durée et sa finitude, comme on le verra plus loin. Ainsi l'âge n'est pas une occasion nécessaire de changement mais une occasion possible de changement selon la nuance apportée par Weick (1983). De plus, l'âge dont il s'agit quand on parle de changements reliés à l'âge est moins chronologique que social, puisque l'âge tend à interagir avec les rôles sociaux ainsi que le disait Neugarten (1979).

11.4.3   La pertinence du facteur âge

Que se passe-t-il quand l'âge a moins d'importance dans une société ? Les changements sociaux font évoluer l'horloge sociale ; cette évolution qui, selon Giele (1980), a donné lieu à une transgression des attentes et des normes liées à l'âge (ou au sexe) conduit à remettre en question la pertinence des théories des stades.

Dans son article intitulé « Time, Age and the Life Cycle » (1979), Neugarten critique vivement les théories des stades, craignant qu'il ne s'agisse de simplifications outrancières de la vie adulte : « Les vies sont devenues plus variées et plus fluides, les principaux événements de vie et les rôles transitionnels majeurs plus irréguliers, l'âge a moins de pertinence et les normes d'âge sont moins limitatives. » (p. 889, traduction libre.)

Dans la société sans âge où nous sommes, le cycle de vie est plus fluide, l'horloge sociale différemment ponctuée. Le temps social n'est plus le même. Une psychosociologie du développement adulte doit tenir compte de l'évolution des sociétés elles-mêmes. Ainsi, dans une société éclatée (comme celle que nous connaissons au Québec dans les années 80), l'adulte se positionne différemment par rapport aux attentes reliées aux rôles et à l'âge qui ne sont plus tout à fait les mêmes. De plus, les sanctions sociales rattachées aux normes d'âge dont parlait Neugarten (1968c, p. 144) y ont moins de pouvoir que dans une société monolithique fermée sur elle-même comme celle que nous avons connue sous le régime Duplessis. La femme non mariée de 1945 ne rencontrait pas les mêmes représentations sociales que celle de 1985. Faut-il en conclure que l'horloge sociale est moins prégnante ?

Pour résumer, un changement relié à l'âge doit se comprendre comme suit : l'âge est une variable parmi d'autres, qui a valeur d'indice et non de cause, qui n'est pas normative. De plus, cet âge est moins chronologique que social et s'inscrit dans les changements de société.

11.5 LA SÉQUENCE EST-ELLE NÉCESSAIRE ?

Entre le modèle épigénétique d'Erikson, où la résolution (plus ou moins achevée) des enjeux liés à une phase est nécessaire pour passer à la phase suivante, et celui de Neugarten qui s'appuie sur l'horloge sociale, il y a une différence réelle. La question est posée : quelle nécessité y a-t-il à ce que la séquence se déroule selon les phases prévues par les différents modèles ? On peut décortiquer la question en utilisant plusieurs points d'ancrage, soit les rôles sociaux, les événements de vie, les tâches développementales, les changements intrapsychiques, les changements physiologiques.

11.5.1 Les rôles sociaux

Les rôles sociaux sont un critère à partir duquel la séquence développementale a été décrite et balisée, entre autres par Neugarten dans le concept d'horloge sociale et par Levinson dans celui de structure de vie. Comme le font remarquer Kahn et Antonucci, « le schème séquentiel de ces rôles à travers les années définit en large partie le cours de la vie adulte » (1980, p. 261, traduction libre). Toutefois, cela fait problème. Dans l'ensemble des rôles qu'une personne peut tenir au cours d'une vie, lesquels sont reliés à l'âge ? On a tendance à relier les rôles à des âges spécifiques, mais être mère ou père, travailleur, conjoint, amoureux, ami, étudiant, ne sont pas des rôles qu'il faut adjoindre nécessairement à un temps de vie spécifique. En deçà de certaines restrictions biologiques (par exemple le temps de fécondité des hommes et des femmes pour la procréation) ou sociales (par exemple le temps où l'adulte peut accéder à un travail ; on a plus de chances d'exceller au hockey quand on est jeune adulte, et plus de chances d'être un Kant à un âge certain), les vies peuvent être déroutantes.

Hors des sociétés monolithiques, l'organisation des rôles peut s'avérer beaucoup plus variable et fluide, comme le faisaient remarquer Stein et Etzkowitz, Giele et Weick. De plus, on n'exerce pas un rôle de la même manière tout au cours d'une vie : il en est ainsi du rôle de conjoint, de parent, de travailleur, dont les contenus peuvent changer. Il faut par conséquent compter avec des changements de l'intérieur du rôle :

> « Par conséquent l'expérience de vieillir implique inévitablement un changement de rôle. Certains rôles, ou certains de leurs aspects qui sont valorisés, sont délaissés ; d'autres surgissent. Il y a un aspect dynamique des rôles qui a à voir avec leur continuité ou leur discontinuité dans la vie de l'individu plus qu'avec leur contenu à quelque moment donné. » (Kahn et Antonucci, 1980, p. 262, traduction libre.)

Enfin, il y a lieu de se demander jusqu'où les rôles sociaux sont des occasions nécessaires de développement. Un modèle qui conçoit les rôles sociaux comme une occasion *possible* de développement, tel que celui de Weick (1983), tient davantage compte de la complexité des vies. Pour l'ensemble de ces raisons, les rôles sociaux ne peuvent pas fonder de façon nécessaire le déroulement de la séquence et la succession des phases.

11.5.2   Les événements de vie

Certains modèles ont tendance à décrire le déroulement de la séquence en repérant des événements de vie marquants, attribuant à ceux qui sont prévisibles d'être facteurs de transition et à ceux qui ne le sont pas d'être facteurs de crise (Neugarten). Il faut aussi distinguer, parmi les événements, ceux qui ont un caractère normatif de ceux qui ont un caractère idiosyncrasique ; divorcer, perdre un enfant en bas âge sont des événements idiosyncrasiques. Prévisibles ou non, normatifs ou idiosyncrasiques, les événements de vie ont un pouvoir catalyseur évident et ils affectent la trajectoire développementale.

Par ailleurs, le tableau de Brim et Ryff (1980) illustrant leur typologie des événements de vie (tableau 10.1) laisse entrevoir à quel point il est difficile de rattacher de façon nécessaire un événement à une époque de vie. Déjà Vaillant (1977, p. 223) avait souligné que le divorce, le désenchantement par rapport au travail, la dépression surviennent à une fréquence égale à travers tout le cycle de vie. Gould avait affirmé comment les événements sont tout aussi importants que les phases. Pearlin (1978, p. 8) avait montré que les événements de vie (naissance d'un enfant, mariage) n'étaient pas concentrés sur un « arc spécifique du cycle de vie ». Ne serait-ce pas plutôt en termes de probabilités qu'il faudrait parler des événements de vie ? Et dès lors, les événements ne peuvent pas davantage fonder de façon nécessaire le déroulement de la séquence.

11.5.3 Les tâches développementales

Il est loin d'être évident que les auteurs renvoient au même référent lorsqu'ils parlent de tâche développementale. Erikson parle de conflit et d'enjeu psychosociaux ; Neugarten, Havighurst et Levinson de tâches développementales qu'ils relient à des événements et/ou à des rôles sociaux ; le même Levinson détecte quatre tâches majeures de la phase novice (le travail, le mentor, la femme spéciale et le rêve) qui paraissent plus des thèmes que des tâches ; Gould endosse l'expression et l'utilise d'une manière analogue à Havighurst ; avec Vaillant, puis Colarusso et Nemiroff, l'expression gagne ses droits de noblesse. Seul Levinson parle de tâches majeures.

À mon avis, il faudrait distinguer les tâches développementales majeures des tâches mineures et relier ces dernières aux premières. De plus, il faudrait s'entendre — et ici il y aurait un long travail à faire — sur ces tâches. En ce sens, différentes pistes sont possibles. D'abord, il importe de déterminer des tâches développementales majeures indépendantes des cultures, des périodes de l'histoire et des sociétés. Ainsi « la femme spéciale » dont parle Levinson est sans doute une variation de la tâche intimité, telle que produite et vécue dans le monde occidental. Le danger de confondre une tâche développementale avec un contenu, c'est-à-dire avec la forme que prend cette tâche en s'actualisant, est grand. Dans le film *La ballade de Narayama*, on suit une mère qui gravit la montagne tapie sur le dos de son fils d'âge mûr en vue de rejoindre la neige éternelle où elle attendra activement la mort ; un tel film nous amène à reconnaître qu'il y a sans doute un enjeu développemental tel que « se préparer à la mort », mais que ce processus peut revêtir de multiples formes et entraîner des comportements dont les contenus pourraient même s'opposer les uns aux autres. D'où la nécessité de ne jamais confondre le processus de développement et la forme qu'il prend. D'où l'importance de repérer ces processus par-delà la richesse des expressions culturelles. D'où l'importance de faire une lecture psychosociologique du développement de l'adulte. On ne le dira jamais assez.

Une deuxième piste réside dans l'idée suivante : une tâche développementale reprend ou recoupe, par définition, l'une ou l'autre des grandes tâches existentielles, au sens philosophique de ce terme, à savoir ma place dans le monde, le temps, ma finitude, la mort, ma relation à autrui. Cette piste permettrait peut-être de retrouver la fluidité du cycle de vie en donnant plus de souplesse à la séquence. Une telle idée-hypothèse jetterait de l'ordre, de la lumière et du sens sur le processus développemental et inscrirait le corpus théorique du développement adulte dans une perspective humaniste. En effet, à quoi renvoie la notion de tâche développementale sinon à un travail, à une besogne de croissance ? Ces besognes de croissance, il faut les comprendre comme *des ordres de questionnement instaurant un registre de sensibilité aux êtres, aux choses et à soi-même*, et non comme « une gamme de comportements qui s'avéreraient des réponses normatives à ces remises en question » (Riverin-Simard, 1984, p. 167) et ne pas trop les corseter dans des phases plus ou moins évidentes.

Une troisième piste consisterait à distinguer ces tâches développementales majeures des aires de vie, au sens où en parlent Wortley et Amatea (1982) et à nommer leur évolution à l'intérieur d'une vie. Cela permettrait de comprendre que les tâches majeures fonctionnent de façon concomitante : il n'y a pas une tâche majeure qui doit être complétée avant l'autre. Chaque vie est à l'œuvre sur tous les fronts à la fois, et ces fronts (les aires de vie) agissent les uns sur les autres. Chaque adulte est comme un chef d'orchestre qui dirige les cuivres, les cordes, les bois et les percussions, ou comme un commandant d'armée qui avance sur tous les fronts. Comme on le voit, ces analogies impliquent une épistémologie systémique. Que resterait-il des phases ? de la séquence ? On pourrait à ce moment voir si un modèle en spirale, tel que celui de Stein et Etzkowitz (1978), ne s'applique pas. Les phases seraient déterminées en fonction d'un ordre de préoccupation qui affecte la manière d'être dans le monde de l'adulte, ce que Riverin-Simard (1984) nomme ailleurs des contenus bio-occupationnels.

Que resterait-il du modèle de développement par séquence, sinon une description des thèmes (ou tâches majeures) récurrents

agissant à travers des aires de vie imbriquées qui sont en interférence, où c'est davantage la *durée*[3], c'est-à-dire le passage du
temps, que l'âge qui explique les changements[4] ? Que resterait-il
du modèle de développement par séquence, sinon des tâches majeures qui prendraient une signification différente à mesure du passage du temps ? Si nous faisons l'hypothèse que notre sens des
choses, de nous-mêmes et des autres change à travers le temps,
cela nous entraîne à réfléchir sur la façon dont nous construisons
notre expérience et le sens que nous lui donnons ; nous touchons
là des sujets majeurs en anthropologie philosophique : le sens de
l'existence humaine, l'élaboration ou la création de la signification
et la temporalité de l'être humain. Notre réflexion critique sur la
portée de la séquence développementale nous amène jusque-là.

Ces pistes restent à explorer. Toutefois, il est déjà possible
d'entrevoir que, dans l'état actuel, la séquence selon les auteurs
est différemment découpée par les tâches développementales, et
qu'il y a lieu de lever la confusion. Jusqu'ici la nécessité de la
séquence ne peut s'y fonder sans risque de chambranler. Voyons
finalement ce qu'il en est des changements intrapsychiques et physiologiques.

11.5.4 Les changements intrapsychiques

Peut-on dire que l'évidence de la séquence s'impose et qu'elle
est nécessaire en vertu de changements intrapsychiques ? C'était,
on s'en souviendra, un des points d'appui de la thèse de Neugarten.
Or, dans son texte de 1979, elle nuance sa pensée en disant que
les changements internes se produisent lentement avec l'âge et
non par étapes :

« Quels que soient les changements sociaux et psychosociaux de la vie adulte, les changements dans la personnalité
interne se produisent lentement. Ils reflètent l'accumulation
des événements de vie, les continuités et les discontinuités
dans les préoccupations conscientes, et sont influencés par

---

3. Il s'agit de la durée au sens où en parle Bergson, cette durée qui demeure
une énigme : comment se fait-il que nous ayons le sentiment d'être la même
personne à travers les changements ?

4. Riverin-Simard (1984) partage ce point de vue. Dans son analyse qui porte
uniquement sur le développement de l'adulte au travail, elle discrédite le
rôle de l'âge en fonction de celui de la marche continue du temps « en tant
que facteur déterminant différentes significations accordées aux divers
événements (intérieurs ou extérieurs) de la vie vocationnelle » (p. 167).

les perceptions qu'ont de ces changements les personnes significatives avec qui l'individu est en interaction. » (Neugarten, 1979, p. 892-893, traduction libre.)

La vie intérieure se transforme tout au cours du cycle de vie. Cela met en doute, au dire même de Neugarten, le fait que les gens changent par intervalles, de dix ans par exemple. L'opération même qui consiste à zoner les changements en phases devient contestable, voire douteuse.

11.5.5 Les changements physiologiques

Pour justifier la nécessité de la séquence du développement chez l'enfant, Freud s'est appuyé sur des métamorphoses physiologiques (zones orale, anale et génitale). Or les changements physiologiques chez l'adulte sont-ils aussi prévisibles ? aussi distincts ? Y a-t-il des différences sexuelles (ménopause, andropause) ? Encore ici, il y a place pour de nombreuses recherches. Et la nécessité de la séquence peut, à l'heure actuelle, difficilement se fonder sur des résultats de recherche ; d'ailleurs, la question de fonder la séquence sur des changements physiologiques se pose.

Que conclure ? Sinon que le déroulement de la séquence ne se justifie ni à travers les rôles sociaux, ni à travers les événements, ni à travers les changements intrapsychiques. Qu'il faudrait aller voir plus loin du côté des changements physiologiques. Qu'on pourrait éventuellement le fonder sur les tâches développementales, celles-ci étant décrites de façon plus universelle. Qu'il y a là un beau défi[5] ! Schaie et Hertzog (1982) affirment :

> « [Il existe] un défi de taille pour les chercheurs adhérant au modèle séquentiel de l'adulte, qui se traduit par l'identification d'éléments communs relatifs aux séquences vécues. Le problème est donc double selon ces auteurs : 1) reconnaître des similarités reliées à l'âge sans que l'âge soit un facteur causal de développement ; 2) identifier des principes qui tiennent simultanément compte de la multiplicité et de l'aspect multidirectionnel du développement. » (Riverin-Simard, 1984, p. 170.)

---

5. Riverin-Simard s'appuie sur SCHAIE, K.W. et C.K. HERTZOG (1982), « Longitudinal Methods » *in* WOLMAN, B.B. et G. STRICKER (édit.), *Handbook of Developmental Psychology*, Englewood Cliffs, Prentice-Hall, p. 91-116.

Que ressort-il de cette réflexion critique sur le paradigme développemental à travers les cinq axiomes prélevés ? D'abord le schème développemental n'est pas un mythe et, dans sa forme actuelle, c'est-à-dire pré-paradigmatique, on se demande encore s'il s'applique à tous, indépendamment des classes, des sociétés, des cultures, des époques. Ce schème peut être plus ou moins structural et/ou plus ou moins événementiel, intégrant, de manières diversifiées, les facteurs sociaux ayant toujours une valeur heuristique et jamais normative. Par ailleurs, les phases donnent lieu à un traitement varié quant à leur nom, leur durée, leur moment de passage, leur sens, leur intensité, même si, quand on les compare, on peut déceler des points de convergence. De plus, il faut lever les confusions qui entourent l'âge : l'âge n'est jamais un facteur unique, et comme facteur, il n'a jamais valeur de cause mais d'indice ; en tant que tel, l'âge n'explique pas le changement, mais c'est le passage du temps qui entraîne une autre façon de nommer son expérience. Il faudra encore faire des recherches pour savoir si une telle séquence est nécessaire, puisque ni les rôles sociaux ni les événements ne se sont avérés suffisants pour justifier le découpage et le déroulement de la séquence, surtout dans une société en mouvement. Si on arrive à repérer des changements intrapsychiques et physiologiques et à les circonscrire en tenant compte du passage du temps, si on arrive surtout à approfondir et à clarifier les tâches développementales, cela pourra alimenter la réflexion critique sur la nécessité de la séquence. Il pourrait par exemple être passionnant de confronter les tâches développementales avec les tâches existentielles. Il pourrait être passionnant de faire une lecture systémique de cette hypothèse ; le modèle des aires de vie, le modèle de la spirale de vie sont des débuts en ce sens. Indiquer les zones d'ombre n'est qu'une façon de détecter des pistes de recherche. Il reste encore du travail à faire pour fonder cette hypothèse, et du côté théorique et du côté empirique.

Cependant l'intuition qui préside au paradigme développemental trouve écho et résonance en chacun lorsqu'il se penche sur son unique cycle de vie : elle s'enracine dans des fondements philosophiques tels que le temps, la mort, la finitude, l'être-avec-autrui, qui eux sont universels. L'idée de confronter les tâches développementales aux tâches existentielles paraît prometteuse ; par ricochet, elle pourrait peut-être permettre de cerner ce qui relève du psychosocial. Cette sensibilité aux choses, aux autres et à soi-même qui se modifie avec le temps et s'inscrit dans un corps buriné, ne ressemble-t-elle pas étrangement à la *Weltanschauung*, cette vision du monde à l'intérieur de laquelle chaque vie se déroule ?

En quoi au juste consiste cette séquence ? La question reste posée. Le défi consiste à décrire une séquence plus évidente, plus fondée empiriquement, plus étoffée théoriquement, une séquence plus souple, plausible par-delà les mutations de société et apte à dire la fluidité du cycle de vie individuel. Qui sait si, au terme, on ne découvrira pas que se développer comme adulte, c'est peut-être moins changer que devenir de moins en moins étranger à soi-même, un peu plus familier, un peu moins aliéné (*alienus* en latin signifie étranger) ? Qui sait si, au terme, on ne saisira pas que se transformer, c'est une façon d'arriver à se sentir chez soi, *beisich* (comme on dit en allemand) ?

Conclusion

Dans ce livre, nous avons choisi de regarder les théories et les modèles qui décrivent le développement de l'adulte à l'intérieur des *deux paramètres suivants : en adoptant la perspective du cycle de vie et en privilégiant une lecture psychosociale du développement de l'adulte.* Selon le premier paramètre, le développement est saisi à travers des rythmes qui découpent le cycle de vie en saisons, en stades ou en phases. Selon le deuxième paramètre, le regard explicatif se porte à la fois sur les facteurs internes et sur les facteurs externes, non en les additionnant les uns aux autres mais en les intégrant. Lowenthal, Thurnher et Chiriboga (1977, p. 223, traduction libre) ont déjà dit qu'« il y avait peu de théories globales recouvrant ces deux paramètres [... et que] dans l'état actuel de nos connaissances, il serait prématuré d'adopter le cadre de réfé-rence de l'une d'entre elles ». Peut-être le lecteur partagera-t-il cette opinion, ayant l'impression que chaque auteur avance des idées complémentaires des autres et que la cartographie du monde adulte ressemble encore à une mosaïque aux contours imprécis.

Tout n'a pas été dit sur le développement adulte selon la pers-pective du cycle de vie. Il faudra, disions-nous, revenir sur les tâches de croissance pour les spécifier ; il faudra encore plus avant cerner le travail du temps dans le processus développemental ; il faudra dire *comment* certains événements de vie déclenchent une transition plutôt qu'une crise, ou le contraire. Tout n'a pas été dit. Et pourtant, ce qui est dit change déjà nos perspectives.

Et que nous dit chacun sur la façon dont se développe l'adulte ? Selon Jung, l'adulte se développe par la voie de l'individuation ; cette individuation, aux antipodes de l'individualisme, s'oppose aux aliénations de soi et aux dépersonnalisations partielles. À travers les quatre temps qui scandent une vie, l'enfance, la jeunesse, la maturité et la vieillesse, l'individuation signifie :

« [...] tendre à devenir un être réellement individuel et, dans la mesure où nous entendons par individualité la forme de notre unicité la plus intime, notre unicité dernière et irrévocable, il s'agit de la *réalisation de son soi*, dans ce qu'il a de plus personnel et de plus rebelle à toute comparaison. On pourrait donc traduire le mot "individuation" par "réalisation de soi-même", "réalisation de son soi". » (Jung, 1964, p. 111.)

Pour Bühler, c'est en mettant en place des buts, en essayant de les atteindre, en évaluant son tir et en réajustant sa cible que l'adulte évolue, démarquant par le fait même les principaux mouvements du cycle de vie. Selon Erikson, l'adulte se développe en traversant des crises psychosociales de caractère normatif ; chaque crise implique un enjeu de croissance spécifique qui oscille entre deux polarités. Ainsi le jeune adulte est-il aux prises entre l'intimité et l'isolement, l'adulte mûr entre la générativité et la stagnation, et la personne âgée entre un sentiment d'intégrité et un sentiment de désespoir par rapport à l'ensemble de son cycle de vie. Pour Neugarten, l'adulte évolue à travers des transitions d'autant moins difficiles qu'il s'est fait une idée du cycle de vie qu'il a à traverser ; ce cycle de vie est ponctué d'événements marquants qui sont relativement variables selon l'horloge sociale véhiculée par son groupe d'appartenance. Neugarten a d'ailleurs montré que, selon la classe sociale à laquelle il appartient, l'adulte n'effectue pas le même découpage mental du cycle de vie.

Selon Levinson, l'évolution de la structure de vie est le lieu privilégié pour saisir la complexité du développement adulte. La structure de vie est de l'ordre du biographique, du concret, c'est le schème[1] entre le *self* et le monde. Elle est la résultante d'une interaction complexe entre le monde socioculturel d'une personne, les aspects de son *self* qui s'y expriment et sa participation dans le monde à travers les différents rôles qu'elle détient et la façon dont elle les joue. Certains rythmes s'imposent dans l'évolution de la structure de vie, donnant lieu à des périodes de stabilité et à des périodes de transition décalquées sur les mouvements de cristallisation, de décristallisation et de nouvelle cristallisation de la structure de vie ; c'est ainsi que le cycle de vie se déroule au rythme des « différentes saisons de la vie d'un homme ».

Pour Gould, devenir adulte c'est lentement se métamorphoser sans que jamais il n'y ait de terme à cette métamorphose puisque

---

1. C'est toujours le mot anglais *pattern*.

tant et aussi longtemps qu'il y a vie, il y a oscillement entre la conscience d'enfant et la conscience d'adulte. En contestant les prémisses implicites qui régissent son comportement et constituent momentanément sa plate-forme de sécurité personnelle, en ne les tenant plus pour acquises, l'adulte travaille à sa croissance. Selon le contenu des prémisses implicites, des phases apparaissent qui bornent le cycle de vie ; le changement de l'adulte est imputable au « sens du temps » qui fluctue, affectant le sens que l'adulte a lui-même du monde et des choses.

Vaillant adhère au découpage en stades tels que décrits par Erikson en suggérant de leur ajouter un stade de consolidation de carrière et un stade de maintien du sens. Son apport original consiste à avancer la thèse suivante : il semble que l'adulte, depuis le début jusqu'à la fin de son cycle de vie, compose avec son environnement en faisant appel à des mécanismes d'adaptation de plus en plus matures.

Enfin Colarusso et Nemiroff disent que, même si la structure psychique s'élabore principalement au cours de l'enfance et de l'adolescence, elle continue de se développer au cours de la vie adulte. Le développement de l'identité se poursuit à travers le processus de séparation–individuation, plus spécifiquement dans les relations interpersonnelles proximales et significatives.

Continuant d'analyser le développement dans la perspective du cycle de vie, d'autres auteurs ont suggéré de le décrire à travers l'image d'une spirale (Stein et Etzkowitz) ou encore en faisant l'hypothèse d'un cycle de tâches de croissance (Weick) ou celle d'interrelations systémiques des aires de vie (Wortley et Amatea), tandis que d'autres, par exemple Giele, avançaient que nous sommes dans une société où les rôles sont de moins en moins liés à l'âge et au sexe, questionnant l'idée d'un cycle avec des phases.

Individuation, mise en place d'objectifs de vie, crises psychosociales, transitions de vie moulées sur l'horloge sociale, structure de vie qui évolue, style adaptatif qui change, consolidation des structures psychiques, cycle des tâches de croissance à travers des aires de vie, autant de manières qui, d'ores et déjà, décrivent le développement psychosocial d'un adulte dont la trajectoire de vie est considérée dans la perspective du cycle de vie : le passage même du temps devient le grand transformateur de l'énergie qu'est une vie humaine.

Voilà en bref ce qui a été dit. Voyons maintenant en quoi cela peut changer nos perspectives.

ÉCLAIRAGE NUMÉRO UN :
SUR LE RELIEF DES VIES (OU SUR LE DESTIN)

Le relief d'une vie exerce un pouvoir fascinant. À des degrés divers selon les vies, sans doute. En lui-même aussi. Du seul fait qu'on soit en vie, il y a nécessité de relief. Obligation de relief. Le temps ne se contente pas de sillonner notre peau. À quoi tient une vie ? En est-il de chaque vie comme du dictionnaire où, pour donner le sens d'un mot, on a recours à d'autres mots, lesquels sont définis en faisant appel à des mots, et où ceci vaut pour le mot dictionnaire lui-même ? (Le système n'a pas de fondement extérieur à lui-même.) De quoi avoir le vertige, n'est-ce pas ? En est-il ainsi d'une vie ? Auquel cas, chaque vie se comprendrait par renvoi ou par référence à d'autres vies, celles de son époque, celles de sa société, celles des autres personnes significatives ? Et dès lors, la notion d'un cycle de vie abouté à un triple temps devient d'autant plus lumineuse... Peut-être le lecteur se retrouve-t-il plongé en pleine réflexion philosophique. Mais que cela ne se fasse pas à son insu car ce n'est pas par hasard. On l'a dit : nous sommes dans une civilisation PSY et de nombreuses questions traitées autrefois sous la rubrique philosophie sont maintenant traitées ailleurs. Les grandes questions philosophiques (la mort, la finitude, la temporalité, la liberté, la souffrance) ne sont pourtant pas du ressort des psychotechniques, et le traitement qu'on peut en faire demeure fort limité ; elles demandent à être questionnées sous d'autres angles, en d'autres lieux, comme s'il fallait se réfléchir en elles et non seulement les réfléchir pour trouver sa mesure.

Faut-il établir, ainsi que le fait Kurt Back (1980, p. 160), une filiation entre le cycle de vie considéré comme unité et le mythe d'une destinée individuelle à laquelle le sujet prend part (ce mythe étant apparu avec les romans médiévaux du roi Arthur), et voir dans l'importance que, comme société, nous accordons au cycle de vie un achèvement de la civilisation occidentale ? On a, à travers l'histoire et encore aujourd'hui, utilisé différentes enseignes pour expliquer, valider, justifier la conjoncture des vies individuelles, en rendant responsable telle constellation des astres, telle volonté d'un Dieu personnel (avec les problèmes de prédestination que cela entraînait), tel Destin attribué tantôt aux bons plaisirs des divinités de l'Olympe, tantôt au Hasard, tantôt au Pro-jet sartrien. Verra-t-on un jour, dans les théories des stades et du cycle de vie, une version supplémentaire pour expliquer les conjonctures des vies ?

ÉCLAIRAGE NUMÉRO DEUX :
UNE AUTRE IMAGE DE LA VIE ADULTE

La vie adulte n'a pas toujours joui d'une image positive. Qu'on se rappelle à quel point, parfois de façon plus aiguë au cours de l'adolescence, l'obligation de devenir adulte nous révoltait. Être adulte avait peu de grâce à nos yeux. Être adulte, c'était mettre les mains à la pâte. Donc se les salir. Être adulte, c'était faire des choix et abandonner ainsi l'enivrante perfection du rêve pour sa réalisation. Être adulte, c'était quitter la poésie de vivre pour entrer dans le prosaïsme de l'existence. Et personne ne voulait exister. « Les vies les meilleures ne connaissent pas de phase adulte. » (Michel Tournier, 1977, *Le vent paraclet*, p. 290.) À certains égards, les projets d'individuation, de transformation de la conscience, d'adaptation plus mature, l'idée de quitter la tyrannie du rêve et de contrer les désillusions, suggèrent une autre image de la vie adulte.

Faut-il voir dans l'effort pour décrire comment les vies se transforment *avec le temps* une quête contemporaine de la sagesse ? Une longue tradition occidentale a opposé sagesse et vie adulte, réservant la première à ceux qui se font « semblables à ces petits enfants », et il n'est pas du tout évident que l'antagonisme sagesse–vie adulte soit dépassé. À preuve, cette réflexion de Tournier :

« La sagesse est temporelle [...] la sagesse est un savoir vivant, presque biologique, une maturation heureuse, un accès réussi à l'épanouissement du corps et de l'esprit. Dans la sagesse, le temps est une durée intérieure, vécue et mémorée, sans perte ni oubli, et non le milieu indifférencié où s'inscrit la trajectoire d'un mobile. La sagesse est altération, mûrissement, mue. C'est pourquoi à la limite un adulte ne saurait être sage. Si l'adultat correspond à une période étale succédant à l'enfance, il signifie débrayage par rapport à la durée. » (Tournier, 1977, p. 289-290.)

En levant le voile sur la phase adulte, la perspective du cycle de vie laisse entrevoir à quel point, loin d'être sans mouvement et sans agitation, analogue à une mer étale, l'adultat est une période d'altération, de mûrissement et de mue (pour reprendre les mots mêmes de Tournier tout en contredisant sa pensée). Vu comme la voie de l'individuation, vu comme un processus de séparation-individuation, vu comme la transformation de la conscience d'enfant en conscience d'adulte, vu comme un apprentissage de l'intimité, de la générativité et de l'intégrité, entrevu comme un système d'interrelations des aires de vie, considéré à travers l'évolution de la structure de vie, toujours rivé à une horloge sociale, le développement dont on parle dans les théories du cycle de vie ne fait-il pas écho à une sagesse toute temporelle ?

Solutions des mots croisés

JUNG – BÜHLER – KÜHLEN

	1	2	3	4	5	6	7	8	9	10	11	12	13	14	15	16
1	C	U	L	M	I	N	A	T	I	O	N	■	■	N	O	M
2	R	■	E	O	L	E	■	■	R	U	■	■	J	■	M	U
3	O	■	■	T	■	R	O	B	■	■	C	O	U	R	B	E
4	I	N	D	I	V	I	D	U	A	T	I	O	N	■	R	R
5	S	A	U	V	E	■	E	T	■	R	N	■	G	R	E	■
6	S	I	■	A	R	C	■	C	O	Q	■	■	I	■	■	C
7	A	N	■	T	S	O	I	N	■	N	■	P	O	■	N	O
8	N	■	B	I	O	L	O	G	I	Q	U	E	■	B	O	N
9	C	A	R	O	■	L	N	■	■	U	■	R	O	U	E	T
10	E	L	A	N	C	E	■	A	L	E	A	S	■	H	■	R
11	■	O	N	■	E	C	I	M	A	■	N	O	E	L	L	A
12	A	I	L	■	U	T	■	V	I	E	N	N	E	■	■	C
13	N	■	A	N	X	I	E	T	E	■	■	A	D	R	E	T
14	I	T	■	■	F	■	R	I	O	■	U	■	■	■	N	I
15	M	A	N	I	E	■	O	S	■	S	E	I	N	■	■	O
16	A	N	I	M	U	S	■	E	X	P	A	N	S	I	O	N

ERIKSON

	1	2	3	4	5	6	7	8	9	10	11	12	13	14	15	16
1	V	■	E	■	I	N	T	I	M	I	T	E	■	N	E	E
2	I	S	S	A	N	T	E	S	■	R	U	■	C	E	U	X
3	N	A	■	N	T	■	■	L	■	N	■	R	■	■	P	C
4	■	G	E	N	E	R	A	T	I	V	I	T	E	■	H	L
5	■	E	P	I	G	E	N	E	T	I	Q	U	E	■	O	U
6	O	S	I	E	R	■	N	■	R	■	U	■	N	■	N	S
7	■	S	■	■	I	S	O	L	E	M	E	N	T	■	I	I
8	D	E	P	O	T	■	N	A	■	A	■	■	■	L	E	V
9	E	■	R	E	J	E	C	T	I	V	I	T	E	■	■	I
10	S	O	I	E	■	■	S	■	■	S	I	■	H	U	I	T
11	E	N	■	U	C	■	F	R	O	N	D	E	■	■	D	E
12	S	T	A	G	N	A	T	I	O	N	■	U	■	C	I	■
13	P	■	M	A	I	R	E	■	M	■	E	■	T	R	O	P
14	O	R	O	N	T	E	■	■	P	O	L	A	R	I	T	E
15	I	■	U	S	E	■	M	I	R	■	A	M	I	E	■	C
16	R	A	R	E	■	D	E	D	A	I	N	■	E	R	I	K

NEUGARTEN

	1	2	3	4	5	6	7	8	9	10	11	12	13	14	15	16
1	H	I	S	T	O	R	I	Q	U	E	■	C	R	I	S	E
2	O	N	■	R	R	■	M	■	■	T	U	A	I	■	O	■
3	R	■	K	A	N	S	A	S	■	■	N	I	A	■	N	I
4	L	E	■	N	E	U	G	A	R	T	E	N	■	P	■	N
5	O	S	E	S	■	C	E	S	■	O	S	■	L	A	I	T
6	G	■	R	I	S	■	■	T	U	■	L	A	S	■	■	R
7	E	M	E	T	■	C	O	H	O	R	T	E	■	S	U	A
8	■	E	■	I	■	H	■	E	T	■	A	S	■	I	N	P
9	C	■	S	O	C	I	A	L	■	A	C	T	I	F	■	S
10	Y	■	A	N	■	C	■	A	■	■	E	■	■	■	A	Y
11	C	A	S	■	H	A	V	I	G	H	U	R	S	T	■	C
12	L	I	S	E	■	G	■	■	U	■	■	O	■	■	■	H
13	E	T	E	■	■	O	■	C	U	M	M	I	N	G	■	I
14	■	■	N	O	■	P	■	N	■	U	■	■	N	I	■	Q
15	I	N	T	E	R	I	O	R	I	T	E	■	E	T	A	U
16	D	E	V	E	L	O	P	P	E	M	E	N	T	A	L	E

LEVINSON

	1	2	3	4	5	6	7	8	9	10	11	12	13	14	15	16
1	E	■	M	A	S	C	U	L	I	N	■	O	N	■	J	E
2	T	R	A	V	A	I	L	■	L	A	S	■	O	T	E	R
3	A	I	■	E	S	■	T	■	I	■	S	V	■	U	S	
4	B	■	D	R	■	T	R	A	N	S	I	T	I	O	N	■
5	L	I	E	E	S	■	A	M	E	■	L	A	C	■	E	T
6	I	L	S	■	T	A	■	O	■	L	■	B	E	L	■	
7	S	O	T	■	U	T	■	U	S	E	■	L	■	E	■	F
8	S	T	R	U	C	T	U	R	E	■	D	E	■	V	I	E
9	E	■	U	T	■	A	S	■	P	I	■	S	■	I	■	M
10	M	E	C	■	D	C	■	M	A	L	E	■	A	N	■	I
11	E	U	T	■	O	H	■	I	R	■	S	A	I	S	O	N
12	N	■	I	■	S	E	S	■	A	N	■	R	O	S	I	
13	T	■	O	R	■	M	E	N	T	O	R	■	E	N	■	N
14	■	■	N	O	T	E	R	A	I	■	E	L	■	■	A	
15	D	O	■	L	■	N	A	■	O	■	V	I	E	U	X	
16	■	C	R	E	A	T	I	O	N	■	E	T	■	T	E	L

GOULD

	1	2	3	4	5	6	7	8	9	10	11	12	13	14	15	16
1	C	O	N	S	P	I	R	A	T	I	O	N	■	B	A	C
2	O	U	■	O	■	N	A	■	R	■	S	■	I	R	■	O
3	M	■	T	R	A	N	S	F	O	R	M	A	T	I	O	N
4	P	O	R	T	■	■	E	A	U	■	■	T	E	M	P	S
5	O	S	A	■	C	O	U	R	A	N	T	E	■	E	T	C
6	S	E	N	■	O	U	R	D	I	■	U	■	D	■	A	I
7	A	S	S	E	N	■	■	E	■	R	E	■	I	L	■	E
8	N	■	V	I	F	■	S	E	P	A	R	A	T	I	O	N
9	T	H	E	■	L	A	O	S	■	V	■	L	■	M	C	C
10	E	■	R	O	I	■	L	■	S	E	C	U	R	I	T	E
11	S	A	S	■	T	O	I	■	C	■	N	■	T	O	■	
12	■	V	A	S	■	U	T	■	E	Q	U	I	T	E	■	P
13	F	I	L	E	T	■	A	■	A	U	T	R	E	S	■	H
14	■	D	E	M	O	N	I	Q	U	E	■	A	M	■	S	A
15	M	E	■	E	T	E	R	■	■	R	■	P	O	I	S	
16	I	■	P	R	O	T	E	C	T	R	I	C	E	S	■	E

VAILLANT

	1	2	3	4	5	6	7	8	9	10	11	12	13	14	15	16
1	O	H	▪	A	D	A	P	T	A	T	I	O	N	▪	I	V
2	S	U	P	P	R	E	S	S	I	O	N	▪	O	V	N	I
3	▪	M	A	T	U	R	E	▪	T	▪	▪	A	▪	O	▪	G
4	P	O	S	E	▪	E	U	H	▪	O	C	C	I	T	A	N
5	▪	U	S	▪	▪	D	▪	C	A	R	R	I	E	R	E	
6	G	R	A	V	E	▪	O	C	▪	▪	E	E	▪	▪	E	T
7	R	▪	▪	O	N	F	▪	L	▪	M	D	▪	T	A	N	T
8	A	N	T	I	C	I	P	A	T	I	O	N	▪	L	E	E
9	N	E	V	R	O	T	I	Q	U	E	▪	O	▪	T	S	S
10	T	E	▪	E	R	▪	S	U	B	L	I	M	E	R	▪	
11	▪	▪	T	▪	S	▪	E	A	▪	N	▪	M	U	R	▪	
12	E	R	I	K	S	O	N	▪	▪	C	▪	A	I	▪	S	
13	G	A	C	H	I	S	▪	M	E	C	A	N	I	S	M	E
14	O	C	▪	A	N	▪	E	▪	H	▪	▪	L	M	▪	N	
15	▪	L	O	N	G	I	T	U	D	I	N	A	L	E	▪	S
16	S	E	S	▪	E	T	A	T	▪	C	E	N	E	▪	▪	

COLARUSSO ET NEMIROFF

	1	2	3	4	5	6	7	8	9	10	11	12	13	14	15	16
1	A	U	T	H	E	N	T	I	C	I	T	E	▪	P	S	I
2	U	N	▪	E	▪	I	Y	▪	I	L	E	S	▪	L	A	▪
3	T	A	M	I	S	E	R	A	▪	E	N	T	R	A	V	E
4	A	N	▪	D	E	R	O	G	E	▪	D	O	R	S	A	L
5	N	I	▪	E	V	O	L	U	T	I	O	N	▪	T	I	▪
6	T	M	▪	G	E	N	I	E	▪	▪	N	I	A	I	S	E
7	▪	E	E	G	▪	S	E	T	O	N	▪	E	T	C	▪	T
8	G	▪	R	E	P	▪	N	S	▪	N	A	N	T	I	E	▪
9	R	I	▪	R	A	T	S	▪	R	▪	S	▪	E	T	▪	D
10	A	M	I	▪	T	A	▪	S	A	N	▪	D	I	E	G	O
11	N	A	R	C	I	S	S	I	S	M	E	▪	N	▪	U	N
12	D	G	▪	L	E	S	E	▪	▪	▪	E	T	A	I	N	
13	I	I	▪	A	N	E	▪	S	E	L	F	▪	▪	A	G	E
14	O	N	D	I	T	▪	F	O	R	M	A	T	I	O	N	▪
15	S	E	▪	R	S	▪	O	I	▪	▪	N	▪	▪	O	S	
16	E	R	S	E	▪	▪	U	N	I	V	E	R	S	E	L	▪

*B*ibliographie

ADAMS, R.G. et R. BLIESZNER (1989), *Older Adult Friendship, Structure and Process*, New York, Sage.

ADLER, G. (1957), *Études de psychologie jungienne*, Genève, Georg., 275 pages.

AHAMMER, I. (1973), « Social Learning Theory as a Framework for the Study of Adult Development » *in* P.B. Baltes et K.W. Schaie (édit.), *Life-Span Developmental Psychology : Personality and Socialization*, New York, Academic Press, p. 253-284.

ALEXANDER, C.N. et E.J. LANGER (1990), *Higher Stages of Human Development, Perspectives on Adult Growth*, New York et Oxford, Oxford University Press, 406 pages.

ALLMAN, L.R. et D.T. JAFFE (édit.) (1982), *Readings in Adult Psychology. Contemporary Perspectives*, 2ᵉ éd., New York, Harper & Row, 407 pages.

ALLMAN, L.R. et D.T. JAFFE (édit.) (1982), « Adaptation and Development » *in Readings in Adult Psychology. Contemporary Perspectives*, New York, Harper & Row, p. 3-12.

AMBRON, S.R. (1982), *Life-Span Human Development*, 2ᵉ éd., New York, Holt, Rinehart and Winston, 623 pages.

AMERICAN PSYCHOLOGICAL ASSOCIATION (1973), *Task Force on Aging. The Psychology of Adult Development and Aging*, Washington, American Psychological Association, 718 pages.

ANOLIK, S.A. et M. VOMERO (1982), *Stressful Life Events and Ego Identity Status*, rapport présenté au 19ᵉ congrès annuel de l'American Psychological Association, Washington, D.C., 14 pages.

ANTONUCCI, T.C. (1976), « Attachment : A Life-Span Concept », *Human Development*, 19(3), p. 135-142.

ANTONUCCI, T.C. (1981), *Attachment from Adolescence to Adulthood*, rapport présenté à l'American Psychological Association, Los Angeles, Calif.

ARTAUD, G. (1978), *Se connaître soi-même : la crise d'identité de l'adulte*, Montréal, Centre interdisciplinaire de Montréal (CIM), 152 pages.

ARTAUD, G. (1981), *La crise d'identité de l'adulte*, Ottawa, Éditions de l'Université d'Ottawa, 113 pages.

ARTAUD, G. (1985), *L'adulte en quête de son identité*, Éditions de l'Université d'Ottawa.

ARTAUD, G. (1989), « Chapitre II — Crise de l'adulte et résurgence du dilemme », *in L'intervention éducative*, Presses de l'Université d'Ottawa, p. 23-39.

ATWATER, E. (1983), *Psychology of Adjustment : Personal Growth in a Changing World*, 2e éd., Englewood Cliffs, N.J., Prentice-Hall, 426 pages.

AUMOND, M. (1987), « Les dynamismes du vieillissement et le cycle de la vie : l'approche d'Erikson » *in Le gérontophile*, 9(3), p. 12-17.

BACK, K.W. (édit.) (1980), *Life Course : Integrative Theories and Exemplary Populations*, American Association for the Advancement of Science, Selected Symposium no 41, Boulder, Colo., Westview Press, 173 pages.

BAILE, S. (1975), « New Light on Adult Life Cycles », *Time*, avril, 105, p. 69.

BAILE, S. (1978), *The Adult Life Cycle : Exploration and Implications*, rapport présenté au National Council of Teachers of English (68e), Kansas City, Missouri, 16 pages.

BALTES, P.B. (1973), « Prototypical Paradigma and Questions in Life-Span Research on Development and Aging », *The Gerontologist*, 13, p. 458-467.

BALTES, P.B. (1978), *Life-Span Development and Behavior*, vol. 1, New York, Academic Press, 352 pages.

BALTES, P.B. (1987), « Theoretical Propositions of Life-Span Developmental Psychology : On the Dynamics between Growth and Decline », *in Developmental Psychology*, 23, p. 611-626.

BALTES, P.B. et O.G. BRIM Jr (édit.) (1979), *Life-Span Development and Behavior*, vol. 2, New York, Academic Press, 348 pages.

BALTES, P.B. et O.G. BRIM Jr (édit.) (1980), *Life-Span Development and Behavior*, vol. 3, New York, Academic Press, 412 pages.

BALTES, P.B. et O.G. BRIM Jr (édit.) (1982), *Life-Span Development and Behavior*, vol. 4, New York, Academic Press, 362 pages.

BALTES, P.B. et O.G. BRIM Jr (édit.) (1983), *Life-Span Development and Behavior*, vol. 5, New York, Academic Press, 411 pages.

BALTES, P.B. et O.G. BRIM Jr (édit.) (1984), *Life-Span Development and Behavior*, vol. 6, New York, Academic Press, 412 pages.

BALTES, P.B. et K.W. SCHAIE (édit.) (1973), *Life-Span Development Psychology : Personality and Socialization*, New York, Academic Press, 452 pages.

BALTES, P.B. et S.L. WILLIS (1979), « Life-Span Developmental Psychology, Cognitive Functioning and Social Policy » in M.W. Riley (édit.), *Aging from Birth to Death : Interdisciplinary Perspectives*, Boulder, Colo., Westview Press, p. 15-46.

BALTES, P.B., H.W. REESE et L.P. LIPSITT (1980), « Life-Span Developmental Psychology », *Annual Review of Psychology*, 31, p. 65-110.

BARDWICK, J.M. (1980), « The Seasons of a Woman's Life », in D.G. McGuigan (édit.), *Women's Lives, New Theory, Research and Policy*, The University of Michigan, Center for Continuing Education of Women, p. 35-59.

BARKIN, L. (1978), « The Concept of the Transitional Object », in S. Grolnick (édit.) *Between Reality and Fantasy*, New York, Jason Aronson, p. 511-536.

BARNETT, R.C. et G.K. BARUCH (1978), « Women in the Middle Years : A Critique of Research and Theory », *Psychology of Women Quarterly*, 3(2), p. 187-197.

BARUCH, G. (1984), « The Psychological Well-Being of Women in the Middle Years » in G. Baruch et J. Brooks-Gunn (édit.), *Women in Midlife*, New York et Londres, Plenum Press, p. 161-181.

BARUCH, G. et J. BROOKS-GUNN (édit.) (1984), *Women in Midlife*, New York et Londres, Plenum Press, 409 pages.

BARUCH, G., B. ROSALIND et C. RIVERS (1983), *Life Prints : New Patterns of Love and Work for Today's Women*, New York, McGraw-Hill.

BAULING, J.S. (1983), *A Study of Selected Personality, Emotional, and Cognitive Variables Experienced by Women Entering the Midlife Period*, thèse de doctorat, Université de Miami, 68 pages.

BEAUCHAMP, G.-G. *et al.* (1977), *Transformation(s)*, les Éditions de l'Aurore, Montréal, 166 pages.

BECK, L. (1989), « Mentorships : Benefits and Effects on Career Development », *in Gifted-Child Quarterly*, 33(12), p. 22-28.

BECKER, H.S. (1964), « Personal Change in Adult Life », *Sociometry*, 27, p. 40-53.

BÉDARD, R. (1981), « Recherches en psychologie de l'adulte », *Revue des sciences de l'éducation*, (3), p. 393-416.

BÉDARD, R. (1983), « Crise et transition chez l'adulte dans les recherches de Daniel Levinson et de Bernice Neugarten », *Revue des sciences de l'éducation*, (1), p. 107-127.

BEE, H.L. et S.K. MITCHELL (1980), *The Developing Person : A Life-Span Approach*, New York, Harper & Row, 680 pages.

BEESON, D. et M.F. LOWENTHAL (1977), « Perceived Stress across the Life Course » *in* M.F. Lowenthal, M. Thurnher, D. Chiriboga *et al.*, *Four Stages of Life : A Comparative Study of Women and Men Facing Transitions*, San Francisco, Jossey-Bass, p. 163-175.

BELL, A.P. et M.S. WEINBERG (1978), *Homosexualities : A Study of Diversity Among Men and Women*, New York, Simon and Schuster (Touchstone), 505 pages. Version française : *Homosexualités : un rapport officiel sur les comportements homosexuels masculins et féminins par l'Institut de recherche sexologique fondé par A.C. Kinsey*, Paris, Albin Michel, 1980, 544 pages.

BELLAH, R.N. (1978), « The Active Life and the Contemplative Life », *in* E.H. Erikson (édit.), *Adulthood : Essays*, New York, Norton and Co., p. 66.

BERNARD, J. (1975), « Notes on Changing Life Styles : 1960-1974 », *Journal of Marriage and the Family*, 37, p. 582-593.

BESS, B. (1974), *A Jungian Model of Psychosocial Development*, thèse de Ph.D. en psychologie, Los Angeles, California School of Professional Psychology, 213 pages.

BINSTOCK, R.H. et E. SHANAS (édit.) (1976), *Handbook of Aging and the Social Sciences*, New York, Van Nostrand Reinhold, 684 pages.

BIRREN, J.E. (1964), *The Psychology of Aging*, Englewood Cliffs, N.J., Prentice-Hall, 303 pages.

BIRREN, J.E. et D.S. WOODRUFF (1973), « Human Development over the Life-Span through Education » *in* P.B. Baltes et K.W. Schaie (édit.), *Life-Span Developmental Psychology : Personality and Socialization*, New York, Academic Press, p. 306-340.

BIRREN, J.E. et M.E. REEDY (1978), *Psychology of the Adult Years*, Belmont, Calif., Brooks/Cole.

BLOCK, J. et N. HAAN (1971), *Lives through Time*, Berkeley, Calif., Bancroft Books, 313 pages.

BOCKNEK, G. (1977), « Psychology of the Young Adult » *in* N.K. Schlossberg et A.D. Entime (édit.), *Counseling Adults*, Monterey, Calif., Brooks/Cole.

BOCKNEK, G. (1980), *The Young Adult : Development after Adolescence*, Monterey, Calif., Brooks/Cole, 232 pages.

BORTNER, R.W. (1966), « Adult Development or Idiosyncratic Change ? A Plea for the Developmental Approach », *The Gerontologist*, 6, p. 159-164.

BORTNER, R.W. et D.H. HULTSCH (1972), « Personal Time Perspective in Adulthood », *Developmental Psychology*, 7, p. 98-103.

BRADBURY, W. (1977), *L'âge adulte*, Amsterdam, Time-Life International, 176 pages.

BRIM, O.G. Jr (1976), « Theories of the Male Mid-Life Crisis », *The Counseling Psychologist*, 6(1), p. 2-9.

BRIM, O.G. Jr et J. KAGAN (1980), *Constancy and Change in Human Development*, Cambridge, Harvard University Press, 754 pages.

BRIM, O.G. Jr et C.D. RYFF (1980), « On the Properties of Life Events » *in* P.B. Baltes et O.G. Brim Jr (édit.), *Life-Span Development and Behavior*, vol. 3, New York, Academic Press, p. 368-388.

BRIM, O.G. Jr et S. WHEELER (1966), *Socialization after Childhood : Two Essays*, New York, John Wiley & Sons.

BÜHLER, C. (1935), « The Curve of Life as Studied in Biographies » *in Journal of Applied Psychology*, 19, p. 405-409.

BÜHLER, C. (1967), « Human Life as a Whole as a Central Subject of Humanistic Psychology » *in* J.F.T. Bugental (édit.), *Challenges of Humanistic Psychology*, New York, McGraw-Hill, 362 pages. Version française : (1973) *Psychologie et libération de l'homme*, Belgique, Gérard Verviers, 444 pages.

BÜHLER, C. (1972), « The Course of Human Life as a Psychological Problem » *in* W.R. Looft (édit.), *Developmental Psychology : A Book of Readings*, New York, Holt, Rinehart and Winston.

BÜHLER, C. (1973), « Developmental Psychology » in B.B. Wolman (édit.), *Handbook of General Psychology*, Englewood Cliffs, N.J., Prentice-Hall, p. 861-917.

BÜHLER, C. et F. MASSARIK (édit.) (1968), *The Course of Human Life : A Study of Goals in the Humanistic Perspective*, New York, Springer, 422 pages.

BURKE, R.J. (1984), « Mentors in Organizations » in *Group and Organization Studies*, 9(3), p. 353-372.

BUTLER, R.N. (1963), « The Life-Review : An Interpretation of Reminiscence in the Aged », *Psychiatry*, 26, p. 65-76.

CARRUTH, J.F. (1975), « An Abstract Model versus Individual Experience » in N. Datan et L.H. Ginsberg (édit.), *Life-Span Developmental Psychology*, New York, Academic Press, p. 129-134.

CHINEN, A.B. (1984), « Modal Logic : A New Paradigm of Development and Late-Life Potential », *Human Development*, 27(1), p. 42-56.

CHIRIBOGA, D. (1978), *Life Events and Metamodels : A Life-Span Study*, rapport présenté à la Gerontological Society, Dallas.

CHIRIBOGA, D. et L. GIGY (1977), « Perspective on Life Course » in M.F. Lowenthal, M. Thurnher, D. Chiriboga *et al.*, *Four Stages of Lifes : A Comparative Study of Women and Men Facing Transitions*, San Francisco, Jossey-Bass, p. 122-145.

CHODOROW, N. (1974), « Family Structure and Feminine Personality » in M.Z. Rosaldo et L. Lamphere (édit.), *Women Culture and Society*, Standford, Standford University Press.

CLAUSEN, J.A. (1972), « The Life Course of Individuals » in M.W. Riley, M. Johnson et A. Foner (édit.), *Aging and Society*, vol. III : *A Sociology of Age Stratification*, New York, Russel Sage Foundation, p. 457-515.

CLAWSON, J.G. (1985), « Is Mentoring Necessary ? » in *Training and Development Journal*, 39(4), p. 36-39.

CLAYTON, V. (1975), « Erikson's Theory of Human Development as It Applies to the Aged : Wisdom as Contradictive Cognition », *Human Development*, 18, p. 119-128.

COLARUSSO, C.A. et R.A. NEMIROFF (1979), « Some Observations and Hypothesis about the Psychoanalytic Theory of Adult Development », *International Journal of Psycho-Analysis*, 60, p. 59-71.

COLARUSSO, C.A. et R.A. NEMIROFF (1981), *Adult Development : A New Dimension in Psychodynamic Theory and Practice*, New York, Plenum Press, 290 pages.

COLARUSSO, C.A. et R.A. NEMIROFF (1985), *The Race against Time*, New York et Londres, Plenum Press, 333 pages.

COLE, R. (1970), *Erik H. Erikson : The Growth of His Work*, Boston, Little Brown and Co.

COLLINS, A. (1990), *The Mentor and Mentoring Programmes* in Proceedings of the 1st International Conference on the Future of Adult Life, par M. Featherstone (édit.), Centre for the Study of Adult Life, Teesside Polytechnic, U.K., Volume II, p. 213-224.

COSTA, P.T. Jr et M. MCCRAE (1989), « Personality Continuity and the Changes of Adult Life » *in* M. Storandt et G.R. Vandenbos (édit.), *The Adult Years : Continuity and Change*, The Master Lectures, American Psychological Association, p. 41-79.

CÔTÉ, M. (1980), *Le vieillissement, mythe ou réalité*, Montréal, Agence d'Arc.

COX, R.D. (1970), *Youth into Maturity : A Study of Men and Women in the First Years after College*, New York, Mental Health Materials Center, 347 pages.

CROSS, K.P. (1982), *Adults as Learners*, San Francisco, Jossey-Bass, 300 pages.

CUMMING, E. et W.E. HENRY (1961), *Growing Old*, New York, Basic Books, 293 pages.

CUMMING, E., L.R. DEAN, D.S. NEWELL et I. MCCAFFREY (1960), « Disengagement : A Tentative Theory of Aging », *Sociometry*, 23, p. 23-25.

DACEY, J.S. (1982), *Adult Development*, Glenview, Ill., Scott, Foresman and Co., 444 pages.

DATAN, N. et L.H. GINSBERG (édit.) (1975), *Life-Span Developmental Psychology : Normative Life Crises*, New York, Academic Press, 313 pages.

DATAN, N. et H.W. REESE (édit.) (1977), *Life-Span Developmental Psychology : Dialectical Perspectives on Experimental Research*, New York, Academic Press, 367 pages.

DATAN, N., MIDAS *et al.* (1980), « Mid-Life Crisis » *in* W. Norman et T. Scaramelle (édit.), *Mid-Life : Developmental and Clinical Issues*, New York, Brunner-Mazel.

DEWALD, P.A. (1981), « Adult Phases of the Life Cycle » *in* S.I. Green-span et G.H. Pollock (édit.), *The Course of Life : Psychoanalytic Contributions toward Understanding Personality Development*, vol. III : *Adulthood and the Aging Process*, Maryland, National Institute of Mental Health, p. 35-54.

DOHRENWEND, B.S. (1973), « Life Events as Stressors : A Methodological Inquiry », *Journal of Health and Social Behavior*, 14, p. 167-175.

DONAVAN, M.J., J.J. FITZPATRICK et R.L. JOHNSTON (1980), *Temporal Experiences Related to the Developmental Process of Aging*, rapport présenté à l'American Psychological Association, Montréal.

DONAVAN, M.J., J.J. FITZPATRICK et R.L. JOHNSTON (1982), *Adult Developmental Stage, Depression and the Experience of Time*, rapport présenté à l'American Psychological Association, Washington, D.C., 9 pages.

DULLOFF, P.B. et M.R. RESNICK (1972), *Patterns of Life : Human Growth and Development*, Columbus, Ohio, C.E. Merril Publishing, 360 pages.

DUPUIS, P. *et al.* (1987, 2e impression), *Le mitan de la vie et la vie professionnelle*, Montréal, Agence d'Arc, 172 pages.

EICHORN, D.H. *et al.* (édit.) (1981), *Present and Past in Middle Life*, New York, Academic Press, 500 pages.

EISDORFER, C. et M.P. LAWTON (édit.) (1973), *The Psychology of Adult Development and Aging*, Washington, D.C., American Psychological Association, 718 pages.

EISENSTADT, S.N. (1956), *From Generation to Generation : Age Groups and Social Structure*, New York, Free Press.

ELDER, G.H. (1975), « Age Differentiation and the Life Course », *Annual Review of Sociology*, 1, Palo Alto, Calif.

ELDER, G.H. (1985), « Perspectives on the Life Course », *in* G.H. Elder (édit.), *Life Course Dynamics. Trajectories and Transitions, 1968-1980*, Ithaca, Londres : Cornell University Press, p. 23-49.

ELDER, G.H. Jr et R.C. ROCKWELL (1979), « The Life-Course and Human Development : An Ecological Perspective », *International Journal of Behavioral Development*, 2, p. 1-21.

ELKIND, D. (1982), « Erik Erikson's Eight Ages of Man » *in* L.R. Allman et D.T. Jaffe (édit.), *Readings in Adult Psychology. Contemporary Perspectives*, New York, Harper & Row, p. 13-21.

ERIKSON, E.H. (1980c1959), *Identity and the Life Cycle*, New York et Londres, Norton and Co., 191 pages.

ERIKSON, E.H. (1963), « Les huit étapes de l'homme » in *Enfance et société*, Neuchâtel, Delachaux et Niestlé, p. 169-180. Titre original : *Childhood and Society*.

ERIKSON, E.H. (1964), *Insight and Responsibility : Lectures on the Ethical Implications of Psychoanalytic Insight*, New York, Norton and Co., 256 pages. Version française : (1971) *Éthique et psychanalyse*, Paris, Flammarion, 262 pages.

ERIKSON, E.H. (1972), *Adolescence et crise : la quête de l'identité*, Paris, Flammarion, 328 pages. Titre original : *Identity, Youth and Crisis*.

ERIKSON, E.H. (1973), *Dimensions of New Identity*, New York, Norton and Co., 125 pages.

ERIKSON, E.H. (1975), *Life History and the Historical Moment*, New York, Norton and Co., 283 pages.

ERIKSON, E.H. (1978), *Adulthood : Essays*, New York, Norton and Co., 276 pages.

ERIKSON, E.H. (1981), « Elements of a Psychoanalytic Theory of Psychosocial Development » in S.I. Greenspan et G.H. Pollock (édit.), *The Course of Life : Psychoanalytic Contributions toward Understanding Personality Development*, vol. I : *Infancy and Childhood*, p. 11-62.

ERIKSON, E.H. (1982), *The Life Cycle Completed : A Review*, New York, Norton and Co., 108 pages.

ERIKSON, E., J. ERIKSON et H.Q. KIVNICK (1986), *Vital Involvement in Old Age*, New York, Norton, 352 pages.

ERIKSON, V.L. et J. MARTIN (1984), « The Changing Adult : An Integrated Approach », *Social Casework*, 65(3), p. 162-171.

EVANS, V. (1985), « Women's Development across the Life Span » in *New Directions for Student Services*, no 29, San Francisco, Jossey-Bass.

FAGAN, M.M. et K. AYERS Jr (1983), Levinson's Model as a Predictor of the Adult Development of Policement », *International Journal of Aging and Human Development*, 16(3), p. 221-230.

FARRELL, M.P. (1981), *Men at Midlife*, Boston, Auburn House, 242 pages.

FIELD, D. (1982), *Stability of Personality Characteristics throughout Adulthood*, rapport présenté à l'American Psychological Association, Washington, D.C., 17 pages.

FISCHER, C.S. et S.J. OLIKER (1983), « A Research Note on Friendship, Gender and the Life Cycle », *Social Forces*, 62(1), p. 124-133.

FISKE, M. (voir aussi LOWENTHAL, M.F.)

FISKE, M. (1977), « Interpersonal Relationships and Adaptation in Adulthood » *in* P. Ostwald (édit.), *Communication and Social Interaction*, New York, Grune and Stratton, p. 263-275.

FISKE, M. (1977), *Life Course Transitions and Adaptation*, Conference on Interdisciplinary Approaches to the Maintenance of Mental Health, University of Minnesota.

FISKE, M. (1978a), « The Reality of Psychological Change » *in* L. Jarvik (édit.), *Aging into the 21st Century : Middle-Agers Today*, New York, Gardner Press, p. 97-111.

FISKE, M. (1978b), *Adult Transition : Theory and Research from a Longitudinal Perspective*, rapport présenté à la Gerontological Society, Dallas, Texas.

FISKE, M. (1978c), *Psychosocial Change in Later Life*, rapport présenté au National Symposium on Aging, University of California, San Francisco.

FISKE, M. (1979), *Middle Age : The Prime of Life ?*, Londres et San Francisco, Harper & Row.

FISKE, M. (1979), *Changing Commitments to Family and Work*, rapport présenté au Second Annual National Symposium on Aging, University of California, San Francisco.

FISKE, M. (1980), « Tasks and Crises of the Second Half of Life : The Interrelationship of Commitment, Coping and Adaptation » *in* J.E. Birren et R.B. Sloane (édit.), *Handbook of Mental Health and Aging*, Englewood Cliffs, N.J., Prentice-Hall, p. 337-373.

FISKE, M. (1980), « Changing Hierarchies of Commitment in Adulthood » *in* N.J. Smelser et E.H. Erikson (édit.), *Themes of Work and Love in Adulthood*, Cambridge, Mass., Harvard University Press, p. 238-264.

FISKE, M. (1982), « Challenge and Defeat : Stability and Change in Adulthood » *in* L. Golberger et S. Breznitz (édit.), *Handbook of Stress*, The Free Press MacMillan Publishing Co., p. 529-543.

FISKE, M. et D. CHIRIBOGA (1980), *Life Events and Personal Change : A Consideration*, rapport présenté à l'American Psychological Association, Montréal.

FISKE, M. et D. CHIRIBOGA (sous presse), « The Interweave of Societal and Personal Change in Adulthood » *in* M.M.A. Munnichs, P. Mussen et E. Olbrich (édit.), *Life-Span and Change in a Gerontological Perspective*, New York, Academic Press.

FITZPATRICK, J.J. et L.J. FREIDMAN (1983), « Adult Development Theories and Erik Erikson's Life-Cycle Model », *Bulletin of the Minninger Clinic*, 47(5), p. 401-406.

FONER, A. et D.I. KERTZER (1978), « Transitions over the Life Course : Lessons for Age-Set Societies », *American Journal of Sociology*, 83(5), p. 1081-1104.

FONER, A. et D.I. KERTZER (1979), « Intrinsic and Extrinsic Sources of Change in Life-Course Transitions » *in* M.W. Riley (édit.), *Aging from Birth to Death : Interdisciplinary Perspectives*, Boulder, Colo., Westview Press, p. 121-136.

FORDHAM, F. (1979), *Introduction à la psychologie de Jung*, éd. Imago, Petite Bibliothèque Payot, Paris.

FRENKEL, E. (1936), « Studies in Biographical Psychology », *Character and Personality*, 5, p. 1-34.

FREY, B.R. et R.B. NOLLER (1986), « Mentoring : A Promise for the Future », *Journal of Creative Behavior*, 20(1), p. 49-51.

FRIED, B. (1967), *The Middle-Aged Crisis*, New York, Harper & Row.

FRY, C.L. (1976), « The Ages of Adulthood : A Question of Numbers », *Journal of Gerontology*, 31, p. 170-171.

FRY, C.L. et J. KEITH (1982), « The Life Course as a Cultural Unit » *in* M.W. Riley, R.P. Abeles et M.S. Teitelbaum (édit.), *Aging from Birth to Death*, vol. II : *Sociotemporal Perspectives*, Boulder, Colo., Westview Press, p. 51-70.

GAGNON, R. (1988), « L'apprentissage adulte : la phase de maturité » *in Revue des sciences de l'éducation*, XIV(3), p. 365-366.

GEORGE, L.K. (1982), « Models of Transitions in Middle and Later Life », *Annals*, AAPSS, 464, p. 22-37.

GIELE, J.Z. (1971), « Changes in the Modern Family : Their Impact on Sex Roles », *American Journal of Orthopsychiatry*, 41, p. 757-766.

GIELE, J.Z. (1978), *Women and the Future : Changing Sex Roles in Modern America*, New York, Free Press.

GIELE, J.Z. (1980), « Adulthood as Transcendence of Age and Sex » *in* N.J. Smelser et E.H. Erikson (édit.), *Themes and Work and Love in Adulthood*, Cambridge, Mass., Harvard University Press, p. 151-173.

GILLIGAN, C. (1980), « Restoring the Missing Text of Women's Development to Life Cycle Theories » *in* D.G. McGuigan (édit.), *Women's Lives, New Theory, Research and Policy*, The University of Michigan, Center for Continuing Education of Women, p. 17-35.

GILLIGAN, C. (1986), *Une si grande différence*, Flammarion, 271 pages.

GINSBERG, L.H., N. DATAN et G.L. ALBRETCHT (édit.) (1975), *Life-Span Developmental Psychology : Normative Life Crisis*, New York, Academic Press, 313 pages.

GOETHALS, G.W. et D.S. KLOS (1970), *Experiencing Youth : First Persons Accounts*, Boston, Little Brown, 399 pages.

GOLAN, N. (1980), « Using Situational Crises to Case Transition in the Life Cycle », *American Journal of Orthopsychiatry*, 50(3), p. 542-550.

GOLAN, N. (1981), *Passing through Transitions*, New York, Free Press.

GOODMAN, E. (1979), *Turning Points : How People Change through Crisis and Commitment*, New York, Doubleday.

GOULD, R.L. (1972), « The Phases of Adult Life : A Study in Developmental Psychology », *American Journal of Psychiatry*, 129, p. 521-531.

GOULD, R.L. (1975), « Adult Life Stages : Growth toward Self Tolerance », *Psychology Today*, 8(9).

GOULD, R.L. (1975), « Une inconnue dans la psychologie : la personnalité de l'adulte », *Psychologie*, 66, p. 33-37.

GOULD, R.L. (1978), *Transformations : Growth and Change in Adult Life*, New York, Simon and Schuster, 343 pages.

GOULD, R.L. (1980), « Transformations during Early and Middle Adult Years » *in* N.J. Smelser et E.H. Erikson (édit.), *Themes of Work and Love in Adulthood*, Cambridge, Mass., Harvard University Press, p. 213-237.

GOULD, R.L. (1981), « Transformational Tasks in Adulthood » *in* S.I. Greenspan et G.H. Pollock (édit.), *The Course of Life : Psychoanalytic Contributions toward Understanding Personality Development*, vol. III : *Adulthood and the Aging Process*, Maryland, National Institute of Mental Health, p. 55-90.

GOULD, R.L. (1982), « The Phases of Adult Life : A Study in Developmental Psychology » in L.R. Allman et D.T. Jaffe (édit.), *Readings in Adult Psychology. Contemporary Perspectives*, New York, Harper & Row, p. 22-29.

GOULET, L.R. et P.B. BALTES (édit.) (1981c1970), *Life-Span Developmental Psychology : Research and Theory*, New York, Academic Press, 591 pages.

GREENSPAN, S.I. et G.H. POLLOCK (édit.) (1981), *The Course of Life : Psychoanalytic Contributions toward Understanding Personality Development*, vol. III : *Adulthood and the Aging Process*, Maryland, National Institute of Mental Health.

GREER, F. (1980), « Toward a Developmental View of Adult Crisis : A Re-examination of Crisis Theory », *Journal of Humanistic Psychology*, 20(4), p. 17-29.

GREY, W.A. et M.M. GREY (édit.) (1986a), *Mentoring : A Comprehensive Annotated Bibliography of Important References*, Vancouver : International Association for Mentoring.

GREY, W.A. et M.M. GREY (édit.) (1986b), *Mentoring : Aid to Excellence*, 1, 2, Proceedings of the First International Conference on Mentoring, Vancouver.

GUTMANN, D. (1970), « Female Ego Styles and Generational Conflict » in E. Bardwick, E. Douvan, M. Horner et D. Gutmann, *Feminine Personality and Conflict*, Monterey, Calif., Brooks/Cole.

GUTMANN, D. (1976), « Individual Adaptation in the Middle Years : Developmental Issues in the Masculine Mid-Life Crisis », *Journal of Geriatric Psychiatry*, 1, p. 41-59.

GUTMANN, D. (1977), « The Cross-Cultural Perspective : Notes toward a Comparative Psychology of Aging » in J.E. Birren et K.W. Schaie (édit.), *Handbook of the Psychology of Aging*, New York, Van Nostrand Reinhold.

HAAN, N. (1972), « Personality Development from Adolescence to Adulthood in the Oakland Growth and Guidance Studies », *Seminars in Psychiatry*, 4, p. 399-414.

HALL, E. (1983), « A Conversation with Erik Erikson », *Psychology Today*, 17(6), p. 22-30.

HAMACHEK, D.E. (1987), *Encounters with the self*, 3e édit., New York, Holt, Rinehart and Winston.

HAMACHEK, D.E. (1988), « Evaluating Self Concept and Ego Development within Erikson's Psychosocial Framework : A Formulation » in *Journal of Counselling and Development*, 66, p. 354-360.

HARDIN, P.P. (1985), *Generativity in Middle Adulthood*, thèse de doctorat, Northern Illinois University.

HAREVEN, T.K. (édit.) (1982), *Aging and Life Course Transitions : An Interdisciplinary Perspective*, New York, Guilford Press, 281 pages.

HARSHBARGER, D. (1973), « Some Ecological Implications for the Organization of Human Intervention through the Life-Span » in P.B. Baltes et K.W. Schaie (édit.), *Life-Span Developmental Psychology : Personality and Socialization*, New York, Academic Press, p. 340-365.

HARTUP, W. et J. LEMPERS (1973), « A Problem in Life-Span Development. The Interactional Analysis of Family Attachments » in P.B. Baltes et K.W. Schaie (édit.), *Life-Span Developmental Psychology : Personality and Socialization*, New York, Academic Press, p. 235-251.

HAVIGHURST, R.J. (1953), *Human Development and Education*, New York, Longmans, 338 pages.

HAVIGHURST, R.J. (1963), « Successful Aging » in R.H. Williams, C. Tibbitts et W. Donahue (édit.), *Process of Aging*, vol. I, New York, Atherton, p. 299-320.

HAVIGHURST, R.J. (1972), *Developmental Tasks and Education*, New York, McKay, 119 pages.

HAVIGHURST, R.J. (1973), « History of Developmental Psychology : Socialization and Personality Development through the Life-Span » in P.B. Baltes et K.W. Schaie (édit.), *Life-Span Developmental Psychology : Personality and Socialization*, New York, Academic Press, p. 4-26.

HAVIGHURST, R.J. (1976), *Aging in America : Implications for Education*, Washington, D.C., The National Council of Aging.

HAVIGHURST, R.J. (1981), « Personality and Patterns of Aging » in L.D. Steinberg (édit.), *The Life Cycle*, New York, Columbia University Press, p. 341-348.

HAVIGHURST, R.J., B.L. NEUGARTEN et S.S. TOBIN (1964), « Disengagement, Personality and Life Satisfaction in Later Years » in P.F. Hansen, *Age with a Future*, Copenhague, Munksgaard.

HAVIGHURST, R.J., B.L. NEUGARTEN et S.S. TOBIN (1968), « Disengagement and Patterns of Aging » *in* B.L. Neugarten (édit.), *Middle Age and Aging*, Chicago, University of Chicago Press, p. 161-177.

HEDLUND, B. et P. EBERSOLE (1983), « A Test of Levinson's Mid-Life Reevaluation », *Journal of Genetic Psychology*, 143(2), p. 189-192.

HEFFERNAN, J.M. (1979), « Life Changes and Administrator-Organization Relations : Part I », *Educational Gerontology*, 4(2), p. 115-127.

HENDERSON, S. (1977), « The Social Network, Support and Neurosis : The Function of Attachment in Adult Life », *British Journal of Psychiatry*, 131, p. 185-191.

HENRY, W.E. (1965), « Engagement and Disengagement : Toward a Theory of Adult Development » *in* R. Kastenbaum (édit.), *Contributions to the Psychobiology of Aging*, New York, Springer.

HERETICK, D.M.L. (1981), « Gender-Specific Relationships between Trust-Suspicion, Locus of Control, and Psychological Distress », *The Journal of Psychology*, 108, p. 267-274.

HERTZOG, C.K. et K.W. SCHAIE (1982), *On the Analysis of Sequential Data in Life-Span Developmental Research*, rapport présenté à l'American Psychological Association, Washington, D.C., 28 pages.

HÉTU, J.-L. (1988), *Psychologie du vieillissement*, Éditions du Méridien, 323 pages.

HILL, R. (1963), « Generic Features of Families in Crisis », *in* H.J. Parad (édit.), *Crisis Intervention Selected Readings*, New York, Family Service Association of America.

HIRSCH, B.J. (1980), « Natural Support Systems and Coping with Major Life Changes », *American Journal of Community Psychology*, 8(2), p. 159-172.

HIRSCH, B.J. (1982), « Social Networks and the Coping Process : Creating Personal Communities » *in* B.H. Gottlieb (édit.), *Social Networks and Social Support*, Beverly Hills et Londres, Sage, p. 149-170.

HOGAN, D.P. (1978), « The Variable Order of Events in the Life Course », *American Sociological Review*, 43(4), p. 573-619.

HOGAN, D.P. (1982), « Subgroups Variations in Early Life Transitions » *in* M.W. Riley, R.P. Abeles et M.S. Teitelbaum (édit.), *Aging from Birth to Death*, vol. II : *Sociotemporal Perspectives*, Boulder, Colo., Westview Press, p. 87-103.

HOPSON, B. et M. SCALLY (1980), « Change and Development in Adult Life : Some Implications for Helpers », *British Journal of Guidance and Counselling*, 8(2), p. 175-187.

HOUDE, R. (1989), « Les transitions de la vie adulte et la formation expérientielle » *in Éducation permanente*, 100/101, Paris, p. 143-151.

HOUDE, R. (1990a), « Le (la) travailleur(se) social(e) et les temps de la vie » *in Travail Social 4/1990*, Revue de l'Association suisse des assistants sociaux (ASAS), p. 2-9.

HOUDE, R. (1990b), « What is the Value of the Developmental Paradigm on Adult Life ? » *in* M. Featherstone (édit.), *Proceedings of the First International Conference on the Future of Adult Life*, vol. 2 : *The Life Course : Crisis, Transitions and Identity Change*, The Netherlands, Leuwenhorst Congress Center, p. 117-139.

HOUDE, R. (1990c), « Le concept de générativité appliqué à la vie professionnelle et le rôle de mentor », *in Actes du congrès La carrière au mitan de la vie*, organisé par la Fédération des cégeps, p. 125-140.

HOUDE, R. (à paraître), « Transition, transformation, crise développementale, individuation et liminalité », *in Proceedings of the 2nd International Conference on the Future of Adult Life*, Amsterdam, juillet 1990, 21 pages.

HUGHES, J. *et al.* (1986), « Adult Development, A Multifaced Approach », *Journal of Continuing Education*, 34(3), p. 24-28.

HULTSCH, D.F. (1969), « Adult Age Differences in Free Classification and Free Recall », *Developmental Psychology*, 1, p. 673-678.

HULTSCH, D.F. (1971), « Adult Age Differences in Free Classification and Free Recall », *Developmental Psychology*, 4, p. 338-342.

HULTSCH, D.F. et F. DEUTSCH (1981), *Adult Development and Aging. A Life-Span Perspective*, Toronto, McGraw-Hill, 431 pages.

HULTSCH, D.F. et J.K. PLEMONS (1979), « Life Events and Life-Span Development » *in* P.B. Baltes et O.G. Brim Jr (édit.), *Life-Span Development and Behavior*, vol. 2, New York, Academic Press, p. 1-36.

HUMBERT, E.G. (1983), *Jung*, Paris, Éditions universitaires.

HUYCK, M.H. (1982), *Adult Development and Aging*, Belmont, Calif., Wadsworth, 616 pages.

IRVINE, J.J. (1985), « The Master Teacher as Mentor : Role Perceptions of Beginning and Masters Teachers » *in Education*, 106(2), p. 123-130.

JACOBI, J. (1950), *La psychologie de C.G. Jung*, Neuchâtel, Delachaux et Niestlé.

JAQUE, E. (1965), « Death and the Mid-Life Crisis », *International Journal of Psycho-Analysis*, 46, p. 502-514.

JAQUE, E. (1981), « The Middle Crisis » *in* S.I. Greenspan et G.H. Pollock (édit.), *The Course of Life : Psychoanalytic Contributions toward Understanding Personality Development*, vol. III : *Adulthood and the Aging Process*, Maryland, National Institute of Mental Health, p. 1-23.

JOHNSON, M. (édit.) (1981), *Aging and Society*, London, Policy Studies Institute.

JULIAN, T.W. (1987), *Physiological and Social-Psychological Bases of Stress Associated with the Male Mid-Life Transition*, thèse de Ph.D., Ohio State University, 140 pages.

JUNG, C.G. (1933), « The Stages of Life » *in* J. Campbell (édit.), *The Portable Jung*, New York, Viking, 1971, p. 3-22.

JUNG, C.G. (1953), *La guérison psychologique*, préface et adaptation du Dr R. Cahen, Paris et Genève, Buchet-Chastel.

JUNG, C.G. (1964a), *Dialectique du Moi et de l'Inconscient*, Paris, Gallimard, Coll. Idées, 334 pages.

JUNG, C.G. (1964b), *Réponse à Job*, postface d'Henri Corbin, traduction du Dr R. Cahen, Paris et Genève, Buchet-Chastel.

JUNG, C.G. (1966), *Ma vie — Souvenirs, rêves et pensées recueillis et publiés par Aniéla Jaffé*, Paris, Gallimard, 468 pages.

JUNG, C.G. (1976), « Au solstice de la vie » *in Problèmes de l'âme moderne*, Paris, Buchet-Chastel, p. 221-243.

KAHN, R.L. (1982), *Social Networks : Determinants and Effects*, American Psychological Association Symposium.

KAHN, R.L. et T.C. ANTONUCCI (1980), « Convoys over the Life Course : Attachment, Roles, and Social Support » *in* P.B. Baltes et O.G. Brim Jr (édit.), *Life-Span Development and Behavior*, vol. 3, Boston, Academic Press, p. 253-286.

KALISH, R.A. et F.W. KNUDTSON (1976), « Attachment versus Disengagement : A Life-Span Conceptualization », *Human Development*, 19, p. 171-181.

KARPEL, J. (1976), « Individuation from Fusion to Dialogue », *Family Process*, p. 65-82.

KEARL, M.C. et L.J. HOAG (1984), « The Social Construction of the Midlife Crisis : A Case Study in the Temporalities of Identity », *Sociological Inquiry*, 54(3), p. 279-301.

KENNEDY, C.E. (1978), *Human Development : The Adult Years and Aging*, New York, MacMillan, 397 pages.

KIMMEL, D.C. (1979), « Relationship Initiation and Development : A Life-Span Development Approach » *in* R.L. Burgess et T.L. Huston (édit.), *Social Exchange in Developing Relationships*, New York, Academic Press.

KIMMEL, D.C. (édit.) (1980), *Adulthood and Aging : An Interdisciplinary Development View*, Toronto, Wiley, 574 pages.

KNOX, P.L. et T.V. MCGOVERN (1982), *Characteristics of Mentors in Women's Professional Development in Academia*, rapport présenté à l'American Psychological Association, Washington, D.C.

KNOX, P.L. et T.V. MCGOVERN (1988), « Mentoring Women in Academia » *in Teaching of Psychology*, 15(1), p. 39-41.

KNUDTSON, F.W. (1976), « Life-Span Attachment : Complexities, Questions, Considerations », *Human Development*, 19, p. 182-196.

KOHLBERG, L. (1973), « Continuities in Childhood and Adult Moral Development Revisited » *in* P.B. Baltes et K.W. Schaie (édit.), *Life-Span Developmental Psychology : Personality and Socialization*, New York, Academic Press, p. 180-207.

KOHUT, H. (1977), *The Restoration of the Self*, New York, International Universities Press.

KRAM, K. (1985), « Improving the Mentoring Process » *in Training and Development Journal*, 39(4), p. 40-43.

KREMER, J.F., R. KRIEGER et K. FRANKLIN (1982), *Changing Attitudes toward Aging with Education*, rapport présenté à l'American Psychological Association, Washington, D.C., 10 pages.

KUH, G.D. et M.L. THOMAS (1983), « The Use of Adult Development Theory with Graduate Students », *Journal of College Student Personnel*, 24(1), p. 12-19.

KÜHLEN, R.G. (1964), « Developmental Changes in Motivation during the Adult Years » *in* J.E. Birren (édit.), *The Psychology of Aging*, Englewood Cliffs, N.J., Prentice-Hall.

KÜHLEN, R.G. et G.H. JOHNSON (1952), « Changes in Goals with Increasing Adult Age », *Journal of Consulting Psychology*, 16(1), p. 1-4.

LACY, W.B. et J. HENDRICKS (1980), « Developmental Models of Adult Life : Myth or Reality », *International Journal of Aging and Human Development*, 11(2), p. 89-110.

LAFOREST, J. (1989), *Introduction à la gérontologie, Croissance et déclin*, Montréal, Hurtubise HMH, 166 pages.

LAMB, M.E. et B. SUTTON-SMITH (édit.) (1982), *Sibling Relationships : Their Nature and Significance across the Lifespan*, Hillsdale, N.J., Lawrence Erlbaum Associates.

LANCASTER, J.B., J. ALTMANN, A.S. ROSSI et L.R. SHERROD (édit.) (1987), *Parenting over the Life Span*, New York, Aldine de Gruyter.

LANGUIRAND, J. (1989), « La vie dont vous êtes le héros » *in Par 4 chemins*, Boucherville, Éditions de Mortagne, p. 15 à 101.

LEFEBVRE-PINARD, M. (1980), « Existe-t-il des changements cognitifs chez l'adulte ? », *Revue québécoise de psychologie*, 1(2), p. 58-69.

LERNER, H.G. (1989), « The Dance of Intimacy », *A Women's Guide to Courageous Acts of Change in Key Relationships*, New York, Harper and Row, 255 pages.

LERNER, R.M. et N.A. BUSCH-ROSSNAGEL (1981), *Individuals as Producers of their Development : A Life-Span Perspective*, New York, Academic Press, 503 pages.

LERNER, R.M. et C.D. RYFF (1978), « Implementation of the Life-Span View of Human Development : The Sample Case of Attachment » *in* P.B. Baltes (édit.), *Life-Span Development and Behavior*, vol. 1, New York, Academic Press.

LEVINE, R. (1978), « Comparative Notes on the Life Course » *in* T.K. Hareven (édit.), *The Family and the Life Course in Historical Perspective*, New York, Academic Press.

LEVINSON, D.J. (1974), *The Psychological Development of Men in Early Adulthood and the Mid-Life Transition*, Minneapolis, University of Minneapolis Press.

LEVINSON, D.J. (1977), « The Changing Character of Middle Adulthood in American Society » *in* G.J. Direnzo (édit.), *We the People : Social Change and Social Character*, Westport, Conn., Greenswook Press.

LEVINSON, D.J. (1978), « Eras : The Anatomy of the Life Cycle », *Psychiatric Opinion*, 15(9), p. 10-11 et 39-48.

LEVINSON, D.J. (1978), « Growing up with the Dream », *Psychology Today*, 11(8), p. 20-29.

LEVINSON, D.J. (1980), « Toward a Conception of the Adult Life Course » *in* N.J. Smelser et E.H. Erikson (édit.), *Themes of Work and Love in Adulthood*, Cambridge, Mass., Harvard University Press, p. 265-290.

LEVINSON, D.J. (1981), « The Midlife Transition : A Period in Adult Psychosocial Development » *in* L.D. Steinberg (édit.), *The Life Cycle*, New York, Columbia University Press, p. 284-301. Aussi publié *in Psychiatry*, 40, mai 1977, p. 99-112.

LEVINSON, D.J. (1982), « The Seasons of a Man's Life » *in* L.R. Allman et D.T. Jaffe (édit.), *Readings in Adult Psychology. Contemporary Perspectives*, New York, Harper & Row, p. 103-107.

LEVINSON, D.J. (1986), « A Conception of Adult Development », *American Psychologist*, 41(1), p. 3-13.

LEVINSON, D.J. (1990), « A Theory of Life Structure Development in Adulthood » *in* C.N. Alexander et E.J. Langer (édit.), *Higher Stages of Development, Perspectives on Adult Growth*, New York et Oxford, Oxford University Press, p. 35-54.

LEVINSON, D.J., C.N. DARROW, E.B. KLEIN, M.H. LEVINSON et B. MCKEE (1974), « Periods in the Adult Development of Men : Ages 18 to 45 » *in* D.F. Ricks, A. Thomas et M. Roff (édit.), *Life History Research in Psychopathology*, Minneapolis, University of Minnesota Press, vol. 3.

LEVINSON, D.J., C.N. DARROW, E.B. KLEIN, M.H. LEVINSON et B. MCKEE (1974), « The Psychosocial Development of Men in Early and the Mid-Life Transitions » *in* D.F. Ricks, A. Thomas et M. Roff (édit.), *Life History Research in Psychopathology*, Minneapolis, University of Minnesota Press, vol. 3, p. 243-258.

LEVINSON, D.J., C.N. DARROW, E.B. KLEIN, M.H. LEVINSON et B. MCKEE (1978), *The Seasons of a Man's Life*, New York, A.A. Knopf, 363 pages.

LIDZ, T. (1968), *The Person. Its Development throughout the Life Cycle*, New York, Basic Books.

LIDZ, T. (1974), « The Life Cycle : Introduction » *in* S. Arieti (édit.), *American Handbook of Psychiatry*, vol. 2, New York, Basic Books.

LOEVINGER, J. (1976), *Ego Development*, San Francisco, Jossey-Bass, 504 pages.

LOGAN, R.D. (1983), « A Reconceptualization of Erikson's Identity Stage », *Adolescence*, 18(72), p. 943-946.

LOOFT, W.R. (1973), « Socialization and Personality throughout the Life-Span : An Examination of Contemporary Psychological Approaches » *in* P.B. Baltes et K.W. Schaie (édit.), *Life-Span Developmental Psychology : Personality and Socialization*, New York, Academic Press, p. 26-52.

LOWENTHAL, M.F. (1971), « Intentionality : Toward a Framework for the Study of Adaptation in Adulthood », *Journal of Aging and Human Development*, 2(2), p. 79-95.

LOWENTHAL, M.F. (1975), « Psychosocial Variations across the Adult Life Course : Frontiers for Research and Policy », *The Gerontologist*, 15(1), p. 6-12.

LOWENTHAL, M.F. (1976), *Coping with Stress : Assessment and Issues*, rapport présenté à la National Gerontological Society, New York.

LOWENTHAL, M.F. (1977), « Toward a Socio-Psychological Theory of Change in Adulthood and Old Age » *in* J.E. Birren et K.W. Schaie (édit.), *Handbook of the Psychology of Aging*, New York, Van Nostrand Reinhold, p. 116-127.

LOWENTHAL, M.F. et D. CHIRIBOGA (1973), « Social Stress and Adaptation : Toward a Life-Course Perspective » *in* C. Eisdorfer et M.P. Lawton (édit.), *The Psychology of Adult Development and Aging*, Washington, D.C., American Psychological Association, p. 281-310.

LOWENTHAL, M.F. et D. CHIRIBOGA (1982), « Transition to the Empty Nest : Crisis, Challenge, or Relief ? » *in* L.R. Allman et D.T. Jaffe (édit.), *Readings in Adult Psychology. Contemporary Perspectives*, New York, Harper & Row, p. 334-340. Aussi publié *in Archives of General Psychiatry*, janvier 1972.

LOWENTHAL, M.F. et L. WEISS (1976), « Intimacy and Crises in Adulthood », *The Counseling Psychologist*, 6(1), p. 10-14.

LOWENTHAL, M.F., D. CHIRIBOGA et R. PIERCE (1976), *Work and Midlife : Resource or Stress ?*, rapport présenté à l'American Psychological Association, New York.

LOWENTHAL, M.F., M. THURNHER, D. CHIRIBOGA *et al.* (1977), *Four Stages of Lifes : A Comparative Study of Women and Men Facing Transitions*, San Francisco, Jossey-Bass, 282 pages.

LUNDT, R.E. (1978), *Development and Plasticity of the Brain*, New York, Oxford University Press.

MAAS, H.S. et J.A. KUYPERS (1974), *From Thirty to Seventy*, San Francisco, Jossey-Bass, 240 pages.

MCADAMS, D.P. (1985), *Power, Intimacy and the Life Story, Personological Inquiries into Identity*, Homewood, Ill., Dorsey Press, 336 pages.

MCGILL, M.E. (1980), *The 40 to 60 Years Old Male*, New York, Simon and Schuster.

MCGUIGAN, D.G. (édit.) (1980), *Women's Lives, New Theory, Research and Policy*, The University of Michigan, Center for Continuing Education of Women, 462 pages.

MCMAHON, J. (1978), « Marriage as Developmental Stage : The Role of Transference in Intimacy and Growth » *in* D. Milman et G. Goldman (édit.), *Man and Woman in Transition*, Dubuque, Kendall-Hunt.

MADDOX, G.L. (1964), « Disengagement Theory : A Critical Evaluation », *The Gerontologist*, 4, p. 80-83.

MALATESTA, C.Z. (1981), « Affective Development over the Lifespan : Involution or Growth », *Merrill-Palmer Quarterly*, 27(2), p. 145-173.

MAYER, N. (1978), *The Male Mid-Life Crisis : Fresh Starts after 40*, New York, Doubleday, 300 pages.

MEDLEY, M.L. (1980), « Life Satisfaction across Four Stages of Adult Life », *International Journal of Aging and Human Development*, 11(3), p. 193-209.

MESSINA, K.E. (1984), *Erikson's Last Four Stages of Psychosocial Development As Perceived by Young Adults, Middle-Aged Adults, and Older Adults*, thèse de Ph.D. en éducation, George Washington University, University Microfilms International, 179 pages.

MICHAELSON, C.B., R.R. MICHAELSON et C.H. SWENSEN (1982), *Ego Development in Predicting Life Satisfaction in the Aged*, rapport présenté à l'American Psychological Association, Washington, D.C., 10 pages.

MICHELS, R. (1981), « Adulthood » *in* S.I. Greenspan et G.H. Pollock (édit.), *The Course of Life : Psychoanalytic Contributions toward Understanding Personality Development*, vol. III : *Adulthood and the Aging Process*, Maryland, National Institute of Mental Health, p. 25-34.

MIERNYK, W.H. (1975), « The Changing Life Cycles of Work » *in* N. Datan et L.H. Ginsberg (édit.), *Life-Span Development Psychology : Normative Life Crises*, New York, Academic Press.

MILMAN, D. et G. GOLDMAN (édit.) (1978), *Man and Woman in Transition*, Dubuque, Kendall-Hunt.

MODEL, J., F.F. FURSTENBERG Jr et T. HERSHBERG (1976), « Social Change and Transitions to Adulthood in Historical Perspective », *Journal of Family History*, 1(1), p. 7-32.

MUMFORD, M.D. et W.A. OWENS (1984), « Individuality in a Developmental Context : Some Empirical and Theoretical Considerations », *Human Development*, 27(2), p. 84-108.

MUSSEN, P., J. CONGER, J. KAGAN et J. GEIWITZ (1979), *Psychological Development. A Life-Span Approach*, New York, Harper & Row, 502 pages.

NATAF, A. (1985), *Jung, Le monde de...*, Paris, MA éditions, 205 pages.

NEISSER, U. (1988), « Commentary » de l'article « Vivid Memories and the Reminiscence Phenomenon : The Role of Self Narrative » de J.M. Fitzgerald, *in Human Development*, p. 272.

NESSELROADE, J.R. et P.B. BALTES (édit.) (1979), *Longitudinal Research in the Study of Behavior and Development*, New York, Academic Press, 386 pages.

NEUBERT, J.J. Jr (1985), *Becoming and Being Disillusioned in Midlife : An Empirical Phenomenological Investigation*, thèse de Ph.D., Duquesne University, University Microfilms International, 311 pages.

NEUGARTEN, B.L. (1964), *Personality in Middle and Late Life*, New York, Atherton, 231 pages.

NEUGARTEN, B.L. (1966), « Adult Personality : A Developmental View », *Human Development*, 9, p. 61-73.

NEUGARTEN, B.L. (1967), « A New Look at Menopause », *Psychology Today*, p. 42-45 et 67-69.

NEUGARTEN, B.L. (édit.) (1968a), *Middle Age and Aging*, Chicago, University of Chicago Press, 596 pages.

NEUGARTEN, B.L. (1968b), « The Awareness of Middle Age » *in Middle Age and Aging*, Chicago, University of Chicago Press, p. 93-98.

NEUGARTEN, B.L. (1968c), « Adult Personality : Toward a Psychology of the Life Cycle » *in Middle Age and Aging*, Chicago, University of Chicago Press, p. 137-147.

NEUGARTEN, B.L. (1969), « Continuities and Discontinuities of Psychological Issues into Adult Life », *Human Development*, 12, p. 121-130.

NEUGARTEN, B.L. (1970), « Dynamics of Transitions of Middle Age to Old Age : Adaptation and the Life Cycle », *Journal of Geriatrical Psychology*, 4(1), p. 71-87.

NEUGARTEN, B.L. (1973), « Personality Change in Later Life : A Developmental Perspective » *in* C. Eisdorfer et M.P. Lawton (édit.), *The Psychology of Adult Development and Aging*, Washington, American Psychological Association, p. 311-335.

NEUGARTEN, B.L. (1974), « Age Groups in American Society and the Rise of the Young Old », *Annals of American Academy of Science*, sept., p. 187-198.

NEUGARTEN, B.L. (1975), « The Future and the Young-Old », *The Gerontologist*, 15, p. 4-9.

NEUGARTEN, B.L. (1976), « Adaptation and the Life Cycle », *The Counseling Psychologist*, 6(1), p. 16-20.

NEUGARTEN, B.L. (1977), « Personality and Aging » *in* J.E. Birren et K.W. Schaie (édit.), *Handbook of the Psychology of Aging*, New York, Van Nostrand Reinhold, p. 626-649.

NEUGARTEN, B.L. (1979), « Time, Age, and the Life Cycle », *American Journal of Psychiatry*, 136(7), p. 887-894.

NEUGARTEN, B.L. (1980), « Must Everything Be a Midlife Crisis ? », *Prime Time*, févr., p. 45-48.

NEUGARTEN, B.L. et N. DATAN (1973), « Sociological Perspectives on the Life Cycle » *in* P.B. Baltes et K.W. Schaie (édit.), *Life-Span Developmental Psychology : Personality and Socialization*, New York, Academic Press, p. 53-69.

NEUGARTEN, B.L. et N. DATAN (1974), « The Middle Years » *in* S. Arieti (édit.), *American Handbook of Psychiatry*, vol. I, New York, Basic Books, p. 592-608.

NEUGARTEN, B.L. et N. DATAN (1981), « The Subjective Experience of Middle Age » *in* L.D. Steinberg (édit.), *The Life Cycle*, New York, Columbia University Press, p. 273-284.

NEUGARTEN, B.L. et D.L. GUTMAN (1968), « Age-Sex Roles and Personality in Middle Age : A Thematic Study » *in* B.L. Neugarten (édit.), *Middle Age and Aging*, Chicago, University of Chicago Press, p. 58-71.

NEUGARTEN, B.L. et G.O. HAGESTAD (1977), « Age and the Life Course » *in* R.H. Binstock et E. Shanas (édit.), *Handbook of Aging and the Social Sciences*, New York, Van Nostrand Reinhold, 60 pages.

NEUGARTEN, B.L. et J.W. MOORE (1968), « The Changing Age-Status System » *in* B.L. Neugarten (édit.), *Middle Age and Aging*, Chicago, University of Chicago Press, p. 5-28.

NEUGARTEN, B.L. et D.A. NEUGARTEN (1985), « Age in the Aging Society », *Daedalus*, 115(1), hiver, p. 31-49.

NEUGARTEN, B.L. et W. PETERSON (1957), « A Study of the American Age-Grade System », *Proceedings of the Fourth Congress of the International Association of Gerontology*, 3, p. 497-502.

NEUGARTEN, B.L. et K.K. WEINSTEIN (1964), « The Changing American Grandparent », *Journal of Marriage and the Family*, 26, p. 199-206.

NEUGARTEN, B.L., R.J. HAVIGHURST et S.S. TOBIN (1968), « Personality and Patterns of Aging » *in* B.L. Neugarten (édit.), *Middle Age and Aging*, Chicago, University of Chicago Press, p. 173-177.

NEUGARTEN, B.L., J.W. MOORE et J.C. LOWE (1965), « Age Norms, Age Constraints, and Adult Socialization », *American Journal of Sociology*, 70, p. 6.

NEUGARTEN, B.L., V. WOOD, R.J. KRAINES et B. LOOMIS (1963), « Women's Attitudes toward the Menopause », *Vitae Humana*, 6, p. 140-151.

NEUGARTEN, B.L., H. BERKOWITZ *et al.* (1964), *Personality in Middle and Late Life : Empirical Studies*, New York, Atherton Press, 231 pages.

NEWMAN, B.M. et P.R. NEWMAN (1975), *Development through Life : A Psychological Approach*, Homewood, Ill., Dorsey Press, 399 pages.

NEWMAN, B.M. et P.R. NEWMAN (1980), *Personality Development through the Life-Span*, New York, Brooks/Cole.

NEWTON, P.M. et D.J. LEVINSON (1979), « Crisis in Adult Development » *in* A. Lazare (édit.), *Outpatient Psychiatry Diagnosis and Treatment*, Baltimore, Williams and Wilkins.

NOBERNINI, M. et B.L. NEUGARTEN (1975), *A Follow-up Study of Adaptation in Middle-Aged Women*, rapport présenté à la Gerontological Society, Louisville.

NORTON, D.L. (1976), *Personal Destinies : A Philosophy of Ethical Individualism*, Princeton, Princeton University Press, 398 pages.

OLNEY, J. (1980), « Biography, Autobiography and the Life Course » *in* K.W. Back (édit.), *Life Course : Integrative Theories and Exemplary Populations*, American Association for the Advancement of Science, Selected Symposium n° 41, Boulder, Colo., Westview Press, p. 27-36.

PARKES, C.M. (1971), « Psycho-Social Transitions : A Field for Study », *Social Science and Medicine*, 5, p. 101-115.

PAYKEL, E.S., B.A. PRUSOFF et E.H. UHLENHUTH (1971), « Scaling of Life Events », *Archives of General Psychiatry*, 25, p. 340-347.

PEARLIN, L. (1978), *Social Differences in the Problematic Experiences of Adulthood*, rapport présenté à l'American Sociological Association, San Francisco.

PECK, R.C. (1955), « Psychological Development in the Second Half of Life » *in* B.L. Neugarten (édit.), *Middle Age and Aging*, Chicago, University of Chicago Press, 1968, p. 88-92.

PERLMAN, H.H. (1973), *La personne : l'évolution de l'adulte et de ses rôles dans la vie*, Paris, Éditions du Centurion, 286 pages.

PERLOFF, R.M. et M.E. LAMB (1981), « The Development of Gender Roles : An Integrative Life-Span Perspective », *Catalog of Selected Documents in Psychology*, 11(52).

PERUN, P.J. et D.D.V. BIELBY (1979), « Midlife : A Discussion of Competing Models », *Research on Aging*, 1(3), p. 276-300.

PERUN, P.J. et D.D.V. BIELBY (1980), « Structure and Dynamics of the Individual Life Course » *in* K.W. Back (édit.), *Life Course : Integrative Theories and Exemplary Populations*, American Association for the Advancement of Science, Selected Symposium n⁰ 41, Boulder, Colo., Westview Press, p. 97-120.

POLLOCK, G.H. (1961), « Mourning and Adaptation », *International Journal of Psycho-Analysis*, 42, p. 341.

RABIN, A.I., R.A. ZUCKER, R.A. EMMONS et S. FRANK (édit.) (1990), *Studying Persons and Lives*, New York, Soringer Publishing Company, 349 pages.

REESE, H.W. et W.F. OVERTON (1970), « Models of Development and Theories of Development » *in* L.R. Goulet et P.B. Baltes (édit.), *Life-Span Developmental Psychology : Research and Theory*, New York, Academic Press, p. 116-145.

RICE, N. (1988), *Prime Time : A Study of the Experience of Women Who Perceive Themselves to Be Entering Middle Age*, thèse de Ph.D. en psychologie clinique, 1987, University Microfilms International, 120 pages.

RICHARDSON, G.A. et B.M. KWIATKOWSKI (1981), « Life-Span Development Psychology : Non Normative Life Events », A Review of the Seventh West Virginia University Life-Span Developmental Psychology Conference, *Human Development*, 24(6), p. 425-429.

RIEGEL, K.F. (1975), « Adult Life Crisis : A Dialectic Interpretation of Development » *in* N. Datan et L.H. Ginsberg (édit.), *Life-Span Developmental Psychology : Normative Life Crisis*, New York, Academic Press, p. 99-128.

RIEGEL, K.F. (1976), « The Dialectics of Human Development », *American Psychologist*, 31, p. 689-700.

RIEGEL, K.F. (1977), « The Dialectics of Time » *in* N. Datan et H.W. Reese (édit.), *Life-Span Developmental Psychology : Dialectical Perspectives on Experimental Research*, New York, Academic Press.

RIEGEL, K.F. (1977), « Toward a Dialectical Interpretation of Time and Change » *in* B. Gorman et A.E. Weesman (édit.), *The Personal Experience of Time*, New York, Plenum Press, p. 60-108.

RIEGEL, K.F. et R.M. RIEGEL (1972), « Development, Drop, and Death », *Developmental Psychology*, 6, p. 306-319.

RIEGEL, K.F., R.M. RIEGEL et G. MEYER (1967), « Socio-Psychological Factors of Aging : A Cohort Sequential Analysis », *Human Development*, 10, p. 27-56.

RILEY, M.W. (1976), « Age Strata in Social Systems » *in* R.H. Binstock et E. Shanas (édit.), *Handbook of Aging and the Social Sciences*, New York, Van Nostrand Reinhold.

RILEY, M.W. (édit.) (1979), *Aging from Birth to Death : Interdisciplinary Perspectives*, Boulder, Colo., Westview Press, 196 pages.

RILEY, M.W. (1979), « Life-Course Perspectives » *in Aging from Birth to Death : Interdisciplinary Perspectives*, Boulder, Colo., Westview Press, p. 3-13.

RILEY, M.W. (1982), « Aging and Social Change » *in* M.W. Riley, R.P. Abeles et M.S. Teitelbaum (édit.), *Aging from Birth to Death*, vol. II : *Sociotemporal Perspectives*, Boulder, Colo., Westview Press.

RILEY, M.W., B.B. HESS et K. BLOND (édit.) (1983), *Aging and Society : Selected Reviews of Recent Research*, Hillsdale, N.J., L. Erlbaum Associates, 276 pages.

RILEY, M.W., M. JOHNSON et A. FONER (édit.) (1972), *Aging and Society*, vol. III : *A Sociology of Age Stratification*, New York, Russel Sage Foundation.

RILEY, M.W., R.P. ABELES et M.S. TEITELBAUM (édit.) (1982), *Aging from Birth to Death*, vol. II : *Sociotemporal Perspectives*, Boulder, Colo., Westview Press, 228 pages.

RILEY, M.W., A. FONER, M.E. MOORE, B.B. HESS et B.K. ROTH (édit.) (1968), *Aging and Society*, vol. I : *An Inventory of Research Findings*, New York, Russel Sage Foundation.

RILEY, M.W. *et al.* (1969), « Socialization for the Middle and Later Years » *in* D.A. Goslin (édit.), *Handbook of Socialization Theory and Research*, Chicago, Rand McNally, p. 951-982.

RIVERIN-SIMARD, D. (1980), « Développement vocationnel de l'adulte : vers un modèle en escalier », *Revue des sciences de l'éducation*, VI(2), p. 325-351.

RIVERIN-SIMARD, D. (1981), « Cycles de vie au travail : une réalité à considérer de plus près dans la gestion du personnel », *Commerce*, p. 40-49.

RIVERIN-SIMARD, D. (1984), *Étapes de vie au travail*, Montréal, Albert Saint-Martin, 232 pages.

RIVERIN-SIMARD, D. (1989), « Temps et cycles de vie » *in Temps et Sociétés*, Institut québécois de recherche sur la culture, p. 147-165.

ROAZEN, P. (1976), *Erik H. Erikson*, New York, Free Press, 246 pages.

ROBERTSON, J.F. (1978), « Women in Midlife : Crises, Reverberations, and Support Networks », *Family Coordinator*, 27(4), p. 375-382.

ROGERS, D. (1979), *The Adult Years : An Introduction to Aging*, Englewood Cliffs, Prentice-Hall, 482 pages.

ROGERS, N. (1987), *Émergence du féminin. Dix années de transition au mitan de la vie*, Chicoutimi, Gaëtan Morin Éditeur, 245 pages.

ROMANIUK, M. et J.G. ROMANIUK (1982), *Memories of Life Events : An Analysis of Age Differences*, rapport présenté à l'American Psychological Association, Washington, D.C., 15 pages.

ROSEL, N. (1988), « Clarification and Application of Erik Erikson's Eight Stages of Man », *International Journal of Aging and Human Development*, 27(1), p. 11-23.

ROSENBERG, S.D. et M.P. FARRELL (1976), « Identity and Crisis in Middle-Aged Men », *International Journal of Aging and Human Development*, 7, p. 153-170.

ROSOW, I. (1976), « Status and Role Change through the Life Span », *in* R.H. Binstock et E. Shanas (édit.), *Handbook of Aging and the Social Sciences*, New York, Van Nostrand Reinhold.

ROSS, D.B. (1984), « A Cross-Cultural Comparison of Adult Development », *Personnel and Guidance Journal*, 62(7), p. 418-421.

ROSSI, A.S. (1980), « Life Span Theories and Women's Lives », *Signs : Journal of Women in Culture and Society*, 6, p. 4-32.

RYFF, C.D. et P.B. BALTES (1976), « Value Transition and Adult Development in Women : The Instrumentality-Terminality Sequence Hypothesis », *Developmental Psychology*, 12, p. 567-568.

SANDS, J.D. et J. PARKER (1980), « A Cross-Sectional Study of the Perceived Stressfulness of Several Life Events », *International Journal of Aging and Human Development*, 10(4), p. 335-341.

SANTROCK, J.W. (1983), *Life-Span Development*, Dubuque, Iowa, Wm.C.Brown Co. Publishers, 625 pages.

SCHAIE, K.W. (1965), « A General Model for the Study of Developmental Problems », *Psychological Bulletin*, 64(2), p. 92-107.

SCHAIE, K.W. (1967), « Age Changes and Age Differences », *The Gerontologist*, 7, p. 128-132.

SCHAIE, K.W. (1978), « Toward a Stage Theory of Adult Cognitive Development », *Journal of Aging and Human Development*, 8(2).

SCHAIE, K.W. (1982), *Adult Development and Aging*, Boston, Little Brown, 474 pages.

SCHLOSSBERG, N.K. (1981), « A Model for Analyzing Human Adaptation to Transition », *The Counseling Psychologist*, 9(2), p. 2-19.

SCHROEDER, D.H. (1982), *Substantive and Spurious Determinants of Life Event-Physical Illness Relationship*, rapport présenté à l'American Psychological Association, Washington, D.C., 10 pages.

SHEEHY, G. (1976), *Passages : Predictable Crises of Adult Life*, New York, E.O. Dutton and Co. Inc., 393 pages. Version française : (1977) *Passages : les crises prévisibles de l'âge adulte*, Montréal, Sélect, 316 pages.

SHEEHY, G. (1981), *Pathfinders*, New York, Bantam Books, 625 pages. Version française : (1982) *Franchir les obstacles de la vie*, Paris, Belfond, 392 pages.

SHERMAN, E. (1987), *Meanings in Mid-Life*, Albany, N.Y., State University of New York Press, 267 pages.

SHULMAN, N. (1975), « Life-Cycle Variations in Patterns of Close Relationships », *Journal of Marriage and the Family*, 37(4), p. 813-821.

SIEGLER, I.C., L.K. GEORGE et M.A. OKUN (1979), « Cross-Sequential Analysis of Adult Personality », *Development Psychology*, 15, p. 350-351.

SINEX, F.M. (1974), « The Mutation Theory of Aging » *in* M. Rokstein (édit.), *Theoretical Aspects of Aging*, New York, Academic Press.

SMELSER, N.J. (1980), « Issues in the Study of Work and Love in Adulthood » *in* N.J. Smelser et E.H. Erikson (édit.), *Themes of Work and Love in Adulthood*, Cambridge, Mass., Harvard University Press, p. 1-26.

SMELSER, N.J. (1980), « Vicissitudes of Work and Love in Anglo-American Society » *in* N.J. Smelser et E.H. Erikson (édit.), *Themes of Work and Love in Adulthood*, Cambridge, Mass., Harvard University Press, p. 105-119.

SMELSER, N.J. et E.H. ERIKSON (édit.) (1980), *Themes of Work and Love in Adulthood*, Cambridge, Mass., Harvard University Press, 297 pages.

SODDY, K. (1967), *Men in Middle Life*, Philadelphia, J.B. Lippincott.

SONTAG, S. (1982), « The Double Standard of Aging » *in* L.R. Allman et D.T. Jaffe (édit.), *Readings in Adult Psychology. Contemporary Perspectives*, New York, Harper & Row.

SPENCE, D. et E. LURIE (1977), « Style of Life » *in* M.F. Lowenthal, M. Thurnher, D. Chiriboga *et al.*, *Four Stages of Life : A Comparative Study of Women and Men Facing Transitions*, San Francisco, Jossey-Bass, p. 1-23.

STARR, J.M. (1982-1983), « Toward a Social Phenomenology of Aging : Studying the Self Process in Biographical Work », *International Journal of Aging and Human Development*, 16(4), p. 255-270.

STAUDE, J.R. (1981), *The Adult Development of C.G. Jung*, Boston, Routledge and Kegan Paul Ltd, 134 pages.

STEIN, J.O. (1981), *A Study of Change during the Midlife Transition in Men and Women with Special Attention to the Intrapsychic Dimension*, thèse de doctorat, Northwestern University, University Microfilms International, 317 pages.

STEIN, M. (1983), *In Midlife, A Jungian Perspective*, Spring Publications, Inc., Dallas, Texas, 149 pages.

STEIN, P.J. (1978), « The Life Styles and Life Chances of the Never-Married », *Marriage and Family Review*, 1(4), p. 1 et 3-11.

STEIN, P.J. et H. ETZKOWITZ (1978), *The Adult Life Spiral : A Critique of the Life Cycle Model*, rapport présenté à l'American Sociological Association, San Francisco, 27 pages.

STEINBERG, L.D. (édit.) (1981), *The Life Cycle : Readings in Human Development*, New York, Columbia University Press, 379 pages.

STEVENS-LONG, J. (1979), *Adult Life : Developmental Processes*, Palo Alto, Mayfield Publishing Co., 549 pages.

STEVENSON, J.S. (1971), *Issues and Crises during Middlescence*, New York, Appleton-Century Crofts, 230 pages.

STORANDT, M. et G.R. VANDENBOS (édit.) (1989), *The Adult Years : Continuity and Change*, The Master Lectures, American Psychological Association, 167 pages.

STREEVER, K.L. et J.S. WODARSKI (1984), « Life-Span Developmental Approach : Implication for Practice, Social Casework », *The Journal of Contemporary Social Work*, mai, p. 267-278.

SWILDER, A. (1980), « Love and Adulthood in American Culture *in* N.J. Smelser et E.H. Erikson (édit.), *Themes of Work and Love in Adulthood*, Cambridge, Mass., Harvard University Press, p. 120-147.

TAMIR, L.M. (1982), « Men at Middle Age : Developmental Transitions », *Annals*, AAPSS, 464, p. 47-56.

THÉRIAULT, Y. (1986), *L'influence des événements de la vie sur les stratégies de développement de l'adulte*, mémoire de maîtrise en psychopédagogie, Université Laval, 133 pages.

THOMAE, H. (1979), « The Concept of Development and Life-Span Developmental Psychology » *in* P.B. Baltes et O.G. Brim Jr (édit.), *Life-Span Developmental and Behavior*, vol. 2, New York, Academic Press, p. 282-312.

TOKUNO, J.A. (1983), « Friendship and Transition in Early Adulthood », *Journal of Genetic Psychology*, 143(2), p. 207-216.

TROLL, L.E. (1975), *Early and Middle Adulthood : The Best is Yet to Be – Maybe*, Monterey, Calif., Brooks/Cole, 166 pages.

TROLL, L.E. (1975), « Women at Mid-Life : Conditions for Transition », *Genetions*, été.

TROLL, L.E. (1982), *Continuations : Adult Development and Aging*, Monterey, Calif., Brooks/Cole, 431 pages.

TROLL, L.E. et J. SMITH (1976), « Attachment through the Life-Span : Some Questions about Diadic Bounds among Adults », *Human Development*, 19, p. 156-170.

TUCHMAN, B. (1979), « Biography as a Prism of History » *in* M. Pachter (édit.), *Telling Lives : The Biographer's Art*, Washington, D.C., New Republic Books, p. 144.

TURNER, R.R. et H.W. REESE (1980), *Life-Span Developmental Psychology : Intervention*, New York, Academic Press, 346 pages.

VAILLANT, G.E. (1971), « Theoretical Hierarchy of Adaptative Ego Mechanisms : A 30-Year Follow-up of 30 Men Selected for Psychological Health », *Archives of General Psychiatry*, 24, p. 107-118.

VAILLANT, G.E. (1971), « The Evolution of Adaptative and Defensive Behaviors during the Adult Life Cycle, Abstracted », *Journal of American Psychoanalytic Association*, 19, p. 110-115.

VAILLANT, G.E. (1974), « Natural History of Male Psychological Health : II. Some Antecedents of Healthy Adult Adjustement », *Archives of General Psychiatry*, 31, p. 15-22.

VAILLANT, G.E. (1975), « Natural History of Male Psychological Health : III. Empirical Dimensions of Mental Health », *Archives of General Psychiatry*, 32, p. 420-426.

VAILLANT, G.E. (1976), « Natural History of Male Psychological Health : V. The Relation of Choice of Ego Mechanisms of Defense to Adult Adjustement », *Archives of General Psychiatry*, 33, p. 535-545.

VAILLANT, G.E. (1977), *Adaptation to Life*, Boston, Little Brown, 396 pages.

VAILLANT, G.E. (1977a), « The Climb to Maturity », *Psychology Today*, 11(4).

VAILLANT, G.E. (1978), « Natural History of Male Psychological Health : IV. Correlates of Successful Marriage and Fatherhood », *American Journal of Psychiatry*, 135, p. 653-659.

VAILLANT, G.E. (édit.) (1986), *Empirical Studies of Ego Mechanisms of Defense*, Washington, D.C., American Psychiatric Press.

VAILLANT, G.E. (1987), « A Developmental View of Old and New Perspectives of Personality Disorders » *in Journal of Personality Disorders*, 1(2), p. 146-156.

VAILLANT, G.E. et C.C. MCARTHUR (1972), « Natural History of Male Psychological Health : I. The Life Cycle from 18-50 », *Seminars in Psychiatry*, 4, p. 417-429.

VAILLANT, G.E. et E. MILOFSKY (1980), « Natural History of Male Psychological Health : IX. Empirical Evidence for Erikson's Model of the Life Cycle », *American Journal of Psychiatry*, 137(11), p. 1348-1359.

VAILLANT, G.E. et C.O. VAILLANT (1990), « Natural History of Male Psychological Health, XII : A 45-Year Study of Predictors of Successful Aging at Age 65 » in *American Journal of Psychiatry*, 147(1), janvier, p. 31-37.

VAILLANT, G.E., M. BOND et C.O. VAILLANT (1986), « Empirical Evidence for a Hierarchy of Defense Mechanisms », *Archives of General Psychiatry*, 43, p. 786-794.

VAN GENNEP, A. (1960), *The Rites of Passage* (M.B. Vizedom et G.L. Coffee, trad.), Chicago, University of Chicago Press, 198 pages.

VAN HOOSE, W.H. (1982), *Counseling Adult : A Developmental Approach*, Monterey, Calif., Brooks/Cole, 236 pages.

VAN HOOSE, W.H. et M.R. WORTH (1982), *Adulthood in the Life Cycle*, Dubuque, Wm.C.Brown Co. Publishers, 384 pages.

VIORST, J. (1988), *Les renoncements nécessaires, Tout ce qu'il faut abandonner en route pour devenir adulte*, Paris, Laffont, collection Réponses, 402 pages.

Von FRANTZ, M.-L. (1967), « Le processus d'individuation » in *L'homme et ses symboles*, Paris, Pont Royal, p. 158 à 230.

Von FRANTZ, M.-L. (1984), *La femme dans les contes de fées*, Paris, La Fontaine de Pierre, 318 pages.

Von FRANTZ, M.-L. (1987), *L'interprétation des contes de fées*, Paris, La Fontaine de Pierre, 238 pages.

WADNER, D. (1987), *The Use of Transitional Partners during Midlife*, thèse de Ph.D., Northwestern University, University Microfilms International, 644 pages.

WALASKAY, M., S. KRAUSS WHITBOURNE et M. NEHRKE (1983), « Construction and Validation of Ego Integrity Status Interview » in *International Journal of Aging and Human Development*, 18(1), p. 61-71.

WATERMAN, A.S. et S.K. WHITBOURNE (1981), « The Inventory of Psychosocial Development : A Review and Evaluation », *Catalog of Selected Documents in Psychology*, 11(5), 28 pages.

WEICK, A. (1983), « A Growth-Task Model of Human Development », *The Journal of Contemporary Social Work*, p. 131-137.

WEISS, L. et M.F. LOWENTHAL (1977), « Life Course Perspectives on Friendship » *in* M.F. Lowenthal, M. Thurnher, D. Chiriboga *et al.*, *Four Stages of Life : A Comparative Study of Women and Men Facing Transitions*, San Francisco, Jossey-Bass, p. 48-61.

WHITBOURNE, S.K. (1979), *Adult Development : The Differentiation of Experience*, New York, Holt, Rinehart and Winston, 329 pages.

WINSBOROUGH, H.H. (1979), « Changes in the Transition to Adulthood » *in* M.W. Riley (édit.), *Aging from Birth to Death : Interdisciplinary Perspectives*, Boulder, Colo., Westview Press, p. 137-152.

WOLMAN, B.B. (édit.) (1982), *Handbook of Developmental Psychology*, Englewood Cliffs, N.J., Prentice-Hall, 960 pages.

WORTLEY, D.B. et E.S. AMATEA (1982), « Mapping Adult Life Changes : A Conceptual Framework for Organizing Adult Development Theory », *The Personnel and Guidance Journal*, 60(2), p. 476-482.

ZEY, M.-G. (1988), « A Mentor for All Reasons » *in Personnel Journal*, janvier, 67(1), p. 46-51.

Index

30.00

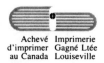

Achevé   Imprimerie
d'imprimer Gagné Ltée
au Canada   Louiseville